U0532911

深圳律师实务丛书

律师解密家族财富传承
爱的法律语言

深圳市律师协会第十三期青年律师研修班　编著

LÜSHI JIEMI JIAZU CAIFU CHUANCHENG
AI DE FALÜ YUYAN

法律出版社
LAW PRESS·CHINA
北京

图书在版编目(CIP)数据

律师解密家族财富传承：爱的法律语言／深圳市律师协会第十三期青年律师研修班编著． -- 北京：法律出版社，2023

（深圳律师实务丛书）

ISBN 978-7-5197-7660-2

Ⅰ．①律… Ⅱ．①深… Ⅲ．①家族－私营企业－企业法－研究－中国 Ⅳ．①D922.291.914

中国国家版本馆 CIP 数据核字（2023）第 040254 号

律师解密家族财富传承 ——爱的法律语言 LÜSHI JIEMI JIAZU CAIFU CHUANCHENG —AI DE FALU YUYAN	深圳市律师协会第十三期 青年律师研修班 编著	责任编辑 孙 慧 韩超群 装帧设计 汪奇峰 鲍龙卉

出版发行 法律出版社	开本 710 毫米×1000 毫米 1/16
编辑统筹 司法实务出版分社	印张 15.25　字数 229 千
责任校对 晁明慧 王 皓	版本 2023 年 5 月第 1 版
责任印制 胡晓雅	印次 2023 年 5 月第 1 次印刷
经　销 新华书店	印刷 三河市龙大印装有限公司

地址：北京市丰台区莲花池西里 7 号（100073）

网址：www.lawpress.com.cn　　　　　　　销售电话：010-83938349

投稿邮箱：info@lawpress.com.cn　　　　　客服电话：010-83938350

举报盗版邮箱：jbwq@lawpress.com.cn　　　咨询电话：010-63939796

版权所有·侵权必究

书号：ISBN 978-7-5197-7660-2　　　　　　定价：58.00 元

凡购买本社图书，如有印装错误，我社负责退换。电话：010-83938349

深圳律师实务丛书
编委会

主　任：章　成

副主任：李军强　黄红珍

委　员：金振朝　周昌春　张　鹏　罗　娟
　　　　罗兆旋　郑　标　树宏玲　杨　欣
　　　　黄香江　黄群晶

本书编委会

编委会主任： 杨 逍　　王 伟

执行主编（按姓氏首字母排序）：

曹梦珊	陈金凤	陈 文	杜洪硕	康雪崧
刘伟锋	谢崇贤	杨 叶	袁桂敏	张 妍

编委会成员（按姓氏首字母排序）：

陈楚萍	陈艳华	戴奥妮	高亚兰	黄飙涛
黄少云	蓝江南	黎恩豪	李 涓	梁喜梅
林宣丽	凌华丽	刘梦佳	刘 缘	罗 珊
罗燕珊	欧阳春	潘佳予	潘家惠	庞晓燕
邱建辉	饶婷婷	单新凤	宋 佳	孙 懿
王晓旭	文继芳	吴江英	肖丹霞	叶梦蕾
易 丽	余庆环	曾苏庆	张承忠	张 芬
张建兵	张晓平	郑新秀	周诚祯	周 昵

回归专业　潜心钻研
促进高质量发展

斗转星移,继往开来。深圳市律师协会自2012年启动"深圳律师实务丛书"(以下简称丛书)出版工作以来,至今已出版实务专著37部,内容涵盖诸多专业领域,全面展现了深圳律师业务的研究成果和实务经验,已成为深圳市律师协会推进行业专业化建设的品牌项目。

鼓励和引导律师著书立说是深圳市律师协会推动律师专业化的一项长期性的重点工作。丛书旨在充分发挥深圳市律师协会的业务指导作用,通过鼓励深圳律师和深圳市律师协会各专业委员会撰写实务专著,可以有效提升律师业务水平,增强律师业务能力,保证律师服务质量,以专业引领和成果共享助推深圳律师行业高质量发展。

本套丛书凝集着深圳律师的心血与经验,展现了深圳律师的专业水平。本套丛书在律师业务的众多领域,汇集了深圳律师的业务成果,总结了深圳律师的执业经验,体现了深圳律师的专业能力,彰显了深圳律师的职业精神。这一本本专著必将成为深圳律师专业化发展史上一颗颗璀璨的明珠,永远镶嵌在深圳律师专业化发展的史册上。

2023年是全面贯彻落实党的二十大精神的开局之年,深圳律师要深学细悟笃行党的二十大精神,让党的二十大精神在深圳律师行业落地生花,要以习近平法治思想为指引,大兴专业研究之风,切实回归专业,潜心研究,深挖专业和实务问题,以高品质的法律服务保障行业的高质量发展。开展业务和实务研究不能脱离实际,必须密切关注经济社会发展和法治建设,聚焦其中的热点、难点、堵点问题,深入开展有针对性的研究,进而提出应用对策与实践指引,也期待深圳律师能输出更多的法律实务研究成果,并能形成专著与同行共享,这本身也是律师业务领域的一种先行示范。

希望本套丛书成为广大实习人员、执业律师期待、必备的好工具,也希望未来能够出版更多、更好的供律师们学习提高、掌握律师实务知识与技能的好专著!

张　斌

深圳市律师协会会长

2023 年 1 月 9 日

本书序

  青年律师强,律师业则强。深圳市律师协会非常重视对青年律师的培养与发展,举办青年律师研修班就是深圳市律师协会坚持了11年的一个青年律师支持计划。第十三期青年律师研修班(婚姻家事与家族财富传承方向)是深圳市律师协会为了培养青年家事法律服务人才,提升青年律师执业能力,经过多维度考察选拔优秀青年律师组成的研修班。婚姻家事法律服务向来是律师业务中的传统业务,而如何在传统业务领域做出创新,交出一份有分量的答卷,展现深圳青年律师的风采,是摆在第十三期青年律师研修班全体同学面前的一道难题。为了应对新时代人民群众的个性化服务需求,研修班同学们以扎实的专业为基础,突破传统服务产品的局限,从头脑风暴到多轮打磨,在经过数次专家老师指导并做出修改后,完成了这份答卷——《律师解密家族财富传承——爱的法律语言》。正如习近平总书记所讲的,"当代青年思想活跃、思维敏捷,观念新颖、兴趣广泛,探索未知劲头足,接受新生事物快,主体意识、参与意识强,对实现人生发展有着强烈渴望"。在我看来,研修班同学交出的是一份令人满意的答卷。

  法律有温度,婚姻家事服务有爱心。在婚姻家事与家族财富传承的法律服务专业领域,更需要每位律师心怀善意、充满爱心。读《律师解密家族财富传承——爱的法律语言》这本书,能感受到研修班同学带着爱心诠释婚姻家事法律规定,带着善意推演婚姻家事法律服务产品的过程。本书对传统业务中的家事协议、遗嘱拟定、定向赠与到新法规定的意定监护,以及与国际接轨的家族信托和基金会,都以独特视角作了阐述。整本书把表面充满理性、实务充满感性的婚姻家事规定解读得既到位又入情入理,做到了

"情、理、法"的融会贯通。

  家族需要传承,律师业也需要传承。律师业的传承与发展离不开专家型、领军型律师的坚持和精进,更离不开青年律师的成长和进步。当我拜读本书初稿时,对青年律师对于专业研究的执着感到欣慰。通过著书立说来积淀底蕴、传递思想、引领未来的行业领军型律师并不少见,而钻研某一领域并最终成书的青年律师尚不多见。也正是由于这份难得的努力,《律师解密家族财富传承——爱的法律语言》才更值得鼓励和推介,也希望本书的付梓能给广大青年律师、法学生及渴望了解婚姻家事法律问题的朋友们带来启迪。

  是为序。

张　斌

深圳市律师协会会长

2023 年 2 月 21 日

前言

律政专研致高远,家风垂训延万年
——记深圳市律师协会第十三期青年律师研修班

一、我们因何结缘

为了提升青年律师的执业能力,增强律师行业的竞争力和凝聚力,迎接民法典时代的正式到来,根据深圳市律师行业"十年千人"人才计划,在成功举办了十二期青年律师研修班并取得了良好社会效果的基础上,由深圳市律师协会青年律师工作委员会统筹、职业培训委员会和深圳律师学院联合举办第十三期青年律师研修班(婚姻家事与家族财富传承方向)。在2020年8月初,经过严格的资格审查、笔试、面试,我们五十位学员有幸结缘,共同组成了第十三期的班集体,接过以往的十二期研修接力棒,开启婚姻家事与家族财富传承方向的研修和探索之路。

二、我们的故事

(一)开班仪式,受命启航

我们的故事开始于2020年8月21日,当日19时,深圳市律师协会第十三期青年律师研修班开班仪式在深圳市律师协会多功能厅举行。在开班仪式上,深圳市律师协会的领导及十二期研修班的优秀代表的激情发言调动了学员们受命启航的热情动力,学员们两两组队进行了互动式的自我介绍,真挚的同学情谊因共同的使命而温暖流淌在每位学员的心中。2020年是特殊的一年,新冠病毒突袭而至,深圳市律师协会多方统筹、排除万难,为第十三期青年律师研修班的学员们争取了这次珍贵的学习机会。我们将带着共同的使命携手前进,立足打造民法典时代深圳婚姻家事与家族财富传承的专业律师团队和人才队伍,努力修炼自我,充分发挥自身的专业优势,拓展思路,凝聚力量,共同发展,搭乘民法典时代的大船,扬帆起航,在深圳市律师协会和同行前辈的引领下,开启婚姻家事与家族传承法律服务的专业化道路。

(二)破冰之训,建立情谊

2020年9月5日至6日,第十三期青年律师研修班开展了为期两天的团建拓展培训。培训中由专业军人教练训练我们站军姿、做俯卧撑,分组做"隔空取水""达芬奇密码""罗马炮架""巨人脚步"等游戏,然后一起走过"生命之旅",翻过"毕业墙"。在一项项集体训练、极限挑战中,我们把自己完全交给了队友,努力向前,互相配合。在胜利的那一刻,波澜壮阔的喜悦感一波一波冲击着在场的每一位学员,荡涤着每个人的灵魂,一个个挑战项目让我们拥有了深情厚意,我们从此情同手足!

(三)多方学习,实践交流

感谢律师协会领导和秘书处,感谢我们的班主任和辅导员,他们尽己所能,引荐了全国知名教授、行业精英和资深律师前辈,给我们开展了民事理论方法、婚姻家事法律及实务、信托、保险、税务及家族财富传承落地实务等课程。我们还得到了多次与专家教授、行业精英和律师前辈面对面交流学习的机会,我们对此也倍加珍惜,努力请教、虚心学习。

(四)上海交大,脱产集训

2020年12月20日,我们来到了上海交通大学凯原法学院脱产学习,时隔多年重返校园,重新感受校园生活的机会,令我们心潮澎湃、热情满满。在这里,凯原法学院的专家教授、上海和南京的知名律师前辈、上海市中级人民法院的资深法官以及心理学专家等给我们进行了为期一周的集中培训,每天课程安排得非常充实。培训之余,我们还前往虹桥正瀚律师事务所学习了他们先进的管理方式,参观了四行仓库抗战纪念馆,一起开心地度过了圣诞节。上海的学习时光珍贵且充实,让每一个学员都受益良多,课上授讲的每一页讲义、每一段视频,课间开展的每一段交锋、观察的每一帧照片,课后撰写的每一句心得、每一个心声,结业合影的每一张笑脸、每一分不舍,都汇聚了学员们收获的宝贵知识和珍贵友谊。

三、我们的研修成果

新时代背景下，社会财富持续增多，家族财富传承也发生了翻天覆地的变化，给律师界带来了机遇；但是家族财富传承方式的类型、安全传承方案的设计、复杂综合工具的运用等，又对律师提出了巨大的挑战。本书正是在新时代这种对专业化的需求下孕育而生。

本书的写作经过上海市律师协会邀请的资深专业老师现场授课和上海交通大学凯原法学院教授的专业指导，并根据五十名学员的专业特长对本书内容进行了分工，由班委统筹安排，学习委员和组长带领学员进行多次修改，审稿小组进行多轮审核反馈，历经两年多完成。

本书结合了研修班课程内容的精华，由具有相关领域实务经验或进行了深入研究的学员撰写，围绕婚姻家事与家族财富传承的法律工具，以爱的法律语言，多维度解密家族财富传承，从婚前财产协议、婚内财产协议、离婚协议和分家析产协议等解析了怎样通过家事协议维系爱；从遗嘱的法律要件风险分析和遗嘱在司法实践中的难点问题等解析了如何拟定遗嘱延续爱；从家庭关系中常见的赠与及其风险分析和民法典时代下的遗赠扶养协议等解析了怎样通过定向赠与表达爱；从遗产管理人的服务方向与内容和遗产管理人的服务流程等解析了怎样通过遗产管理守护爱；从意定监护制度之比较分析和意定监护协议的拟定要点解析了怎样通过意定监护相信爱；从家族信托、遗嘱信托、慈善信托、保险金信托、律师作为监察人或保护人的可行性分析等解析了超越金钱的信托；从保险在财富传承中的案例解析和场景运用揭开了保险的"面纱"；从基金会在家族财富传承中的作用和运用等解析了意想不到的基金会；最后针对家暴、婚变人士，重组家庭，忘年婚恋人士，单身独居人士，空巢老人，丁克和失独家庭、同居不婚人士、家族企业等特殊对象解析了带有温度的法律服务，涵盖了律师从事婚姻家事与家族财富传承领域的相关热点和焦点、主要服务内容和模式。我们在撰写中总结经验、深化知识，继而转化为实务技能和服务模式。书中的分析与观点如有不妥，期待有关权威专家予以周正指导。

目录

引 言 ··· 1

第一篇　家事风控让爱有方

第一章　家事协议维系爱 ··· 5
第一节　婚前财产协议 ··· 5
一、婚前财产协议的法律风险分析 ······································ 5
二、婚前财产协议的拟定建议 ··· 10
第二节　婚内财产协议 ··· 12
一、婚内财产协议的法律风险分析 ······································ 12
二、婚内财产协议的拟定建议 ··· 16
第三节　离婚协议 ·· 18
一、离婚协议的法律风险分析 ··· 18
二、离婚协议的拟定建议 ·· 21
第四节　分家析产协议 ··· 22
一、分家析产协议的法律风险分析 ······································ 22
二、分家析产协议的拟定建议 ··· 24

第二章　拟定遗嘱延续爱 ··· 28
第一节　遗嘱的法律要件风险分析 ···································· 28
一、遗嘱的形式要件分析 ·· 28

二、遗嘱的实质要件分析 ………………………………………… 30
第二节　遗嘱在司法实践中的难点问题 …………………………… 37
一、夫妻共同遗嘱的司法实践分析 ……………………………… 37
二、处分小产权房之遗嘱拟定建议 ……………………………… 42

第三章　定向赠与表达爱 …………………………………………… 46
第一节　家庭关系中常见的赠与及其风险分析 …………………… 46
一、彩礼赠与 ……………………………………………………… 46
二、亲子房产赠与 ………………………………………………… 49
三、夫妻房产赠与 ………………………………………………… 51
第二节　民法典时代下的遗赠扶养协议 …………………………… 52
一、民法典下的遗赠扶养协议的调整 …………………………… 52
二、遗赠扶养协议的司法争议焦点问题 ………………………… 53
三、遗赠扶养协议的拟定建议 …………………………………… 56

第四章　遗产管理守护爱 …………………………………………… 58
第一节　遗产管理人的服务方向与内容 …………………………… 59
一、遗产管理人的服务方向 ……………………………………… 59
二、遗产管理人的服务内容 ……………………………………… 59
第二节　遗产管理人的服务流程 …………………………………… 60
一、确认委托 ……………………………………………………… 60
二、组建团队服务 ………………………………………………… 61
三、尽职调查 ……………………………………………………… 61
四、协助订立遗嘱，指定遗嘱执行人 …………………………… 61
五、遗嘱保管及维护 ……………………………………………… 62
六、核查遗嘱人/被继承人死亡情况 …………………………… 62
七、通知公告 ……………………………………………………… 62
八、召开会议 ……………………………………………………… 63
九、办理公证 ……………………………………………………… 63
十、制作遗产清单并报告遗产情况 ……………………………… 63
十一、采取必要措施防止遗产毁损 ……………………………… 63

十二、拟定遗产分割方案,协助签署遗产分割协议 …………… 64
十三、分割遗产 ………………………………………………… 64
十四、遗产管理服务的中止 …………………………………… 64
十五、遗产管理服务的终止 …………………………………… 64
十六、归档备查 ………………………………………………… 64

第五章　意定监护相信爱 …………………………………… 65
第一节　意定监护制度之比较分析 ………………………… 66
一、我国意定监护制度的发展历程与现状简介 …………… 66
二、不同法域意定监护制度之比较分析 …………………… 68
三、我国意定监护制度的改进与完善建议 ………………… 69
第二节　意定监护协议的拟定要点 ………………………… 71
一、意定监护协议的主体签约能力的审查 ………………… 71
二、意定监护协议各方意思表示真实性的确认 …………… 72
三、意定监护协议的拟定要点 ……………………………… 73

第二篇　基业长青让爱永续

第一章　超越金钱的信托 …………………………………… 81
第一节　家族信托 …………………………………………… 82
一、家族信托的现实应用 …………………………………… 83
二、家族信托在财富传承中的优越性 ……………………… 85
三、家族信托的现实困境 …………………………………… 87
四、家族信托突破现实困境的建议 ………………………… 88
五、在现行制度下律师如何协助设立家族信托 …………… 90
第二节　遗嘱信托 …………………………………………… 93
一、遗嘱信托的现实应用 …………………………………… 94
二、遗嘱信托的优越性 ……………………………………… 97
三、遗嘱信托的现实困境及突破 …………………………… 99
四、现行制度下,律师如何协助设立遗嘱信托 …………… 101

第三节　慈善信托 ... 103
一、我国慈善信托的基本特征 ... 104
二、慈善信托的现实应用 ... 105
三、慈善信托的优越性 ... 106
四、慈善信托面临的困境与不足 ... 107
五、律师如何提供慈善信托服务 ... 108

第四节　保险金信托 ... 110
一、保险金信托的优势和功能 ... 111
二、保险金信托存在的不足 ... 113
三、保险金信托的运用 ... 114
四、保险金信托的设立和有关法律注意事项 ... 115
五、保险金信托的发展与展望 ... 119

第五节　律师作为监察人或保护人的可行性分析 ... 121
一、我国信托监察人制度的发展 ... 121
二、我国信托监察人制度的作用 ... 122
三、我国律师担任信托监察人的可行性分析 ... 123

第六节　民事、营业、公益信托案例解析 ... 126
一、民事信托 ... 126
二、营业信托 ... 135
三、公益信托 ... 168

第二章　揭开保险的"面纱" ... 171

第一节　保险概述 ... 171
一、我国的保险设计与分类 ... 171
二、人寿保险 ... 173
三、年金险 ... 175

第二节　保险在财富传承中的案例解析 ... 176
一、保险司法数据概览 ... 176
二、婚姻家庭、继承纠纷中涉保险案例的常见裁判观点 ... 179

第三节　保险在财富传承中的场景运用 ... 183
一、债务相对隔离 ... 183

二、隔离婚变风险 …… 186
三、家族财富传承 …… 187
四、税收筹划 …… 188
五、保险对移民的应用 …… 188

第三章 意想不到的基金会 …… 190
第一节 基金会概述 …… 190
一、基金会的特征 …… 190
二、我国基金会的分类及基金会发展情况 …… 191
第二节 基金会在家庭财富传承中的作用 …… 192
一、基金会享受相关税收优惠 …… 193
二、基金会对家族成员关系的协调作用 …… 195
三、基金会对家族精神文化的传承作用 …… 195
第三节 基金会的运用 …… 196
一、设立 …… 196
二、申请成立基金会应当提交以下材料 …… 196
三、基金会变更(备案)事项 …… 197
四、基金会的注销 …… 197
五、设立基金会的注意事项(以在深圳市为例) …… 197

特别篇 带有温度的法律服务

1. 抚平家暴、婚变人士的伤痕 …… 201
2. 给重组家庭、忘年婚恋人士以支持 …… 205
3. 照亮单身独居人士的心 …… 209
4. 空巢老人得到晚年康养 …… 213
5. 为丁克和失独家庭解后顾之忧 …… 217
6. 赋强同居不婚人士之间的信任 …… 220
7. 打造百年家族企业 …… 223

后 记 …… 229

引言

经济转型升级带来了高净值人群结构的变化,企业家、高级管理层及专业人士组成的新富群体涌现。高净值人群在过去几年的市场教育下快速成长,对财富管理机构在产品筛选、资产配置、风险控制和客户体验等方面的专业度要求全面提升,对传承服务的理解和需求达到新高度。人们通常有这种印象,认为只有上了年纪的高净值人群才需要考虑财富传承,但从实际需求来看,无论年纪如何,只要财富积累达到"高净值",这类人群就开始对各类资产的风险有了更客观的认识,更会意识到要进行资产多元化配置。而配置中需要注意的不可或缺的重点即遵循法律的规定,本书写作目的就在于把财富传承的法律语言介绍给读者。

配置资产的目的一方面是希望自己的财富不贬值,另一方面也希望自己创造的财富可以让自己爱的家人朋友获益,或许会出于大爱而考虑将财富传播到自己期望达到的领域,又或许会考虑到如果自身出现意外,财富如何传承给他爱的家人朋友。而本书既是为创富人群的私人律师匹配专业化书籍,同时也会有部分创富人群希望能深入了解法律风险,提升风险意识,而更好地配置财富,同时通过传承财富,运用法律语言传达自己对家人及亲朋好友的爱,包括父爱、母爱、情爱、友爱、大爱等。

由于当今资产多元化且民众对理财认识不断深化,使一部分人虽然在年龄上还未达到传统上的传承年龄,财富积累尚未达到最高值,但他们已经开始为将来提前筹划,做财富隔离与安排,在此基础上有财富传承需求的人群正在扩大。财富传承安排开始普及,而对于在传统意识中需要财富传承规划的人士来讲，财富传承安排则进入了需要深化的阶段。拐点出现在2019年，在当年已经准备传承安排的高净值人群达53%，首次超过尚未开始准备人群；同时家族信托作为传承工具的占比提升，超高净值人士对家族办公室的接受度和期许继续提高。

2019年6月5日，招商银行与贝恩公司在深圳总行大厦联合发布《2019中国私人财富报告》。报告显示，2018年，中国个人可投资资产总规模达190万亿元人民币，2016—2018年年均复合增长率为7%；2018年，可投资资产在1000万元人民币以上的中国高净值人群数量达到197万人，2016—2018年年均复合增长率为12%；2018年，中国高净值人群人均持有可投资资产约3080万元人民币，共持有可投资资产61万亿元人民币。

超过40%的受访高净值人群表示不清楚如何真正利用资产配置手段来分散风险，希望专业机构提供更多资产配置的专项辅导。高净值人群对银行从产品筛选能力、资产管理配置能力、风险控制能力以及科技赋能的客户体验四大方面提出更高的专业性要求。

经过观察总结，高净值人士遇到的问题往往是以下几类：婚前财产保护、父母对子女的财富传承、继承带来的财富外流、家业企业不分的风险、股权传承的问题、债务危机、移民带来的全球资产曝光、跨境资产配置、成员复杂的家庭财富保护风险、企业家婚变以及高端客户养老等。

对于高净值人士来说，财富总量的增加带来资产配置、传承方面的困难，而他们自身往往尚未完全意识到上述问题的存在。美国苹果公司联合创始人乔布斯曾言："人们不知道想要什么，直到你把它摆在他们面前。"电子产品如此，法律服务产品同样如此，很多时候客户并不清楚自己的需求点在哪里，作为专业法律服务从业者，我们不仅要发现客户的已有需求，更要挖掘其深层需求，像医生一样检视高净值人士财富传承方面可能遇到的种种困境，并为其提出个性化的财富传承服务产品。

期待您在阅读本书第一篇、第二篇所解密的家族财富传承法律风险后，并结合特别篇法律服务的场景应用，来读懂爱的法律语言。

第一篇

家事风控让爱有方

第一章
家事协议维系爱

家事协议为婚姻家庭带给财富的挑战提供了解决之道,维系了家庭成员之间的爱。

本章主要解密在家族财富传承中最为常见的婚前财产协议、婚内财产协议、离婚协议、分家析产协议四类家事协议。本章基于上述家事协议在司法实践中容易产生的法律风险进行分析,从热点问题切入,并针对家事协议的拟定提供法律专业建议,为在家族财富传承中运用家事协议的法律风控提供解决之道。

◆ 第一节 婚前财产协议

婚前财产协议是指男女双方在缔结婚姻之前就双方各自婚前个人财产,以及婚后双方所得财产的归属所作的书面约定。婚前财产协议可以有效减少男女双方成立婚姻关系之后的财产纠纷,同时也能提高司法效率,促进离婚纠纷的快速处理。

一、婚前财产协议的法律风险分析

从《民法典》对婚前财产协议的法律规定来看,《民法典》婚姻家庭编第

1065条[1]规定了男女双方应当采用书面形式对婚前财产进行约定,为婚前财产协议的合法性提供了明确的法律依据。婚前财产协议的效力,除适用婚姻家庭编第1065条之外,还应适用《民法典》合同编第464条第2款[2]的规定,以及《民法典》总则编第六章"民事法律行为"的有关规定。

在司法实践中,因婚前财产协议拟定不当引发的法律风险比比皆是。例如,因限制一方结婚、离婚自由等有关人身权利的约定会引发婚前财产协议无效的风险;利用一方处于危困、疾病等缺乏判断力的状态而签署的婚前财产协议会被法院撤销;因约定"净身出户"条款等有可能因显失公平而需要予以调整等。

在婚姻缔结前将矛盾和冲突提前做好预防,并通过签订婚前财产协议的方式,明确夫妻双方的责任、权利与义务,能有效维系家庭和睦,规范夫妻财产关系,消除误会与纠纷。婚前财产协议体现了夫妻双方各自的真实意思表示,能有效降低婚姻中的财产纠纷风险,避免冲突升级。即使双方离婚,也能妥善、有序地对财产进行处理。

本节接下来结合司法实践判例中最为常见的因婚前财产协议带有赠与性质,或包含遗嘱内容而引发的热点问题展开具体的法律风险分析。

(一)带有赠与性质的婚前财产协议

婚前财产协议如明显存在"赠与"等字样,且实质上是约定一方将婚前财产无偿赠与另一方,则该婚前财产协议会被认定为具有赠与性质。因此,婚前财产协议一旦被认定为赠与协议,则存在赠与被撤销的风险。

婚前财产协议中存在约定一方婚前财产全部归另一方所有的情形。在司法实践中,对此类协议究竟是按婚前财产协议处理还是按赠与协议处理是有争议的,各地司法裁判结果也存在差异。因此,在拟订婚前财产协议的过程中,应注意提示当事人双方关于该类约定可能产生的相关法律风

---

[1]《民法典》第1065条规定:"男女双方可以约定婚姻关系存续期间所得的财产以及婚前财产归各自所有、共同所有或者部分各自所有、部分共同所有。约定应当采用书面形式。没有约定或者约定不明确的,适用本法第一千零六十二条、第一千零六十三条的规定。夫妻对婚姻关系存续期间所得的财产以及婚前财产的约定,对双方具有法律约束力。夫妻对婚姻关系存续期间所得的财产约定归各自所有,夫或者妻一方对外所负的债务,相对人知道该约定的,以夫或者妻一方的个人财产清偿。"

[2]《民法典》第464条第2款规定:"婚姻、收养、监护等有关身份关系的协议,适用有关该身份关系的法律规定;没有规定的,可以根据其性质参照适用本编规定。"

险,可考虑对协议进行公证,将相关财产予以交付,办理转移登记或变更过户手续。

1. 认定婚前财产协议为夫妻双方之间的财产约定,而非赠与协议

【案例1-1】被继承人武某与李某系夫妻关系,两人在登记结婚前就相关财产达成一致意见,并签订婚前财产协议,内容为:财产权属约定:(1)男方(被继承人武某)名下婚前的个人财产(包括但不限于动产、不动产、无形资产)婚后归女方(李某)个人所有,女方享有完全占有、使用、收益、处分权利。女方名下婚前的个人财产永久归女方个人所有,女方享有完全占有、使用、收益、处分的权利。(2)婚后双方取得的财产永久归女方个人所有,女方享有完全的占有、使用、收益、处分权。(3)男女名下婚前、婚后取得的财产因增值、转让、投资产生的收益亦归女方个人所有,女方享有完全的占有、使用、收益处分权。婚后被继承人武某去世,本案第三人刘某系武某前妻,武某1系被继承人武某之父,金某系被继承人武某之母。李某向法院提起诉讼,请求按照其与被继承人武某签订的婚前财产协议,判令被继承人武某名下的全部股权及其相关权益自2013年12月25日起归其所有。武某1、金某及第三人刘某均答辩称李某与被继承人武某签订的婚前财产协议无效。一审法院经审理认为,李某与武某签订的婚前财产协议是附条件可撤销的婚前赠与协议,因未完成过户手续,被继承人(武某)名下的股权由三继承人按法定继承平均继承。二审法院认定该婚前财产协议有效。

案例1-1的主要争议焦点为案涉协议的性质是婚前财产协议还是赠与协议。一审法院认定涉案协议是赠与协议,而非婚前财产协议,二审法院予以纠正后认定涉案协议是婚前财产协议。一审法院认定为赠与协议的主要理由是签署协议时双方非夫妻关系,不能约定"自己的财产直接归对方所有",仅能约定"一方的财产或归自己所有,或归夫妻共有"。二审法院纠正了一审法院的观点,认为约定"自己的财产直接归对方所有"并不违背法律禁止性规定,婚前财产协议可以约定"自己的财产直接归对方所有"。在案例1-1中,二审法院与一审法院裁判思路截然相反,一审法院对财产约定的形式进行限定,二审法院则认为协议中的这个约定虽不属于夫妻财产约定的四种形式之一,性质属于赠与,但该约定体现在婚前财产协议中,并未违反法律法规的强制性规定,依法应有效。笔者更赞同二审法院的裁判思路。

2.认定婚前财产协议本质为赠与协议,未交付前可撤销

【案例1-2】张某某与侯某系夫妻关系,在办理结婚登记前,双方签署婚前财产协议,约定:张某某自愿将自己所有的婚前财产2500万元赠与侯某,张某某婚后每年年底给付侯某100万元直至付清2500万元;张某某自愿于婚后一个月内赠与侯某结婚礼金200万元。后两人登记结婚。因双方感情破裂,张某某向法院起诉离婚,侯某请求张某某按双方婚前财产协议向其支付婚前财产2500万元。张某某辩称该婚前财产协议的性质为赠与,请求予以撤销。一审法院及二审法院经审理认为案涉协议为赠与协议,赠与人有权撤销赠与。

案例1-2的争议焦点为协议性质是婚前财产协议还是赠与协议,是否可撤销。双方签订财产协议约定一方自愿将婚前财产赠与另一方。该协议是出于双方真实的意思表示,且未违反法律、行政法规禁止性规定,应属合法有效,一方也无权在离婚时以该协议违反公序良俗原则主张无效。但是,该协议名为夫妻婚前财产协议,实质上是赠与协议,而夫妻之间对不能预期的财产进行赠与,应认定赠与行为所涉及的财产实质上并没有发生转移,故在赠与财产没有发生转移之前,赠与一方有权撤销赠与。

(二)掺杂遗嘱条款的婚前财产协议

在实践中,部分当事人在婚前财产协议中还约定了遗嘱条款,则可能导致婚前财产协议具有财产协议和遗嘱的双重属性,因涉及遗嘱条款,则存在遗嘱条款是否符合遗嘱的法定形式,遗嘱是否能撤销等复杂问题,产生纠纷时,存在诸多不确定的法律风险。因此,建议遗嘱条款单独另行处理,不与婚前财产协议掺杂,避免婚前财产协议无效或被撤销,而导致该协议最终无法实现双方对财产处理的真实意愿的结果。

【案例1-3】2007年11月5日,杨某4与张某登记结婚(再婚),婚后未生育子女。2012年10月12日,杨某4病逝。2007年11月2日(结婚登记前3天),杨某4与张某签署《婚前财产协议》,约定如下:"一、我与张某婚后居住在我名下的房屋通州××号。二、我女儿杨某1已独立工作,不和我们生活在一起,我用全款买了一套房屋,位于朝阳区×2205室,由女儿居住。三、我与张某双方都无债权、债务。四、我与张某婚后双方工资放在一起生活。五、我与张某百年之后,剩下谁房屋归谁。以上条件均由双方

当事人签字盖章生效！各方均不得违约。"上述内容由张某书写,并由张某、杨某4共同签名并按捺人名章,由见证人梁某签名及捺印。各方因对上述协议存在争议而诉至法院。法院判决杨某4名下通州××号房产由张某继承。

从案例1-3中婚前财产约定的性质而言,双方对婚前财产以及婚姻关系存续期间所得的财产的约定,合法有效,双方均应依约履行,单方无权对协议内容予以变更或撤销。笔者认为,《婚前财产协议》第5条的内容已被生效裁判文书认定为遗嘱性质,但对合同条款的理解还应结合上下文探寻当事人签订合同的真实意思表示。经查,案例1-3中的婚前财产协议签订于杨某4与张某结婚登记前三天,从协议名称到具体条款内容,以及措辞均体现了妥善安置双方婚后生活、共同维系和谐稳定婚姻关系的立约本意,是彼此对婚后不分你我、相伴终身的承诺,虽然第5条使用了"百年之后"的措辞,表面看来是对遗产的安排处理,但本意绝非要处分遗产。因此,该协议第5条不仅具有遗嘱性质,更兼具婚前财产约定的性质。

从遗嘱性质而言,法院认为,案例1-3中的约定内容亦区分于由被继承人杨某4一人单独书写的情形,具有夫妻双方共同订立、合意处分夫妻财产的遗嘱特点,符合遗嘱形式要件的应为有效。该《婚前财产协议》符合自书遗嘱的形式要件,应属有效的共同遗嘱。关于杨某4此后能否另立遗嘱撤销自己在共同遗嘱中的意思表示,一审法院认为,本案中杨某4不享有另立遗嘱、撤销共同遗嘱的权利。对于遗嘱内容不可分割、相互具有牵连性的共同遗嘱,因双方有关遗嘱处分的意愿紧密关联、相互约束,双方撤销遗嘱处分应当受到一定限制。在案例1-3中,杨某4、张某是基于将要缔结婚姻并为维持再婚婚姻的稳定及和谐而订立《婚前财产协议》,该协议体现了双方对婚后生活、财产分配进行处理的意思表示,对于双方最终能否缔结婚姻有较大影响,且此后双方已登记结婚,张某亦提交证据证明其婚后对杨某4尽到了扶养义务,故杨某4不享有另立遗嘱,任意撤销共同遗嘱的权利。

在案例1-3中协议内容中,如没有"我与张某婚后双方工资放在一起生活"等对婚后生活、财产分配进行处理的意思表示及协议签署后双方进行婚姻登记的行为,该协议极可能被认定为遗嘱,而非双方对财产分配作出意思表示的婚前财产协议。故为降低诉讼风险，建议遗嘱条款单独另行约定，不与婚前财产协议掺杂，避免婚前财产协议无效或被撤销。

二、婚前财产协议的拟定建议

（一）避免婚前财产协议部分或全部被认定为无效或被撤销，建议拟定时注意以下几种情形

1. 口头约定无效，婚前财产协议应当采取书面形式

《民法典》第1065条规定："男女双方可以约定婚姻关系存续期间所得的财产以及婚前财产归各自所有、共同所有或者部分各自所有、部分共同所有。约定应当采用书面形式……"因此，财产约定应当采用书面形式，没有书面协议的将无法得到法院认可。

婚前财产约定并不必然要求经过公证。当然，公证处会依照公证程序及规则排除协议无效的情形。因此，经过公证的婚前财产协议其法律效力更有保障。

2. 一方被胁迫或在违背真实意思的情况下签订的婚前财产协议可撤销，婚前财产协议须经双方平等协商后签订，为双方的真实意思表示

婚前财产协议作为一种具有人身属性的特殊协议，必然要求男女双方平等协商后签订，协议的内容须是双方的真实意愿。任何一方不同意签署，另一方以欺诈、胁迫的手段使对方在违背真实意思的情况下签订的，协议依法可被撤销。如违背真实意愿签署协议，被胁迫、欺诈一方须留存被胁迫、欺诈的相关证据，否则协议仍可能被认定有效。

3. 限制人身权的约定无效，婚前财产协议只能约定财产和债权债务的归属

婚前财产协议是基于婚姻关系订立的，所以人身属性较强。协议中极易出现和人身属性有关的内容。例如，约定一方不能提出离婚，若提出离婚则所有财产归另一方所有；约定一方提出离婚，子女抚养权归属另一方；等等。因为上述约定既违反了婚姻自由的人身权利，也违反了子女抚养应按照最有利于子女原则的法律规定，故类似上述约定均会因违反法律强制性规定被认定为无效。建议婚前财产协议中只约定财产归属及债权债务承担问题，不可涉及人身权，更不能限制任何一方的人身权。

4. 在婚前财产协议中处分他人财产的部分无效,婚前财产协议只能处分婚前个人财产或婚姻关系存续期间所得财产

很多夫妻对财产的权属认识不清,无法区分名下个人财产、夫妻共同财产、家庭资产、企业资产以及登记在其他人名下的财产,因此签订协议的时候可能会把他人或公司的资产包括在内。在实践中,经常有人把登记在公司名下的房产、汽车或者配偶的父母名下财产作为个人资产或夫妻共同财产,约定在婚前协议里。根据法律规定,处分他人财产的协议条款无效,所以建议在签订协议前先明确财产范围。

(二)婚前财产协议不应只考虑静态财产,还需考虑财产形态的转化和收益

签署婚前财产协议必须考虑将来可能发生的财产变化,如股票收益、股份分红等,确保在较长的时间内都适用。所以,夫妻在协商订立婚前财产协议时不仅要把已取得的财产约定在内,还应考虑财产形态的转化和收益问题,避免日后产生争议。

(三)婚前财产协议中勿用"赠与"等字眼,降低婚前财产协议被撤销的风险

婚前财产协议和赠与都可能涉及夫妻之间财产的无偿转移,二者之间的界限不甚清晰。在一般赠与的情况下,财产未交付或未变更产权登记之前,财产原所有人随时可以撤销赠与,除非是经过公证的赠与协议或者依法不得撤销的具有救灾、扶贫、助残等公益、道德义务性质的赠与协议。因此,婚前财产协议中勿用"赠与"等字样,以降低协议条款被认定为赠与的风险。同时,经过公证的婚前财产协议,也能避免被撤销。

(四)切勿在婚前财产协议中出现"离婚"字样,注意区分婚前财产协议和离婚协议

夫妻双方可以在婚前、婚内、离婚时均订立协议。我们常见的离婚协议,是以协议离婚为条件,兼具财产分割内容的复合型协议。婚前财产协议和离婚协议的区别在于,婚前财产协议在双方办理完毕结婚登记手续时生效,但离婚协议需要夫妻双方在民政局办理完毕离婚登记手续后才生效。如果签订婚前财产协议后一方反悔,未办理结婚登记的,则婚前财产协议不生效。同样,如果签订离婚协议后一方反悔,未办离婚手续,则该离婚协议不生效。经常有夫妻在婚前财产协议内约定一些关于离婚的财产分割事

宜,这类包含"离婚"字样的婚前财产协议,存在被认定为离婚协议的风险。一旦被认定为离婚协议,则存在未生效的可能。

(五)遗嘱另行安排设定

为了避免婚前财产协议条款的属性难以认定,建议具有遗嘱属性的内容另行留存书面文件,不与婚前财产协议混同。

◆ 第二节　婚内财产协议

婚内财产协议,是指夫妻约定婚姻关系存续期间所得的财产以及婚前财产归各自所有、共同所有或部分各自所有、部分共同所有的协议。婚内财产协议在婚姻关系存续期间签署,可以有效减少夫妻双方日后的财产纠纷,同时能提高司法效率,促进离婚纠纷的快速处理。

一、婚内财产协议的法律风险分析

夫妻可以通过"婚内财产协议"等书面形式就夫妻双方在婚姻关系存续期间所取得的财产以及各自婚前财产的权属、使用、处分、收益等进行约定,该约定在不违反法律、行政法规的强制性规定、公序良俗或不侵害第三方合法权益的情况下,对双方具有法律约束力。

婚内财产协议应当采用书面形式。实践中,许多夫妻仅在吵架时、特殊事件发生时口头约定婚后各自财产归各自所有,但并未签订任何书面协议。依据法律规定,如没有书面财产协议,除非双方均认可或有证据足以表明存在财产约定合意,否则无法认定夫妻财产约定成立。因此,如想要就夫妻财产作出特别约定,应当采用书面协议的形式。

随着现阶段重组家庭数量的增多,许多夫妻不仅仅在婚内财产协议中对婚前及婚内财产进行约定,还会通过婚内财产协议为个人财产指定继承人,或者要求另一方放弃对一方个人财产的继承权等。一般情况下,通过婚内财产协议为个人财产指定继承人不符合遗嘱的任何一种法定形式,且即使法院认定该婚内财产协议的条款在遗嘱形式上有效,亦可能因遗嘱订立人无权处分、遗嘱间冲突、与遗赠扶养协议冲突等导致该婚内财产协议中的遗嘱部分无效。另外,在实践中,一般也不支持婚内财产协议中约定一方放弃对另一方个人财产的继承权。依照《民法典》的相关规定,继承人放弃继承应当是在继承开始后,遗产处理前,以书面的形式作出放弃继承的表示。因此,在遗产实际分割前,继承人可随时收回放弃继承权的表示。至于继承人能否事先通过婚内协议放弃继承权,目前并无法律明确规定。因此,如夫妻一方不希望另一方继承该方的个人财产,建议另行订立遗嘱,以免引起不必要的纠纷。

接下来笔者将结合司法实践判例中最为常见的运用婚内财产协议避债、通过婚内财产协议约定房屋归一方但未办理过户登记等热点问题展开具体的法律风险分析。

(一)运用婚内财产协议避债的法律风险

在实践中,夫妻约定婚姻关系存续期间各自名下的债务由各自承担的,对夫妻双方产生法律效力,但对债权人是否产生效力需具体分析。如双方在借款前将协议内容明示给债权人,债权人表示接受并出借款项给一方的,该婚内财产协议对债权人产生法律约束力;如未明确告知债权人,该婚内财产协议对债权人无法产生法律约束力,如果债务属于夫妻共同债务,债权人可以要求夫妻双方以共同财产进行清偿。

【案例1-4】刘某照与林某新系夫妻关系,均系莆田市城厢区户籍。2003年1月,刘某照夫妻共同购置了坐落在莆田市城厢区的房产,并登记在林某新名下,该产权来源为购置后分房产业。后林某新与刘某照签订了《财产归属合同》,约定涉案房产属于林某新所有。因刘某照对陈某凡负有到期债务但未履行,陈某凡提起了诉讼,判决生效后申请强制执行,后又因刘某照名下没有可供执行的财产,案件终结本次执行程序。之后陈某凡以林某新名下享有林某新与刘某照的夫妻共同房产为由,对林某新提起了债权人代位权之诉。一审法院判决确认位于莆田市城厢区的房产(房屋所有权证号为××××号)由林某新、刘某照各享有50%的份额;林某新、刘某照应按判决认定的份额对案涉房屋进行析产分割。二审法院判决驳回林某新的上诉请求,维持原判。

从案例1-4中法院的裁判观点可知,婚内财产协议原则上对于夫妻双方具有法律约束力。涉案房屋虽登记在林某新的名下,但系购置于刘某照与林某新夫妻关系存续期间,应属夫妻共同财产。根据《婚姻法》第17条[1]的规定,夫妻在婚姻关系存续期间取得的工资、奖金和生产、经营的收益等均归夫妻共同所有,即便林某新主张房屋系其做生意赚钱所购买的,但该收入亦为夫妻共同财产,其用夫妻共同财产购置的房产同样应为夫妻共同财产。根据《婚姻法》第19条第1款[2]"夫妻可以约定婚姻关系存续期间所得的财产以及婚前财产归各自所有、共同所有或部分各自所有、部分共同所有"的规定,《财产归属合同》仅对夫妻双方具有约束力,只有第三人知道或应当知道该约定的情况下,才能以约定的夫或妻一方所有的财产清偿,而第三人是否知道夫妻之间的财产约定,应由夫妻一方承担举证责任。因此,即使林某新与刘某照签订的《财产归属合同》真实、有效,在无证据证明陈某凡知晓该合同时,该《财产归属合同》对陈某凡不具有约束力。

一般来说,债权人知道有婚内财产协议约定为一方个人债务的,以夫或妻一方所有的财产清偿对债权人的债务。若债权人并不知道该约定,则该婚内财产协议只约束夫妻双方,对债权人不产生法律约束力。

(二)婚内财产协议约定房屋归一方但未办理过户登记的法律风险

在司法实践中,对于双方约定将登记在一方名下的夫妻共同房产赠与另一方但未办理产权变更登记,约定是否有效存在不同的观点。一种观点认为,不动产物权的设立、变更、转让和消灭,经依法登记发生效力;未经登记,不发生效力,但法律另有规定的除外。虽然夫妻双方签订婚内财产协议,约定涉案房屋归夫妻一方所有,但是双方未进行不动产物权的转让登记,物权的转让不发生效力,涉案房产仍属于夫妻共同所有。另一种观点认为,夫妻约定共有房产归一方所有的,无须进行物权变动手续。这两种观点均有支持的案例。夫妻双方约定房屋归一方的,为了避免意外发生,建议及时办理产权变更登记手续。

【案例1-5】唐某甲和李某某系夫妻,唐某、唐某乙是唐某甲和李某某的子女。2002年12月16日,唐某甲购买了北京某房地产公司开发的财富中心房屋,合同总金额为1,579,796元。唐某甲与李某某在《分居协议书》中

---

[1] 本案审理时适用《婚姻法》的规定。2021年1月1日起,《民法典》正式施行,《婚姻法》同时废止。相关规定参见《民法典》第1062条。
[2] 相关规定参见《民法典》第1065条。

约定了该房屋归李某某拥有,但未办理过户。唐某甲去世后,唐某就涉案房屋提起诉讼,庭审中,原告唐某、被告唐某乙、李某某均认可截至唐某甲去世时间点,涉案房屋仍登记在唐某甲名下,尚欠银行贷款 877,125.88 元未偿还。此外,李某某与唐某甲名下还有其他两处房产、汽车及存款等财产。一审法院判决财富中心的房屋归李某某所有,李某某向唐某支付折价款若干元等;二审法院改判财富中心的房屋归李某某个人所有,李某某无须向唐某支付折价款等。

婚内财产分割协议是夫妻双方订立书面协议,对婚姻关系存续期间取得财产以及各自婚前财产如何分配所作的约定,是双方的真实意思表示,也是双方对夫妻财产进行内部分配协商一致的结果。在不具备法定无效情形(如违反法律、行政法规强制性规定,违背公序良俗,恶意串通损害他人合法权益等)之下,应属合法有效,对夫妻双方具有法律约束力。案涉房产是唐某甲和李某某在婚姻关系存续期间购买,是该二人的合法夫妻共同财产。唐某甲和李某某有权在其二人内部对案涉房产予以分割。在案例 1-5 中,达成有效书面协议后,唐某甲和李某某根据《分居协议书》享有相应的权利,亦应履行相关义务。《民法典》第 215 条规定:"当事人之间订立有关设立、变更、转让和消灭不动产物权的合同,除法律另有规定或者当事人另有约定外,自合同成立时生效;未办理物权登记的,不影响合同效力。"即使唐某甲和李某某签订《分居协议书》后并未办理相关不动产变更登记手续,对于李某某而言,其已经是案涉房产的所有权人。并且,《分居协议书》并未侵害唐某的任何民事权益。所以,唐某的诉讼请求最终并未得到法院的支持。

另外,婚内财产协议在实务中往往容易与第三人产生纠纷。在界定"第三人"时,也需要考虑争议或纠纷中的第三人是否属于家庭成员。在案例 1-5 中,唐某甲和李某某系夫妻关系,唐某是该二人之子,如果从唐某甲和李某某二人的角度而言,唐某是该二人之外的第三人,但从唐某甲、李某某、唐某及唐某乙四人的家庭成员范围而言,唐某系该家庭成员范围内部人员,不是该家庭成员范围之外的第三人,在不涉及婚姻家庭成员以外的第三人利益,未影响交易秩序及安全的情况下,应当尊重夫妻之间的真实意思表示,按照双方达成的婚内财产分割协议履行,优先保护事实物权人,不应仅以产权登记作为确认不动产权属的唯一标准。

为了避免因产权未办理变更登记而引发的纠纷,婚内财产协议的严谨做法应当是,夫妻双方约定将共同财产归属一方后及时办理产权登记。

二、婚内财产协议的拟定建议

(一)婚内财产协议应当确定婚姻财产约定类型

对于婚内财产的约定主要有以下三种类型:

(1)财产全部为个人所有、无夫妻共同财产;

(2)财产部分为个人所有,部分为夫妻共同所有;

(3)婚前、婚后财产全部为夫妻共有。

夫妻对于财产的约定一般应当在上述三种协议中选择适用,避免出现约定不明而影响婚内财产协议的效力。

(二)婚内财产协议约定一方将其婚前个人房产赠与另一方或转化为共同房产的,应当办理公证手续并及时办理产权变更登记手续

实践中,夫妻双方在婚内财产协议约定,一方将其婚前个人名下房产转化为共同房产或者赠与另一方,双方并未办理产权变更登记的,一方可能会反悔并撤销赠与。

按照现行法律规定,男女双方在婚前或婚姻关系存续期间约定将一方所有的房产赠与另一方,赠与人在办理房屋所有权转移登记之前适用《民法典》第658条的规定,即赠与人可以撤销该赠与,但赠与人不得任意撤销经过公证的赠与协议。实践中,极少有法院突破该规定。因此,建议婚内财产协议中如果约定赠与房产的,切记在协议签署后双方及时办理变更登记手续。如暂时无法办理变更登记的,建议对婚内财产协议进行公证。

(三)婚内财产协议约定股权赠与的,应当办理公证手续并及时办理工商变更登记

一方面,婚内财产协议约定股权赠与,但并未办理工商变更登记的,不得对抗善意第三人。股权赠与受《公司法》《民法典》相关规定的约束,即登记事项变更的,应当办理工商变更登记。如未办理变更登记的,基于协议相对性原则和物权公示原则,该婚内财产协议仅约束夫妻双方,不能对抗除协议以外的善意相对人。另一方面,如前所述,如是将个人所有的股权约定为归对方所有或双方共有的,该行为有可能被视为赠与,赠与人在未变更产权登记前有权随时撤销。因此,为避免被任意撤销,建议对婚内财产协议进行

公证,并及时办理工商变更登记手续。

(四)婚内财产协议可对夫妻、家庭日常消费支出的金额进行约定

婚内财产协议一般可约定夫妻一方自行支配开销的金额,如一方未经配偶同意,自行支配开销超出该金额的,另一方可向人民法院起诉要求分割夫妻共同财产。

一方未经配偶同意自行支配开销超出婚内财产协议内约定的金额的,系一方在婚姻存续期间的挥霍行为,根据《民法典》第1066条的规定,婚姻关系存续期间,一方有隐藏、转移、变卖、毁损、挥霍等严重损害夫妻共同财产利益的行为的,即使是在婚姻关系存续期间,另一方仍然可以通过起诉请求对婚内共同财产进行分割。

(五)婚内财产协议不建议约定一方对另一方进行道德约束,如有需要可另行订立协议

在实践中,许多夫妻会在婚内财产协议中约定"空床费""青春损失费""忠诚协议"等内容,用于一方对另一方加以道德约束,本意是在一方出轨或者不履行夫妻义务时对另一方有所补偿。部分法院认可"空床费"的约定有效,认为该部分约定属于双方意思自治,适用《民法典》合同编的相关规定。但"忠诚协议"大都伴随以离婚为条件的财产分割条款,这类情形中的"忠诚协议"一般都会被法院认定为无效。

(六)婚内财产协议应当对夫妻债务情况作出明确约定并明示债权人

夫妻为了避免承担对方的个人债务导致家族财富损失,常对债务情况进行约定。但如婚内财产协议只是笼统约定"各自名下债务由各自承担",债权人是否可以要求夫妻双方承担责任呢?具体见以下分析:

(1)婚内财产协议约定婚内债务的承担系夫妻双方意思自治,该债务承担方式对夫妻双方合法有效,夫妻双方应当遵守。

(2)一方对外举债时,另一方并未在书面文件上签字,债权人知晓夫妻对债务约定情况并表示认可的,不得再要求夫妻双方承担责任。

(3)一方对外举债时,另一方并未在书面文件上签字,债权人不知晓夫妻对债务约定情况且该债务系家庭日常生活需要所负,债权人可以要求夫妻双方承担责任。

(4)一方对外举债时,另一方并未在书面文件上签字,债权人不知晓夫妻对债务约定情况且有证据证明该债务用于夫妻共同生活、共同生产经营或者基于夫妻双方共同意思表示的,可以要求夫妻双方承担责任。

(5)一方对外举债时,夫妻双方在书面文件上签字,无论债权人是否知晓该债务为个人债务,均可以要求夫妻双方承担责任。

夫妻一方为了避免承担对方的债务,建议约定在婚姻关系存续期间,一方单独对外举债时必须向债权人明示本财产约定,告知债权人该债务系其一方个人债务,另一方不承担还款义务,因此产生的一切后果均由举债一方自行承担。如举债方未明示的,应当承担违约责任。

(七)婚内协议应确认双方的身体情况及精神状况正常等,避免协议因一方民事行为能力受限而无效或者可撤销

建议协议明确约定夫妻双方确认在各方签订本协议时,意思表达独立、真实、合法、有效,无智力及精神异常及欺诈、胁迫、重大误解等情形存在。

◇ 第三节 离婚协议

离婚协议,是指夫妻双方在婚姻关系存续期间,以解除婚姻关系为基本目的,并就财产分割及子女抚养等问题达成的协议。离婚协议是确定孩子抚养以及财产分割的依据,是办理协议离婚手续的必备材料,也是离婚后发生争议时法院处理纠纷的法律依据。

一、离婚协议的法律风险分析

《民法典》第1076条规定:"夫妻双方自愿离婚的,应当签订书面离婚协议,并亲自到婚姻登记机关申请离婚登记。离婚协议应当载明双方自愿离婚的意思表示和对子女抚养、财产以及债务处理等事项协商一致的意见。"根据上述法律规定,离婚协议一般指即将解除婚姻关系的夫妻双方所签署的,关于财产分割、子女监护与探视以及子女抚养费等的书面协议。

离婚协议必须为书面形式,由夫妻双方当事人签字,不违反法律法规的强制性规定才具有法律效力。这是办理离婚手续所要求的内容之一。根据法律规定,办理离婚手续时必须出具双方当事人共同签署的离婚协议书。离婚协议书应载明双方当事人自愿离婚的意思表示以及对子女抚养、财产

及债务处理等事项协商一致的意见。

接下来本节将结合司法实践判例中最为常见的离婚协议约定房屋归属但未变更登记、离婚协议约定房屋赠与子女的热点问题展开具体的法律风险分析。

(一)离婚协议约定房屋归属但未变更登记的法律风险分析

对于离婚协议约定房屋归属但未变更登记的情况,司法实践中存在两种观点,一种观点认为,不动产物权的设立、变更、转让和消灭,经依法登记发生效力;未经登记,不发生效力。但法律另有规定的除外。虽然夫妻双方签订离婚协议书,约定涉案房产归夫妻一方所有,但是双方未进行不动产物权的转让登记,物权的转让不发生效力,涉案房产仍属于夫妻共同所有。另一种观点认为,夫妻约定共有房产归一方所有的,无须经过物权变动手续。

【案例1-6】周某海、周某珠原系夫妻关系,于2015年7月18日协议离婚,并签订《自愿离婚协议书》,约定夫妻关系存续期间购买的房产归周某珠所有,但是双方未进行不动产物权的转让登记。另外,在夫妻关系存续期间,周某海是某一债务保证人,该债务属于担保之债。法院已认定该担保之债不属于夫妻共同债务。法院判决驳回周某珠的再审申请。

夫妻在婚姻关系存续期间所得的财产,归夫妻共同所有。离婚协议约定涉案房产归周某珠所有,但是双方未进行不动产物权的转让登记,物权的转让不发生效力,涉案房产仍属于周某珠与周某海夫妻共同所有。根据《最高人民法院关于人民法院民事执行中查封、扣押、冻结财产的规定》第12条第1款的规定,"对被执行人与其他人共有的财产,人民法院可以查封、扣押、冻结,并及时通知共有人"。案例1-6涉案债务虽然属于周某海个人债务,但是涉案房产属于周某珠与周某海夫妻共同所有,人民法院可以执行。因此,一审法院驳回周某珠关于排除对涉案房产执行的诉讼请求并无不当,二审法院驳回上诉,维持原判的处理结果亦无不当。

通过案例检索,确实有案例认为当房屋因为其他债权人申请法院强制执行而被查封时,当事人无法以离婚协议约定归属自己来对抗法院的执行。但我们同时也发现有很多的案例认为,离婚协议约定房屋归一方,虽尚未过户,也可以排除强制执行。例如,在许多案例中法院均认为,离婚协议约定房屋归一方但尚未过户,也可以排除强制执行。[1] 因此,离婚协议约定房屋归一方但尚未过户能否排除强制执行,还需具体情况具体分析。

笔者认为,夫妻离婚时约定房屋归属一方或者婚生子女的,应及时办理过户,否则房屋被第三方查封,约定的产权归属一方或婚生子女很难依据《离婚协议书》而享有房屋"所有权",以阻却其他案件的执行。

(二)离婚协议约定房屋赠与子女的法律风险分析

实践当中存在很多夫妻在协议离婚时将房屋赠与子女,离婚后一方反悔,并起诉撤销赠与的情况。有观点认为,协议离婚时夫妻双方达成的将房产赠与子女的条款与解除婚姻关系密不可分,在双方当事人已经协议离婚的情况下,一方反悔请求撤销赠与条款的,人民法院经审查没有欺诈、胁迫的情形,应当判决驳回其诉讼请求。但笔者也看到相关案例,即离婚协议书约定将房产赠与子女,但并未办理过户,房产并未登记至该子女名下的,即使已将房屋产权证书交予子女,赠与关系亦并未成立,子女对于该房产不享有所有权。

【案例1-7】王某与李某于2010年9月协议离婚,财产分割协议约定:双方的共同财产房屋一套归未成年的儿子所有,儿子随王某生活,该房暂由王某与儿子居住。李某与王某离婚后又与他人结婚,因经济因素李某拒绝将房屋产权过户至儿子名下。2011年7月,李某起诉至一审法院称,其目前收入比以前减少了很多,房价一直上涨,其与妻子只好租房居住。与王某离婚时自己考虑不周,一时冲动就放弃了房产。因赠与儿子的房产尚未过户,请求撤销离婚协议中的房产赠与条款。王某答辩称,当初之所以同意与李某协议离婚,就是因为李某愿意将夫妻共同所有的房产赠与未成年的儿子。李某达到离婚目的后迅速再婚,现在又反悔要撤销赠与,法院不应支持李某这种不诚信的行为。一审法院判决李某撤销离婚协议中房产赠与条款的主张成立。二审法院撤销一审判决,驳回李某的诉讼请求。

案例1-7的争议焦点为离婚时约定房屋赠与子女,当事人是否可以行使任意撤销权,司法实践中存在不同的观点,一审判决结果和二审判决结果

---

[1] 参见中华人民共和国最高人民法院民事裁定书,(2018)最高法民申2777号;中华人民共和国最高人民法院民事裁定书,(2018)最高法民申5671号;中华人民共和国最高人民法院民事裁定书,(2019)最高法民申6088号。

截然相反,笔者比较认同二审法院的观点,离婚协议中的房产赠与条款与整个离婚协议是一个整体,不能单独撤销。在婚姻登记机关协议离婚时,双方自愿将共同所有的房产赠与未成年子女,该协议系双方当事人真实的意思表示,没有欺诈、胁迫的情形。子女抚养、房产赠与等与协议解除婚姻关系是一个整体,在双方离婚已成事实的情况下,又对赠与房产问题反悔,其主张缺乏事实和法律依据。另外,在一般的司法实践中也认为,《民法典》规定经过公证的赠与合同,或者具有救灾、扶贫、助残等公益、道德义务性质的赠与合同不可撤销,而在婚姻登记机关签订的赠与协议并不属于法定不能撤销的协议。如果一方当事人对离婚协议中的赠与条款反悔,在登记离婚后一年除斥期间届满前提起诉讼,法院受理后经审查,未发现订立财产分割协议时存在欺诈、胁迫等情形的,应当依法驳回当事人的诉讼请求。

二、离婚协议的拟定建议

(1)协议离婚时,如果一方已将自己全部财产罗列出来,建议在离婚协议书中可约定"若一方存在隐瞒财产的情况,另一方有权向法院起诉并要求多分或者全部取得被隐瞒的财产"。

(2)协议离婚时约定房屋归一方所有或者婚生子女所有的,建议及时办理过户。

(3)离婚协议内容切记不能过于简单,否则可能导致其不具有可操作性。比如,协议约定"双方同意离婚;女儿归男方抚养;财产已分割完毕,双方对此无异议"。"财产已分割完毕"意味着双方对财产的数额、分割的方案、分配的数目均已协议一致,并处置完结。但是,有哪些财产、如何进行分割,协议当中却没有体现。这样,会产生两种对立的观点:第一种观点认为,既然财产分割已完毕,说明财产已没有必要分割,在谁名下就归谁所有;第二种观点认为,既然没有明确约定财产的具体项目和处理方式,应当视为约定不明而没有分割,应当依法分割。由于争议较大,难以协商,因此,一般解决的方法是只能诉诸法院。

(4)离婚协议某些概括性条款的约定过于宽泛,可能会伤害弱势方。比如,协议约定"男女双方名下的其他财产归各自所有"或"男女双方无其他财产争议"等。一般情况下,在协议离婚时双方签订的协议,是建立在签订时双方已知晓对方财产情况下的意思表示,但离婚后,若一方发现另一方隐匿了房产或存款,如果根据这一条款,就极有可能失去胜诉的机会,因此,该条款的风险性较大。

(5)离婚协议书中可以约定违约金,是双方的真实意思表示,应受法律保护。但是如果违约金约定过高,一方可向法院申请降低违约金金额。

(6)离婚协议拟定中应当注意,约定的限制再婚条款无效。婚姻自由权是《宪法》《民法典》赋予公民的人身权利,在不违反婚姻法律、法规的前提下,公民享有婚姻的自由,不受他人干涉。离婚协议中约定离婚后一定期限内不得再婚的条款存在无效风险。

(7)拟定离婚协议时应当注意,约定再婚后不得再生育子女的条款无效。生育权是法律赋予公民的人身权利,在不违反国家相关计划生育法律法规的前提下,公民享有生育与不生育子女的自由,不因与他人的协商行为而受到限制。离婚协议中约定的禁止生育条款,是对公民生育权的人为限制,违反了公民享有生育权的法律规定。因此,离婚协议中与禁止生育相关的条款是无效的。

第四节 分家析产协议

分家析产协议,是指家庭成员协商一致对家庭共有财产进行分割的协议。分家析产协议是家庭共有财产分割的依据,同时是发生争议后法院处理纠纷的法律依据。

一、分家析产协议的法律风险分析

分家的民间习俗最早可以追溯至我国秦汉时期。自秦汉以来,我国就有"诸子均分"的民间习惯,唐以后,分家析产以制度的形式得到承认。诸子均分存在的基础是血缘的理念,国外与之对应的是"同居共财"制度。无论是"诸子均分"还是"同居共财"制度,在析产的过程中主要考量家庭成员的贡献大小及家庭成员的身份。这两个影响因素在目前的司法实务中也有比较明显的体现。当然,因为在分家析产的过程中,家庭伦理以及道德色彩较浓,所以除了前述两个因素外,也须考量没有生活来源的家庭成员的生活保障以及财产的使用情况现状等。

在现代法律规定中,分家析产没有一个明确定义。根据对民事案由的划分以及分家析产纠纷案件的概括而言,分家析产是对家族事务的整体安排及家庭共同共有财产的析分。分家析产的一个关键性要素即为对分家析产中"财产"的认定。就目前的纠纷而言,分家析产可能析分的是家庭共同共有的财产,也可能是父母的财产或者夫妻共同共有的财产。故而在分家析产过程中,往往会与其他法律关系掺杂在一起,如赠与、遗赠扶养协议、遗嘱继承、遗赠、法定继承等,但这些法律关系均与分家析产的核心即共同共有财产析分有所不同。若分配的财产为家庭成员个人的财产,一般认定为继承、赠与等;若析分的财产为家庭多个成员共同共有的财产,一般认定为分家析产纠纷。同时,在实际案例中,有些案件会同时选择两个案由,如确权、分家析产纠纷,继承、分家析产纠纷等。虽然,分家析产纠纷在法律上没有明确的界定,但是分家析产在民间较为普遍,是民间家族财富传承的重要方式之一。因此,对于分家析产协议风险的分析及防范就显得尤为重要。

本节接下来结合司法实践中最为常见的分家析产协议的家庭成员未签字、分家析产协议签署后财产权利转移未经公示等热点问题展开具体的法律风险分析。

(一)分家析产协议的家庭成员未签字

在司法实务中,对于分家析产案件,析分的财产是属于父母所有的财产还是家庭共有的财产,将直接关系到分家析产协议的效力。如果是父母所有的财产,则分家析产协议实质为赠与协议,一般不需要子女签名确认;若属于家庭成员的财产,则需要家庭成员均签名确认,否则该协议对于未签名的家庭成员不发生效力。

【案例1-8】郭甲与郭乙的父母在生前通过签署分家析产协议的方式将其名下的房产分给郭乙,并办理了房产登记手续。郭甲以分家析产协议未经郭甲、郭乙签名确认为由,请求法院认定分家析产协议无效。法院判决驳回原告郭甲的诉讼请求。

在案例1-8中,分家协议处分的房产为父母的财产,该分家协议实质为赠与协议,是父母以分家的形式对自己的财产所有权所做处分,与郭甲无关,无须征得其同意,故分家协议上没有郭甲签字不影响该协议的效力。郭乙作为受赠人,虽然未在协议上签名,但是通过办理过户手续接受了赠与,赠与行为即告成立,故分家协议上没有郭甲和郭乙签字不影响该协议的效力。

(二)分家析产协议签署后财产权利转移未经公示

分家析产协议虽然自当事人签字起就可以生效,但如果分家析产协议中涉及的财产根据法律规定需要办理不动产登记的,还应当经过产权过户才发生物权变动的效力。如果在分家协议生效后不及时做过户登记,将不具有对外的效力。

【案例1-9】蔡某云有一栋房产,该房产未办理房产证。但是该房产的国有土地使用权证登记的权利人为蔡某云。龙某街道办按照龙山文化遗址公园建设的总体规划,于2015年7月与蔡某云签订协议,协议约定由龙某街道办作价补偿,将蔡某云的房屋和院落拆除。上述协议签订后,龙某街道办依照协议约定,将补偿款支付给了蔡某云,蔡某云收到协议补偿款后,将涉案土地使用权证交付给龙某街道办,并将其占用的房屋及院落(无房产证)腾空交付给龙某街道办拆除,双方当事人均按协议实际履行了义务。2015年9月,蔡某云的儿子蔡某文以涉案房屋已经签署分家析产协议(该分家协议由村委盖章确认)为由,主张蔡某云与街道办签署的拆迁补偿协议无效。此案经过一审、二审、再审,均驳回蔡某文的请求。

虽然案例1-9的涉案房屋没有办理房产证,涉案房屋的国有土地使用权证记载的权利人是蔡某文的母亲蔡某云。该国有土地使用权证具有对外公示的效力,而蔡某文提交的分家析产协议系家庭成员之间的内部约定,不具有发生物权设立、变更、转让或者消灭的效力。分家析产协议虽然有村委会的盖章,但村委会在此仅是作为一个见证人,而非进行权属登记或者对权属登记起到一个公示的作用。因此,该分家析产协议不具有对外公示的效力。而且,拆迁补偿协议已经履行完毕,应予以维护。据此,由于蔡某文不是涉案房屋所有权人,也不是涉案建设用地使用权人,亦非签订协议的当事人,故其不属于适格的原告,法院应当驳回蔡某文的起诉。

二、分家析产协议的拟定建议

在司法实践当中,无论是最高人民法院的司法解释还是司法裁判,在分家析产纠纷中对家庭伦理的倡导和对亲情观念的促进都有所体现,即在家庭内部的财产关系中,把伦理和情感放在比较重要的位置,体现法律与人情的兼顾。现行分家析产纠纷的审理原则包括:(1)尊重当事人意思自治原则,即法院对分家析产协议的效力在原则上是认可的;(2)有利于物的利用原则,即依据《民法典》第304条之规定,析产时先要考虑能否进行实物分割,只有在实物分割条件不具备的情况下,才考虑对折价或者拍卖、变卖取得的价款予以分割;(3)均分的基础上按照贡献大小分配原则;(4)适当照顾弱者原则。由此,笔者对分家析产协议拟定要点及风险提示如下:

(一)分家析产协议需要家庭成员共同签名确认

分家析产是对共有的家庭财产的分割,分家析产协议需要家庭成员共同签名来确定各成员的财产份额,体现家庭成员的真实意思表示,否则该协议对于未签名的家庭成员不发生效力。

(二)分家析产协议应明确共有财产及债务

家庭成员基于一定的法律事实而形成的家庭财产为家庭共有财产,分家析产分割的应是共有财产。分家析产协议如果处理的是个人的财产,则为赠与;如果处理的是夫妻共有财产,则为夫妻共有财产分割;如果处理的是其他人的财产,则为无权处分,无权处分的部分将被认定为无效。如有家庭共有债务则应在制定分家析产协议时明确并写明清偿方案。

(三)分家析产协议涉及的财产不要违反政策法规的规定

分家析产协议中处分的财产若违反当地经济适用房的分配政策及相关规范性文件,涉案房屋可能被政府相关部门收回,从而导致分家析产协议失去意义。就深圳市而言,若政策性福利房被查出多于一套的情况,住建局可能会将该类房屋收回。因此在拟定分家析产协议时,需要综合考虑财产来源及财产处分的合法合规性问题。如果违反政策法规的规定(尤其体现在经济适用房、宅基地上建设的房屋等),法院一般认定分家析产协议中处分该部分财产的约定无效。

(四)分家析产协议中尽量有见证人签名

见证人可以起到第三方证明的作用。如果以后家庭成员对分家析产协议的签订或履行产生争议,见证人可以对协议的协商、签订情况进行证明。在农村分家析产时一般由村委会主持,比较有公信力。

(五)分家析产协议生效后要及时登记过户

分家析产协议虽然自当事人签字起就可以生效,但如果分家析产协议中涉及的财产属不动产(房产、土地)或准不动产(车辆)的,还应当经过产权过户、变更登记后才发生物权变动的效力,如果在分家析产协议生效后不及时做过户登记,虽然协议生效,但财产权利转移未公示,将不能对抗善意第三人。

(六)分家析产协议应考虑利益相关人

因分家析产的财产是家庭成员共同共有的财产,在析分财产之前需要先明确财产的所有权人。财产所有权的归属一般需要考虑财产来源、各家庭成员的出资情况、对于财产所做的贡献等。在考虑财产来源时,不能忽略财产补偿是否存在对于某种身份属性的补偿;在考虑各家庭成员出资情况的过程中,需要审查款项是用于出资还是借贷;在考虑对财产形成的贡献时,主要针对家庭成员都有贡献而又没有明确约定份额或者无法明确区分份额的情形,对于该种情形,需要从可能的出资情况、对家庭的贡献等方面考虑。对现有实务案例进行分析后发现,家庭成员共同共有的财产具有很强的身份属性的财产主要有农村宅基地、经济适用房、农村承包经营权及对应的政府补偿等。在分家析产的过程中,对于与身份密切相关的财产,应将相关当事人的利益析出之后再予以分配,或者在分配的过程中考虑相关当事人的利益,以避免引起不必要的争议。

(七)分家析产协议的居住权约定

《民法典》第366条规定:"居住权人有权按照合同约定,对他人的住宅享有占有、使用的用益物权,以满足生活居住的需要。"居住权的设立背景就是国家倡导的对多主体、多渠道保障住房制度的要求。《民法典》创设的这一用益物权规定在第366条至第371条,明确居住权以无偿设立为原则;居住权人有权按照合同约定或者遗嘱,经登记占有、使用他人的住宅,以满足其稳定的生活居住需求;同时规定居住权不得转让、继承;设立居住权的住宅不得出租;等等。居住权设立的客体可以是整个房屋或者房屋的一部分,也可以是独立的房间。因居住权设立的权利来源是协议约定或者遗嘱,所以今后居住权的设立可能大部分会体现在分家析产协议中,通过约定的形式将居住权与所有权分离。这样也有助于解决因占有使用产生的后续纠纷问题。

(八)分家析产协议的老人赡养问题约定

在分家析产协议中一并约定老人的赡养问题十分常见,也有利于"一揽子"解决家庭问题。但子女对父母的赡养、扶助义务系法定的,分家析产协议中对该义务的约定和分配并非不可变更,也不得豁免法定该义务。如果客观情况发生变化,比如某位子女明显没有能力赡养父或母,如果父或母提出赡养要求,其他子女无法免除赡养义务。

第二章
拟定遗嘱延续爱

遗嘱是遗嘱人生前按照法律规定对其合法财产或其他事务所作的相关处理,并在其身故时发生效力的法律行为。遗嘱可按被继承人的意愿对遗产进行分配。订立遗嘱的成本较低,也相对简单,容易操作。立遗嘱人可以通过遗嘱对不同的财产(如股票、房产)作出灵活的安排。遗嘱具有定向传承的功能,遗产分配意见清晰明确,确定继承人的权利及遗产份额,能够更好地避免继承人之间因遗产分配发生纠纷,便于法院审理。

本章主要解密在家族财富传承中运用最多的工具——遗嘱的形式要件和实质要件所存在的法律风险,对遗嘱在司法实践中容易产生的法律风险热点问题进行专业的法律分析,为在家族财富传承中运用遗嘱的法律风控提供解决之道。

◇ 第一节 遗嘱的法律要件风险分析

一、遗嘱的形式要件分析

遗嘱是单方法律行为,应当依照法定的形式作出。《民法典》第1134条至第1139条规定了自书遗嘱、代书遗嘱、打印遗嘱、录音录像遗嘱、口头遗嘱、公证遗嘱六种法定遗嘱形式。相比《继承法》[1],录像遗嘱和打印遗嘱

---

[1] 2021年1月1日《民法典》正式施行,《继承法》同时废止。

属于民法典时代的新遗嘱形式。人民法院对各类遗嘱的效力裁判的司法观点具体见表1-1。

表1-1 人民法院对各类遗嘱的效力裁判的司法观点

遗嘱形式	管辖法院	实务案例	法院观点
自书遗嘱	广东省肇庆市中级人民法院	(2020)粤12民终1328号 陈某2与雷某、陈某、陈某1遗嘱继承纠纷	自书遗嘱合法成立,案涉遗嘱的主文由陈某昌用电脑打印,在电脑打印广泛普及的现代,应视为陈某昌亲自书写遗嘱。此外,陈某昌亲自在遗嘱上签名,并标注年、月、日,该遗嘱符合法定的自书遗嘱的形式要件,是陈某昌的真实意思表示,合法有效
代书遗嘱	福建省漳州市中级人民法院	(2020)闽06民终2036号 蔡某1、蔡某2遗嘱继承纠纷	遗嘱人张某桂在订立遗嘱时具有立遗嘱的能力;该遗嘱是张某桂的真实意思表示;遗嘱内容合法,不违背法律法规的强制性规定;遗嘱形式合法;遗嘱有律师见证。因此,该遗嘱真实有效。现在蔡某2请求确认张某桂所立的遗嘱合法有效及案涉房屋由蔡某2继承所有,该请求合法有理,予以支持
录音遗嘱	吉林省吉林市丰满区人民法院	(2020)吉0211民初540号 杜某1与杜某2、杜某3、杜某4、杜某5、杜某6继承纠纷	关于杜某1提供的杜某忠所立录音遗嘱的效力。根据杜某1提供的杜某忠的录音,杜某忠在遗嘱中表述"咱家也没有什么,就有一个房子,立这个遗嘱是为了鼓励下一代,赠送给咱们老杜家第一个大学生杜某1了……"该份遗嘱不具备录音遗嘱成立的形式要件,本院不予采信
口头遗嘱	北京市昌平区人民法院	(2019)京0114民再5号 肖某1与肖某2等遗嘱继承纠纷	口头遗嘱的见证人系杨某的侄子和侄媳妇,符合见证人与继承人有利害关系的情形。因此,杨某所称肖某所立口头遗嘱并不符合口头遗嘱的构成要件
公证遗嘱	广东省广州市中级人民法院	(2020)粤01民终8849号 何某1、何某2继承纠纷	梁某所立的遗嘱本身采用了公证的方式,从形式上来说审查立遗嘱人的行为能力正是公证机关所做公证遗嘱效力一般高于自书、代书、口头、录音遗嘱的原因,故一审法院对何某6、何某7、何某4、何某5、何某1、何某3的上述抗辩意见不予采纳。因此,公证遗嘱具有较强的权威性,高度可信

续表

遗嘱形式	管辖法院	实务案例	法院观点
录像遗嘱	北京市高级人民法院	（2022）京民申1643号 王某2与王某4等遗嘱继承纠纷	录像遗嘱包含了录音,且经过与画面的结合,能够更加真实地反映订立遗嘱的环境,可以直观地观察被继承人的精神状态、身体状况,其证明力较高,可以作为法院认定事实的依据。本案被继承人周某云于2019年8月20日订立录像遗嘱,该录像遗嘱记录了遗嘱人和见证人的姓名、肖像,出示了身份证件,说明年、月、日,周某云本人陈述了遗嘱内容,意思表达较为清楚,明确了遗产处置意愿,形式合法,内容未违反法律规定,应属有效
打印遗嘱	福建省福州市中级人民法院	（2020）闽01民终2014号 陈某1、郑某、陈某2继承纠纷	虽然案涉委托书内容为打印,但其上有被继承人陈某泉签名并加盖手印……可认定该遗嘱记载内容确系陈某泉本人的真实意思表示,综上所述,一审认定案涉《委托书》按自书遗嘱对待且遗嘱真实有效无误

从上述表格可看出,各种形式的遗嘱必须符合法律规定的构成要件才发生效力,欠缺构成要件将会导致遗嘱无效。我们在订立遗嘱时,应当特别注意遗嘱的形式要件,具体如下：

（1）书面形式的遗嘱必须要遗嘱人本人亲自签名并写上年月日,其他人代签或补签的无效。除口头遗嘱、录音遗嘱、录像遗嘱之外,自书遗嘱、代书遗嘱、公证遗嘱、打印遗嘱均需遗嘱人本人亲自在书面形式的遗嘱上签名并写上年月日,不得由其他人代签或补签。

（2）遗嘱的见证人至少两个,且见证人不属于法律禁止担任人员的范畴。除自书遗嘱之外,其余六种形式的遗嘱均需要两名以上的见证人见证。同时,《民法典》第1140条对见证人的资格进行了限制性规定,即"下列人员不能作为遗嘱见证人：（一）无民事行为能力人、限制民事行为能力人以及其他不具有见证能力的人；（二）继承人、受遗赠人；（三）与继承人、受遗赠人有利害关系的人"。

二、遗嘱的实质要件分析

有效的遗嘱必须符合法定的形式要件和实质要件。《民法典》对遗嘱的

实质要件进行了规定,在立遗嘱时应当注意以下五点:

(一)立遗嘱人应具有完全民事行为能力

遗嘱人在立遗嘱当时必须具备完全民事行为能力,否则所立的遗嘱无效。遗嘱人在订立遗嘱时的行为能力状况,是判断遗嘱人所订立遗嘱效力的首要标准。采用遗嘱这个财富传承工具时,首先需要注意的就是遗嘱主体在订立遗嘱时的民事行为能力。

1. 时间点

遗嘱人在订立遗嘱时具备完全的民事行为能力,即使其后来行为能力部分或全部丧失,所立遗嘱仍然有效;相反,如果遗嘱人订立遗嘱时不具备相应的民事行为能力,即使事后恢复,之前所订立的遗嘱也是无效的,这也是在订立遗嘱时必须注明具体年月日的原因。

2. 民事行为能力

不满18周岁的未成年人或虽已满18周岁但不能辨认自己行为的成年人所立的遗嘱无效。在特殊情形下,已满16周岁但未满18周岁的未成年人,其以自己的劳动收入为主要生活来源的,则视为完全民事行为能力人,具备立遗嘱的行为能力。法院在审理遗嘱纠纷案件时,老年人在立遗嘱时是否具备完全民事行为能力是主要的争议焦点之一。老年人立遗嘱时如果患有精神类疾病、阿尔茨海默病等可能影响神志的疾病的,立遗嘱时最好由专门的医疗机构或相应的鉴定部门出具证明材料,以证实其具备完全民事行为能力,并对其立遗嘱的过程进行全程录音录像,以免遗嘱继承时出现因立遗嘱人民事行为能力欠缺导致遗嘱无效的情况。

【案例1-10】原告为徐某1,被告为徐某2、徐某3、徐某4、徐某5、徐某6。被继承人徐某7于1999年2月1日死亡,被继承人王某某于2005年11月7日死亡,两人于1953年6月16日登记结婚后生育徐某6、徐某1两子女,徐某7与前妻共同生育徐某2、徐某3、徐某4、徐某5四名子女。上海市曲阳路×××弄×××号×××室房屋产权于1995年登记在被继承人徐某7一人名下。被继承人徐某7生前未立遗嘱,被继承人王某某生前立有公证遗嘱,表示其在上海市曲阳路×××弄×××号×××室房屋中的产权份额全部由原告继承。王某某生前患有偏执型精神分裂症,该病症致其死亡,在原告作为家属或委办人填写的死亡医学证明书上显示致死原因包括"引起(b)的疾病或情况:精神分裂症"。原告、被告对上述房屋分割继承意见不一,故原告诉至法院。法院判决涉案遗嘱无效,涉及的遗产按照法定继承方式予以继承。

法律规定无行为能力人或者限制行为能力人所立的遗嘱不具有法律效力。不能辨认自己行为的人系无民事行为能力人,不能完全辨认自己行为的人系限制民事行为能力人。立遗嘱行为系自然人重要的民事行为之一,法律规定立遗嘱人应当具有完全的民事行为能力,而不能是无民事行为能力和限制民事行为能力。虽然在案例1-10中被继承人王某某生前订立的遗嘱系证明力较强的公证遗嘱,但法院仍可通过查明的其他案件事实对公证遗嘱的效力作出否定性评价。在案例1-10中,被继承人王某某生前患有偏执型精神分裂症几十年,多次就医诊治并需长期服用药物,不能排除被继承人精神状态随时出现异常波动的情况,故推断被继承人即使不是不能辨认自己行为的人,至少是不能完全辨认自己行为的人,在没有确凿的证据证明王某某具有完全民事行为能力的情况下,应该就其立遗嘱时导致其不具有完全民事行为能力的因素是否消除进行评判,而原告并未举证证明被继承人王某某当时具有完全民事行为能力。综上所述,被继承人王某某订立的公证遗嘱无效。因涉案遗嘱被法院认定无效,故涉及的遗产应按照法定继承方式予以继承。

(二)遗嘱应当是遗嘱人的真实意思表示

《民法典》第1143条第2款、第3款、第4款规定:"遗嘱必须表示遗嘱人的真实意思,受欺诈、胁迫所立的遗嘱无效。伪造的遗嘱无效。遗嘱被篡改的,篡改的内容无效。"

【案例1-11】原告为胡某1、胡某2、胡某3、陈某,被告为胡某4。被继承人王某、胡某5系夫妻。夫妻关系存续期间生育子女五人(大女儿胡某6、二女儿胡某3、三女儿胡某1、儿子胡某4、五女儿胡某2)。被继承人王某、胡某5的大女儿胡某6先于父母死亡,胡某6生育一子陈某。原告胡某1、胡某2、胡某3以及被告胡某4均为被继承人王某、胡某5的子女,是其第一顺序法定继承人。原告陈某为被继承人王某、胡某5的继承人胡某6的儿子,是胡某6的代位继承人。被告胡某4提供的胡某5于2018年4月13日立下的自书遗嘱一份并经过见证,在案件审理过程中,原告胡某1、胡某2申请对上述自书遗嘱进行鉴定。重庆法正司法鉴定所出具的鉴定意见书的结论为被告方提供的自书遗嘱与原告方提供的对比材料并非同一人所写。法院判定被告方提供的被继承人胡某5于2018年4月13日所订立的遗嘱无效。

《民法典》第1143条第3款规定"伪造的遗嘱无效"。在案例1-11中，对于被告胡某4提供的遗嘱，经司法鉴定并非被继承人胡某5所写，该遗嘱不能认定是被继承人胡某5的真实意思表示，故该遗嘱为无效遗嘱。

(三)遗嘱的内容不得违反法律，不得违背公序良俗

《民法典》第8条规定："民事主体从事民事活动，不得违反法律，不得违背公序良俗。"遗嘱人所订立的遗嘱的内容必须符合我国法律的规定，违反法律的遗嘱内容无效，同时遗嘱中也不能出现违反社会公共利益、违反公序良俗的内容。

违反现行法律强制性规范和违反社会公序良俗的遗嘱无效或部分无效，"公序良俗"包括公共秩序与善良风俗两个方面。公序，即社会共同利益，包括国家利益、社会经济秩序和社会公共利益；良俗，即一般道德观念或良好道德风尚，包括社会公德、商业道德和社会良好风尚。

【案例1-12】原告张某军系立遗嘱人张某元的侄子，被告蔡某珍系张某元妻子。1994年5月蔡某珍与张某元以夫妻名义共同生活，于2006年10月31日办理结婚登记手续，双方未生育子女。张某元已于2006年12月4日病故，生前与蔡某珍共同居住在锡山区东港镇港下社区张巷上10号三间二层楼房和张巷上9号的三间平房内。张某元于2006年11月19日在病重期间书写遗书一份，载明："我去世后，东面三间楼房使用权归我妻蔡某珍，西面三间平房也归我妻蔡某珍安身之处，如我妻蔡某珍今后嫁人，三间平房归我侄子张某军所有。"在遗书上由蔡某珍、张某元、兄长朱某法、姐夫孙某德、蔡某东等作为见证人签名。遗书中所列张某军系张某元之子、张某元之侄子。蔡某珍与张某平于2007年6月12日登记结婚，于2007年10月对三间平房进行修缮和墙面粉饰，2008年4月生育一女，同年11月在该平房内为女儿举办"百日酒"。张某军因蔡某珍在张某元去世后与张某平结婚，诉请判令遗嘱所述房产归张某军所有。法院判决驳回张某军的诉讼请求。

公民可以依法订立遗嘱，处分其合法财产。在案例1-12中张某元亲笔书写遗书，签名并注明年、月、日，且经数名见证人见证签名，就其居住的房

产予以处分，符合自书遗嘱的形式要件。公民立遗嘱将个人财产赠给国家、集体或者法定继承人以外的人，为遗赠。张某军系张某元之侄子，属于法定继承人以外的人，其诉讼主张基于遗赠法律关系而提出，故案例1-12的案由为遗赠纠纷。关于张巷上9号三间平房，因张某元所立遗嘱中就该处遗产的继承设定了约束内容，即"如我妻蔡某珍今后嫁人，三间平房归我侄子张某军所有"，该约束内容违反了我国关于婚姻自由的规定，故涉及遗赠的内容无效。婚姻自由是我国宪法规定的一项公民基本权利，是我国的基本婚姻制度，自然人有权在法律规定的范围内，自主自愿决定本人的婚姻，不受其他任何人强迫与干涉。

(四)遗嘱应为特殊继承人保留份额

《民法典》第1141条规定："遗嘱应当为缺乏劳动能力又没有生活来源的继承人保留必要的遗产份额。"《民法典》第1155条规定："遗产分割时，应当保留胎儿的继承份额。胎儿娩出时是死体的，保留的份额按照法定继承办理。"上述规定对遗嘱人自由处分财产进行了一定的限制，本质是保障对遗产有急迫需要的法定继承人的利益，强制将被继承人遗产中的一部分无负担地划归特定法定继承人继承，导致遗嘱部分无效。同时《民法典》第16条规定："涉及遗产继承、接受赠与等胎儿利益保护的，胎儿视为具有民事权利能力。但是，胎儿娩出时为死体的，其民事权利能力自始不存在。"故胎儿娩出时为活体还是死体是判断胎儿是否具有民事权利能力的标准，如果胎儿娩出时为活体，则胎儿拥有民事权利能力，可以继承遗产份额、接受赠与等；如果胎儿娩出时为死体，则民事权利能力自始不存在。

【案例1-13】[1]原告为李某，被告为郭某和、童某某。1998年3月3日，原告李某与郭某顺登记结婚。2002年，郭某顺以自己的名义购买了建筑面积为45.08平方米的涉案306室房屋，并办理了房屋产权登记。2004年1月30日，李某和郭某顺共同与南京军区南京总医院生殖遗传中心签订了人工授精协议书，对李某实施了人工授精，后李某怀孕。2004年4月，郭某顺因病住院，其在得知自己患了癌症后，向李某表示不要这个孩子，但李某不同意人工流产，坚持要生下孩子。5月20日，郭某顺在医院立下自书遗嘱，

---

[1] 参见《论人工授精子女的财产继承问题》，载豆丁网2022年5月13日，https://www.docin.com/p-3290632416.html。

在遗嘱中声明他不要这个人工授精生下的孩子,并将 306 室房屋赠与其父母郭某和、童某某。郭某顺于 5 月 23 日病故。李某于当年 10 月 22 日产下一子,取名郭某阳。原告李某无业,每月领取最低生活保障金,另有不固定的打工收入,并持有夫妻关系存续期间的共同存款 18,705.4 元。被告郭某和、童某某系郭某顺的父母,居住在同一个住宅小区的 305 室,均有退休工资。2001 年 3 月,郭某顺为开店,曾向童某某借款 8500 元。原告李某诉称位于江苏省南京市某住宅小区的 306 室房屋,是其与被继承人郭某顺的夫妻共同财产。郭某顺因病死亡后,其儿子郭某阳出生。郭某顺的遗产应当由妻子李某、儿子郭某阳与郭某顺的父母即被告郭某和、童某某等法定继承人共同继承。李某请求法院在析产继承时,考虑郭某和、童某某有自己房产和退休工资,而李某无固定收入还要抚养幼子的情况,对李某和郭某阳给予照顾。南京大陆房地产估价师事务所有限责任公司受法院委托,于 2006 年 3 月对涉案 306 室房屋进行了评估,经评估房产价值为 19.3 万元。法院判决涉案的 306 室房屋归原告李某所有;李某于本判决生效之日起 30 日内,给付原告郭某阳 33,442.4 元,该款由郭某阳的法定代理人李某保管;李某于本判决生效之日起 30 日内,给付被告郭某和 33,442.4 元、给付被告童某某 41,942.4 元。

如果夫妻一方所订立的遗嘱中没有为胎儿保留遗产份额,因违反《民法典》第 1141 条规定,该部分遗嘱内容无效。在分割遗产时,应当依照《民法典》第 1155 条的规定,为胎儿保留继承份额。案例 1-13 中郭某顺在立遗嘱时,明知其妻子已怀有身孕,而没有在遗嘱中为该胎儿保留必要的遗产份额,该部分遗嘱内容无效。在分割遗产时,应当为该胎儿保留继承份额。在扣除应当归妻子李某所有的财产和应当为胎儿保留的继承份额之后,郭某顺遗产的剩余部分才可以按遗嘱确定的分配原则处理。

(五)遗嘱只能处分遗嘱人个人所有的合法财产

《民法典》第 1133 条第 1 款规定:"自然人可以依照本法规定立遗嘱处分个人财产,并可以指定遗嘱执行人。"遗嘱是公民处分其个人合法所有财产的行为,遗嘱人若在遗嘱中对其无处分权的财产进行了处分,如在遗嘱中处分了属于国家、集体或他人所有财产,处分国家禁止公民持有、禁止或限制流通的物品的,该部分遗嘱内容是无效的。

【案例 1-14】二审上诉人(一审原告)刘某 1,二审被上诉人(一审被告)

刘某2。刘某1和刘某2之父母刘某起、杨某珍婚后生有四女三子：长女刘某英（已故）、次女刘某珍、三女刘某玲、四女刘某美、长子刘某1、次子刘某2、三子刘某玉。1976年，杨某珍去世，2004年2月25日，刘某起去世。刘某起原在老王府村中有旧宅一处（无房产证），计有北屋六间、东屋两间、大门一间、栏一间，1979年，刘某起曾对该房屋进行部分翻建。刘某1主张上述宅院房产归自己所有，提交的证据有：（1）2000年9月18日，代理律师事务所律师左某萍为刘某起代书遗嘱；（2）2000年9月26日，刘某起自书遗嘱一份；（3）刘某1称系刘某起口述遗嘱的录音带一盒，口述内容与证据（2）相同。刘某2提供其叔刘某辉于1983年8月3日书写的分家字据一份，刘某2主张已按分单协议支付刘某玉500元并提交刘某玉出具的收据一份。

涉案房产原地处原岱岳区粥店办事处老王府村，最早由刘某祐（刘某起、刘某辉之父）所建，后刘某起曾进行部分翻建。2011年前后，老王府村进行旧村改造，该房产由刘某2之子刘某民签署拆迁协议，现已拆除。刘某辉称："这套老宅子是刘某祐（刘某起、刘某辉之父）建的，按说应由我和刘某起分。但是我没要，当时刘某起把我叫回去，我和刘某起商量把房子分给刘某2；（按照1983年分家时的习俗）当时的习惯就是由舅舅分家；杨某礼是刘某1、刘某2的舅舅；1983年分家之前，刘某1早就分出去了，老宅子跟刘某1没关系；（刘某起为何没在分家字据上签字）按当地习俗，他签不签无所谓；（分家协议）当时就履行了，老宅子分给刘某2了。"一审判决涉案房屋归刘某2所有，驳回刘某1的诉讼请求。二审、再审维持原判。

在案例1-14中，双方当事人争议的焦点问题为涉案房屋的所有权归属，在遗嘱人不是涉案房屋所有权人的情况下，所立遗嘱属于无权处分他人财产的行为，不产生相应的法律效力。立遗嘱时权利人刘某起对涉案房屋权属先后作出两次处分行为：1983年进行分家；2000年作出遗嘱。关于1983年的分家单的法律效力，1983年的分家单符合当地风俗习惯，内容真实合法并已经实际履行多年，其效力应予以确认。权利人刘某起对涉案房屋的权属已经处分给了刘某2；该处分行为直接产生物权效力。自1983年分家后涉案房屋的所有权即归刘某2所有。刘某起在明知1983年已将房屋权属进行处分的情况下，又对该处房屋所作的代书遗嘱或自书遗嘱均系无权处分他人财产的行为，不产生相应的法律效力。

◆ 第二节　遗嘱在司法实践中的难点问题

一、夫妻共同遗嘱的司法实践分析

共同遗嘱是指二人或多人在同一文件上合立的遗嘱,[1]即两个以上遗嘱人基于共同的意思表示而订立的一份遗嘱,夫妻设立共同遗嘱的情况时有发生。民法体系中的夫妻共同财产制度以及民间习俗中的父母一方去世时不分家析产的传统习惯交织在一起,故而以夫妻共同遗嘱方式解决家庭财富传承问题的情况较为常见,但也是现实生活中容易引发争议与纠纷的热点问题。

随着经济发展水平的提高以及人们物质财富的积累,共同遗嘱的订立数量及相关法律纠纷的数量正逐年递增。然而,由于缺乏明确的法律规定,司法实践中对共同遗嘱的效力存在较大争议,对共同遗嘱的认定和法律适用都带来了极大的困难。而由于各地法院对共同遗嘱的认定不一,导致同案不同判的现象时有发生。

本书以一起司法判例为切入点,拟对共同遗嘱的效力认定及争议解决提出建议。

【案例1-15】[2]张某5与张某6夫妻二人于1994年5月12日立下共同遗嘱,主要内容为"我有四个孩子,女儿张某3、张某2、张某4,儿子张某1。我们老两口决定百年之后将所有遗物分给三个女儿,主要给二女儿张某2,其次给三女儿张某4,大女儿经济条件较好给些纪念品,分文不给儿子张某1",该遗嘱内容由张某5本人亲笔书写,张某5与张某6共同签名。夫妻双方在上述共同遗嘱中详述了作出上述遗嘱分配的原因。张某6于2002年7月16日去世,张某5于2011年12月11日去世。张某1、张某2、张某3、张某4四位子女在父母过世后,因遗嘱发生纠纷,涉案中张某5与张某6所立共同遗嘱的效力存在较大争议。一审法院在判决中认为:"A房屋系张某5

---

[1] 参见马忆南:《婚姻家庭继承法学》(第3版),北京大学出版社2014年版,第299页。

[2] 参见北京市海淀区人民法院民事判决书,(2014)海民初字第22552号;北京市第一中级人民法院民事判决书,(2015)一中民终字第03528号。

夫妇婚姻存续期间取得，属于张某5与张某6的夫妻共同财产。张某6去世后，A房屋应当首先作为夫妻共同财产进行分割，由张某5和张某6各占50%的份额，对其中属于张某6的份额依法应由张某5及其四个子女继承。张某3、张某2、张某4虽提供了署名为张某5及张某6、落款日期为1994年5月12日的遗嘱，但该遗嘱系张某5书写，对张某6而言，该遗嘱属于代书遗嘱，该遗嘱在形式上显然未满足代书遗嘱的法定要件，且双方亦未举证证明张某6有其他任何遗嘱，故对张某6的遗产，即A房屋50%的份额，应当按照法定继承办理，张某5无权私自处分先于其去世的张某6的遗产。"二审法院在判决中认为："1994年5月12日，被继承人张某5、张某6写有遗嘱，将所有遗物分给三个女儿，该遗嘱虽为张某5书写，但张某5并非一般意义上的遗嘱代书人，张某5、张某6二人系夫妻关系，对共有财产在二人故去以后的分配作出的说明，在张某6签字认可的情况下，应视为张某5、张某6共同订立的遗嘱，体现出夫妻二人对共同财产进行处置的真实意思表示，应为有效遗嘱。原审法院对该遗嘱效力的认定错误，本院予以更正。故属于张某6的遗产部分，应按该遗嘱处理。"

（一）夫妻共同遗嘱的效力认定

夫妻共同遗嘱的效力事关财富传承目的能否达成，从案例1-15来看，一审法院和二审法院基于对夫妻共同遗嘱的效力的不同看法而给出了截然不同的判决，对遗产的处理也就大相径庭。实际上，无论是国际还是国内，对夫妻共同遗嘱效力认定的司法实践均存在较大争议，态度观点不一。

1. 国际司法实践观点

夫妻共同遗嘱源于欧洲中世纪的习惯法，各国民法对此规定不一。

一种是禁止主义式，即完全禁止订立共同遗嘱，否认共同遗嘱的效力。例如，法国、日本、匈牙利等国家对于夫妻共同遗嘱持否定观点。《法国民法典》第968条规定："二人或二人以上不得以同一证书订立遗嘱，不问为第三人的利益，或为相互的遗产处分。"《日本民法典》第975条规定："二人以上者不得以同一证书立遗嘱。"《匈牙利民法典》第644条规定，两个或两个以上的人在同一文件上以任何方式立下的遗嘱，均无效。

另一种是承认主义式，明确规定夫妻共同遗嘱合法有效。例如，德国继承立法和英美国家的判例法均承认夫妻共同遗嘱的效力。《德国民法典》关于夫妻共同遗嘱的主要规定有:"(1)共同遗嘱仅得由夫妻双方为之。(2)由于共同遗嘱以夫妻关系的存在为基础,所以当婚姻无效或被解除时,除非可以推定即使有这种情况出现被继承人仍会有这种处分,共同遗嘱无效。(3)在共同遗嘱中,夫妻双方处分往往相互关联,因而具有依存性。按遗嘱内容可以认为,如果没有他方的处分,此方也不会为自己的处分,则一方的处分无效或撤回,他方的处分也无效。(4)夫妻一方死亡时,他方的撤回权消灭,但生存方在拒绝他方对自己的赠与时,可以撤销自己的处分。"

2. 国内司法实践观点

很多学者在《民法典》的编纂修改过程中,呼吁在继承编中增加夫妻共同遗嘱制度的规定,无论是1985年公布的《继承法》还是2020年颁布的《民法典》均未对此作出明确规定。法院在裁判实践中,要么如案例1-15一审法院采用否定说,要么如案例1-15二审法院采用肯定说。笔者认为,在无证据证明夫妻共同遗嘱违背了立遗嘱二人的真实意思表示的情况下,采用肯定说更能体现并尊重立遗嘱人的意愿。具体分析如下。

(1)"否定说"存在将夫妻共同遗嘱与代书遗嘱相混淆的误区

第一,综观我国裁判文书网公开披露的涉及夫妻共同遗嘱的诸多案例,否定夫妻共同遗嘱效力的主要理由为:因夫妻共同遗嘱是由一方亲笔书写,夫妻双方共同签署,因而对于非亲笔书写一方而言,属于代书遗嘱,如订立该遗嘱时不符合代书遗嘱的形式要件,则遗嘱不应对非亲笔书写一方发生法律效力。此观点显然混淆了夫妻共同遗嘱与代书遗嘱,必然导致法律适用的错误。具体而言,代书遗嘱又称"代笔遗嘱",是因遗嘱人不能书写而口述内容,委托他人代为书写的遗嘱。《民法典》第1135条规定:"代书遗嘱应当有两个以上见证人在场见证,由其中一人代书,并由遗嘱人、代书人和其他见证人签名,注明年、月、日。"从法律要件上来看,为了保证公正性,代书人须与遗嘱所处理的财产及遗产继承人均无利害关系,更不能是受益人,且代书遗嘱必须有两个以上见证人在场见证,除了代书人的代书和签名外,还必须有遗嘱人和其他见证人签名。但以上规定实质上是对个人遗嘱以代书形式订立时的形式要件,并不能当然适用于夫妻共同遗嘱。

第二,夫妻共同遗嘱中书写遗嘱的夫妻一方,虽和遗嘱所处理的财产及遗产继承人具有利害关系,但其亲笔书写的行为并非代书,本质上不属于代书遗嘱的代书人。以夫妻共同遗嘱不符合代书遗嘱形式要件而否定其效力,是将共同遗嘱和代书遗嘱进行了混淆。夫妻共同遗嘱是共同法律行为,是遗嘱的特殊形式,其重要特征为遗嘱人的意思表示相互关联、相互制约而构成一个整体的意思表示,属于夫妻共同意思表示的表达,和代书遗嘱存在本质性区别,应当避免以代书遗嘱的法律规定来判定共同遗嘱的效力。

(2)"肯定说"更符合我国的国情及法律规定

经检索裁判文书网中对于夫妻共同遗嘱的裁判案例,发现北京、上海、山东等对夫妻共同遗嘱争议频率最高的地方,大多数都对夫妻共同遗嘱的效力持肯定态度。

第一,从我国风俗习惯出发,应认可夫妻共同遗嘱的法律效力。夫妻共同遗嘱与我国风俗习惯协调一致,有利于保护配偶和幼小子女的利益,避免继承人为争夺遗产而引发的家庭纠纷。我国有家庭财产共同共有的传统文化,子女一般在父母均去世后才会分割家庭共有财产,夫妻共同遗嘱的订立实质上是对这些风俗习惯的认可与传承。夫妻共立遗嘱,一方书写遗嘱内容而另一方以签名确认亦属于常态。

第二,从中国现行法律规定出发,夫妻共同遗嘱并非我国法律禁止的遗嘱形式,认可其效力更符合立遗嘱人的真实意思表示。无论是1985年公布的《继承法》还是2020年颁布的《民法典》,虽然均未提及夫妻共同遗嘱的形式,但是均未对其作出禁止性规定。从法理上来说,对遗嘱效力的确认应当贯彻私法自治的原则,判断遗嘱的效力的核心应是审查遗嘱内容是否为其真实意思表示。共同遗嘱为立遗嘱人夫妻一方亲笔书写,夫妻双方作为共同立遗嘱人在遗嘱上签字,表明该遗嘱为夫妻二人的共同且不可分割之意思表示,遗嘱处理的财产系夫妻共同财产。该遗嘱系两个立遗嘱人基于共同的意思表示对夫妻共同财产做出的共同处理,并希望通过同一份遗嘱予以实现。因此,夫妻二人所立的共同遗嘱为最后遗嘱,且无证据证明夫妻共同遗嘱违背了立遗嘱二人的真实意思表示的情况下,应当具有遗嘱的合法效力。

(二)夫妻共同遗嘱作为家族财富传承工具的法律分析

1.夫妻共同遗嘱的适用场景

(1)在需要保护在世一方权益的情况下,比如夫妻感情融洽,但子女众多,为满足在世方居住的需要,延缓房屋继承,可以选择设立共同遗嘱,约定在双方均去世后才可开始继承房屋。

（2）在需要维护子女权益的情况下,比如,将去世一方担心去世后,在世一方再婚后会将共同财产留给再婚家庭成员,而非自己的子女,可以设立共同遗嘱将自己的子女作为遗产的最终继承人。另外,在重组家庭中,夫妻共同遗嘱更为常见,为了实现对重组家庭前所生子女的保护,夫妻双方可以设立共同遗嘱,约定婚前所育子女可以在双方去世后取得部分夫妻共同遗产,增强对立遗嘱人的约束,以防止一方在另一方去世后变更遗嘱安排。

（3）在其他为了实现夫妻共同真实意愿、确保去世一方的真实意思得到实现的场景下,都可以考虑选择夫妻共同遗嘱。

2. 夫妻共同遗嘱的工具优势

鉴于我国采取夫妻共同财产制度,相对于个人遗嘱,夫妻共同遗嘱在家族财富遗嘱规划中具有一定优势。

（1）对比普通遗嘱,夫妻共同遗嘱工具特有的"设立效力"和"执行效力"可以有效地延缓继承,避免夫妻共同财产提前被分割而带来的各种麻烦,更加尊重去世一方的真实意思,保护在世一方的合法权益,让丧偶老人安享晚年,更好地进行家族财富的传承,维护家庭成员之间的团结。根据《民法典》第1121条第1款的规定,继承从被继承人死亡时开始。但如为保障另一方的生活,立遗嘱人已明确在双方均去世后才可对遗产进行继承分割,即该份共同遗嘱具有"执行效力"的时间应为被继承人夫妇均离世之后,那么继承人在夫妻一方仍在世的情况下,不能以另一方已经去世而要求继承分割,可以更好地尊重去世一方的真实意愿,免去分割夫妻共同财产的麻烦,保护在世一方的权益。

（2）对比个人遗嘱,夫妻共同遗嘱可以限制在世一方对夫妻共同财产的处置,更加有利于保护幼小弱势群体的合法权益,保证最终继承人按照去世一方的真实意思获得继承,实现家族财富的有序传承。夫妻共同遗嘱承载了双方的意思表示,具有遗嘱和契约的双重性质,对夫妻共同财产的共同处分行为,意思表示真实,内容合法,对订立遗嘱双方均具有约束力,一般不得随意变更。在司法实践中,重组家庭会更加经常地使用夫妻共同遗嘱,在共同遗嘱中约定将遗产份额保留给前一段婚姻所生育的幼小子女。在一方去世后,可以有效防止另一方对去世一方前一段婚姻所生育子女的遗嘱继承份额做出擅自变更,更好地尊重去世一方的真实意愿。

3.夫妻共同遗嘱的注意事项

虽然夫妻共同遗嘱在财富传承方面具有一定的优势,但因其效力、执行等存在诸多风险,故建议谨慎订立夫妻共同遗嘱,如确需订立时,应当注意以下事项:

(1)在现实生活中,夫妻共同遗嘱也不可避免地存在一些弊端,建议根据实际需求进行选择。例如,在夫妻一方去世后,另一方可能还会继续生活很长时间,考虑由于共同遗嘱的约束性,共同遗嘱难以变更、撤销,则应当充分考虑现实情况变化的可能性,避免共同遗嘱难以适应现实情况的变化。再如,在世方出现经济困难,急需处置遗嘱中所列明的夫妻共同财产,以获得资金;最终继承人有虐待、遗弃行为;最终继承人早于在世一方去世等。又如,若订立共同遗嘱仅是出于考虑在世一方的居住需求,避免共同的房产因夫妻一方死亡而被分割,导致在世一方居无定所,则可以根据《民法典》第371条的规定,直接在个人遗嘱中设立居住权。居住权是《民法典》新设立的制度,其不得转让、继承,且除非另有约定,不得出租设立居住权的住宅,居住权可于设定的期限届满时或在世方去世时消灭。通过遗嘱设立居住权,可以实现立遗嘱人的真实意愿,既保障在世一方的居住安宁,又可以避免限制在世一方对遗产的处置,使在世一方的权益行使更加灵活。

(2)在司法实践中,虽然主流观点认定夫妻共同遗嘱有效,但是仍然存在被认定为无效的风险,在采用夫妻共同遗嘱工具时,应当更加谨慎。建议根据不同的需求做出相应的条款设计,若想实现延缓继承的目的,可以明确约定遗嘱在双方均去世后生效。如果更多的是为了保护在世方的利益,而非限制其处分,可以不设置"不得单方变更、撤销本遗嘱"的条款或是约定有条件地变更、撤销,增强共同遗嘱的灵活性。同时,需要根据具体情况明确其中生效、变更、撤销条款,尽量避免共同遗嘱的缺点,增强遗嘱的可执行性。从遗嘱规范的要求,为保障共同遗嘱确实反映了共同立遗嘱人的真实意思,建议由非书写遗嘱一方写明类似"以上遗嘱确属本人真实意思表示"的确认词后再签字。

二、处分小产权房之遗嘱拟定建议

小产权房一般是指在农村集体土地上建设的房屋,其建设未办理相关证件,亦未缴纳土地出让金等费用,依法不得确权发证[1],主要包括以下两种类型:一类是在农村宅基地上建成的房屋,一般为村民的合法财产,但不属于《民法典》物权编意义上具有完全产权的房屋,且不能转让给村集体经济组织以外的人;另一类是占用农用地[2]违法建设的房屋,具有非法性,故不属于合法财产的范畴,亦不在本书的讨论之列。需要说明的是,由于城镇化政策的推进,许多违法私房(超红线、超审批范围、不符合政策限定标准等)经行政确权合法化后,可成为自然人的合法财产,但此类行政确权仍不能赋予小产权房在物权法上的完整产权,其转让仍受到相应限制。

但无论如何,小产权房因其具有占有、使用及收益的功能,具备经济价值,能够带来经济利益,因此"物"而衍生出纠纷亦在所难免,尤其是小产权房的继承纠纷日益增多。如何通过遗嘱合法有效地处分小产权房,实现遗嘱人的传承意愿,还需要在司法实践的基础上知晓风险,并寻找风险防范之策。本书拟通过对涉小产权房的继承纠纷司法实践观点进行分析,总结欲通过遗嘱处分小产权房应当注意的要点。

(一)涉小产权继承纠纷的司法实践分析

通过北大法宝网及中国裁判文书网的检索及梳理,涉小产权房继承纠纷的普遍司法观点认为,农村小产权房的所有权不予确认且无法分割,法院无法对其所有权归属问题进行处理。例如,在费某1诉费某2继承纠纷案中,法院认为"案涉房产为农村拆迁改造的小产权房,小产权房不具有不动产登记权证,其所有权在法律上无法进行确认,无法进行分割继承,但小产权房的使用权及收益权属于公民合法遗产范围,可以继承。本案中,费某1的诉讼请求不明确,且一审、二审均是围绕案涉房产所有权进行审查,故一审、二审处理并无不当","若本案房产未来可确权,费某1可待案涉房产所有权人确定后再主张权利",[3]法院裁定驳回了费某1的再审申请,未支持

---

[1] 参见孙晓勇主编,国家法官学院、最高人民法院司法案例研究院编:《中国法院2022年度案例·婚姻家庭与继承纠纷》,中国法制出版社2022年版。

[2] 《土地管理法》第4条第3款规定:前款所称农用地是指直接用于农业生产的土地,包括耕地、林地、草地、农田水利用地、养殖水面等;建设用地是指建造建筑物、构筑物的土地,包括城乡住宅和公共设施用地、工矿用地、交通水利设施用地、旅游用地、军事设施用地等;未利用地是指农用地和建设用地以外的土地。

[3] 山东省德州市中级人民法院民事裁定书,(2021)鲁14民申168号。

其要求分割小产权房所有权的诉请。

正如法院在前述案件中所述,被继承人生前对小产权房所享有的使用权和收益权应属于其遗产范围,应当对其相关权利予以处理。同时根据小产权房是否可予以分割进行分别处理,具体处理方式有以下几种:

(1)能够对小产权房进行实物分割的,则根据遗产分割比例,判归各部分使用权归属。如在审理郑某清、郑某玲、郑某霞、郑某带、郑某光与郑某阳、郑某东、郑某红、郑某梅、郑某思、郑某芳继承纠纷案中,法院认为:"张某娇的法定继承人是郑某清等四人、郑某光和郑某富。郑某富先于张某娇去世,故其继承人即郑某阳等五人作为代位继承人参与遗产继承。涉案房产并未取得有效的房产登记,故本院根据各继承人的继承份额,在有利于各方生产生活的情况下进行实物分割。"[1]又如,在张某1与张某3等继承纠纷案[2]中,二审法院亦维持了一审法院对案涉小产权房进行实物分割的判决。

(2)不能进行实物分割,分别确认各继承人的占有份额。如二审法院在黄某1与张某、黄某2继承纠纷案中维持了一审法院关于案涉小产权房按份额继承的判决,确认了案件当事人的占有份额[3];在宁某1与宁某2等法定继承纠纷案中二审法院亦维持了一审法院关于案涉小产权房由各继承人按份额占有的判决[4]。

(3)不能进行实物分割,在确认房屋价值的情况下,将小产权房的使用权益判归某一继承人所有,并由该继承人向其他继承人进行相应的补偿。如《北京市高级人民法院关于审理婚姻纠纷案件若干疑难问题的参考意见》第35条第2款对小产权房继承分割问题作出了规定:"……在处理相关房屋的使用归属时,能分割的进行分割,不能分割的可采用协商、竞价、询价等方式进行给予适当补偿。"

此外,因案涉小产权房坐落不明确、当事人无法提供相应的报建手续等,法院也将不予处理。

---

[1]广东省深圳市中级人民法院民事判决书,(2019)粤03民终9595号。
[2]参见北京市第三中级人民法院民事判决书,(2021)京03民终18577号。
[3]参见广东省广州市中级人民法院民事判决书,(2022)粤01民终8913号。
[4]参见山东省济南市中级人民法院民事判决书,(2022)鲁01民终5168号。

(二)处分小产权房之遗嘱拟定建议

根据以上分析,遗嘱人如拟通过遗嘱方式处分小产权房,除应当符合遗嘱的实质要件及形式要件外,还应特别注意以下几点:

1. 应当确认拟列入遗嘱中的小产权房的合法性

《民法典》第1133条第1款规定:"自然人可以依照本法规定立遗嘱处分个人财产,并可以指定遗嘱执行人。"根据该规定可知,遗嘱人只能在遗嘱中处分属于自己的个人合法财产,因此遗嘱人应当在立遗嘱时,确认小产权房是否具有宅基地使用权证、是否规划报建手续及审批文件、是否超红线建设、是否经过行政程序合法化、是否补缴土地出让金等,如若没有以上手续,则因为所涉小产权房的不合法性,将导致遗嘱中对其的处分无效。

2. 遗嘱中应当列明小产权房的详尽信息

遗嘱中所列明之财产应当系可确定的、明确的,否则可能被认定为无效遗嘱,遗嘱所涉小产权房则按法定继承处理。如广州市中级人民法院在审理中认为"在黄某1所提供的遗书所指的内容不明确,内容含糊。宅基地没有明确的四至,房屋没有详细的地址,是否指诉争5号房屋不明确,遗嘱不符合法律规定的实质要件,故诉争5号房屋的继承应按法定继承进行"。

因此,应当在遗嘱中尽可能载明所涉小产权房的详尽信息,如房屋四至、详细地址,如因市政规划导致地址与报建手续或宅基地使用权证书中所载明的内容不一致的,建议与村集体核实并出具相应证明。

3. 遗嘱中应当避免使用"所有权""产权"字样

因司法实践的普遍观点认为司法审理不应对小产权房的产权进行确认,在离婚及继承分割时,可以对小产权房的使用权进行处理。因此,在订立遗嘱处分小产权房时,应当避免所涉房屋产权或所有权由谁继承之表述,建议可表述为立遗嘱人对所涉小产权房所享有的相关权益或占有、使用、收益的权益由某一或某些继承人继承,对于能够实物分割的小产权房,可明确使用权的具体分割方案。

第三章
定向赠与表达爱

赠与是指行为人将其合法资产无偿转让给他人,对方表示接受且不需要支付对价的一种法律行为,涉及赠与标的物所有权的转移。赠与的形式多样且灵活,除经公证的赠与和救灾、扶贫等具有社会公益、道德义务性质的赠与外,赠与人作出赠与的意思表示后,在赠与财产交付前,赠与人通常可以撤销赠与。家族赠与可以按照赠与人的意愿分配财产。赠与不要求对价,从社会层面出发,赠与亦是一种实现对社会财产和资源进行公平分配的方式。赠与丰富了财富传承的工具,使财富传承更具灵活性。赠与人有权决定受赠的对象,具有定向传承的作用。

定向赠与是家族财富传承的常态,但其在财富传承中遇到的法律风险形式多样,本章主要解密家庭关系中常见的彩礼嫁妆、亲子房产、夫妻房产的赠与,以及民法典时代下的遗赠扶养协议,从赠与在司法实践中容易产生的法律风险热点问题切入并进行专业的法律分析,为在家族财富传承中运用定向赠与的法律风险防范提供解决之道。

◆ 第一节 家庭关系中常见的赠与及其风险分析

一、彩礼赠与

彩礼是附条件的赠与,以缔结婚姻关系作为赠与的条件。鉴于我国目前经济发展不平衡的现状,广大的农村地区多年来都存在给付彩礼的风俗习惯,有的人家为了娶妻送彩礼而债台高筑。在结婚不成的情况下一概不予返还彩礼显然是不公平的,也会助长借婚姻索取财物或者骗取财物的行为。所以最高人民法院出台了司法解释,规定了彩礼在一定的情况下可以要求返还,法院应给予支持。

在司法实践中,通过定亲仪式给付的数额较大的见面礼、彩礼(狭义)、聘礼,一般可以认定为彩礼,不宜认定为彩礼的包括:为取悦对方、表达感情所赠与的物品;举办订婚宴及结婚仪式所花费的钱财,如宴席花费、婚纱照花费;其他礼节性的金额较小的物品赠与及小额转账,可以不认定为"彩礼"。

要求彩礼返还的案由一般为婚约财产纠纷(俗称彩礼纠纷)。彩礼大多为男方及其父母给付,女方及其父母为彩礼的接受人,他们都有可能成为争议发生后的婚约财产纠纷案件的当事人。根据《最高人民法院关于适用〈中华人民共和国民法典〉婚姻家庭编的解释(一)》第5条的规定,如果当事人没有办理结婚登记手续,或者已经办理结婚登记手续但没有共同生活过,或者因为给付彩礼导致给付人生活困难,那么当事人可以请求返还按照习俗给付的彩礼,除未办理结婚登记的情况外,彩礼的返还请求应当以双方离婚为条件。

彩礼应返还多少尚没有明确法律条文进行详细规定,一般是根据婚姻维持时间的长短以及双方的过错确定。

【案例1-16】[1]原告王某贝与被告李某于2016年年底经高某等三人介绍认识并开始同居生活。双方未按当地风俗举行结婚仪式,至今未办理结婚登记手续。原告王某贝与被告李某同居期间没有子女。原告王某贝与被告李某同居前和同居后一段时间感情尚可,2018年9月双方开始分居至今。原告王某贝以结婚为目的给付被告李某的财物有:彩礼款109,000元、"四金"(老凤祥足金项链、老凤祥足金吊坠、老凤祥足金戒指、老凤祥足金手镯)。2016年12月13日,被告李某向原告王某贝索要彩礼款90,000元,原告王某贝按照被告李某指定的账户汇入现金89,000元。2018年4月22

---

[1] 参见梁舒童:《彩礼应向谁返还及其数额应如何认定》,载微信公众号"谢娟律师"2021年3月5日,https://mp.weixin.qq.com/s/MTjUXp7iwz6cz5y0za59sw。

日,被告李某离家出走,经亲属王某科调解,李某向原告索要现金 20,000 元,原告王某贝通过王某科微信向被告李某转款 20,000 元。二人同居期间,被告李某向原告王某贝索要金银首饰。2018 年 9 月 28 日下午,被告李某离家出走,原告王某贝两次去找被告李某,其均未与原告王某贝见面。王某贝诉求被告李某返还彩礼款 11 万元及四金等 11,149 元。被告李某和被告吴某凤辩称彩礼没有给那么多,金饰也没有那么多。法院认为,彩礼的给付及接受的主体,并不局限于准备缔结婚姻关系的男女双方,更多的是两个家庭之间的往来,故被告吴某凤作为李某的母亲,为本案适格被告。关于彩礼返还数额的问题,本案原告王某贝与被告李某已同居生活,双方有必要的共同生活开支,且原告王某贝与被告李某同居生活期间,被告李某两次怀孕并且引产,身体、精神均遭受一定损害,本院酌定两被告返还原告吴某贝彩礼款的 40%,即 109000 元 × 40% = 43600 元。关于金银首饰及金银加工费是否返还的问题,当事人对自己提出的主张有责任提供证据。原告王某贝主张被告李某返还金银首饰,法院对其主张的部分事实予以认定,认定的"四金"为老凤祥足金项链(编号略,金额为 7369 元)、老凤祥足金吊坠(编号略,金额为 1639 元)、老凤祥足金戒指(编号略,金额为 1686 元)、老凤祥足金手镯(编号略,金额为 8030 元),被告李某应当偿还,如不能原物返还,折合现金支付。

笔者也同意案例 1-16 中法官的观点。婚恋双方未能办理结婚登记的,返还彩礼的数额应当结合其共同生活的时间长短、双方是否生育子女等情况综合认定,以维护当事人的合法权益。首先,关于彩礼的给付及接受的主体的认定,需要考虑当地的民间习俗,不应只局限于准备缔结婚姻关系的男女本人,还可能直接涉及两个家庭的父母及其他亲属。其次,关于彩礼给付及返还数额的认定应考虑多个方面。男女双方从相识确立恋爱关系到结婚需要经过一段时间,在此时间内除了正式的聘礼之外,还有恋爱期间男方送给女方的礼物、逢年过节的礼品等,这些是否算作彩礼?在实践中,一般将当事人以结婚为目的、依据当地习俗给予对方及其家庭的财物认定为彩礼。

由于彩礼给付的特定情境,除依据习俗进行登记造册外,一般不会要求接受彩礼一方出具凭证。如何认定是否给付以及给付了哪些彩礼需要当事人举证,负有举证责任的当事人没有证据或者证据不足时,应当承担不利的法律后果。

彩礼返还的数额,是全部返还还是部分返还,我国法律并没有作出明确具体的规定。在处理彩礼的返还问题时,法院应当适当考虑其他相关因素,如双方家庭的经济情况、共同生活时间的长短、在共同生活期间双方的过错等,更加注重个案的公平公正,以达到法律效果与社会效果的有机统一。

二、亲子房产赠与

根据《最高人民法院关于适用〈中华人民共和国民法典〉婚姻家庭编的解释(一)》第29条第1款的规定:"当事人结婚前,父母为双方购置房屋出资的,该出资应当认定为对自己子女个人的赠与,但父母明确表示赠与双方的除外。"对于亲子房产赠与的情形,如果父母在孩子结婚前为双方购买房产支付购房款及相应费用的,该出资应当认定为仅赠与给自己子女个人,除非父母明确表示赠与自己子女及其配偶;如果父母在孩子结婚后为双方购买房产支付购房款及相应费用的,该出资应当认定为赠与给子女夫妻二人共同所有,除非父母明确表示只赠与自己子女一方个人。

【案例1-17】原告徐某甲与被告徐某乙系父子关系。被告徐某乙与徐某丙系夫妻关系。2015年2月11日,两被告婚后因购买车辆从原告处借款100,000元,原告将款项以现金形式交付被告徐某乙。2016年11月15日,两被告因购买位于衢州市衢江区求实路××号店铺从原告处借款800,000元,原告将款项通过汇款、现金方式交付房屋出卖人郑某芸并缴纳过户税费。2017年10月9日,两被告因购买位于衢州市衢江区新屋里小区某室房屋从原告处借款250,000元,用于支付房屋首付款。原告将此款项汇入被告徐某乙账户内,上述借款均由被告徐某乙出具借条。现因两被告在诉讼离婚,原告为此要求两被告归还借款未果,故向法院提起诉讼。诉讼请求为:判令徐某乙与徐某丙归还借款1,150,000元,并承担案件诉讼费用。被告徐某乙辩称,其与徐某丙结婚后经济条件并不好,父亲徐某甲多次借款给他们买房、买车、买店铺,他也出具借条给徐某甲。徐某甲的陈述属实,案涉款项不是赠与,是借款,应当归还。被告徐某丙辩称,其与徐某乙于2014年结婚,同年6月生育女儿,女儿出生后徐某丙基本在娘家。徐某丙与徐某乙结婚后家庭的收入基本都是徐某甲掌管,包括徐某乙开出租车的收入及2017年6

月转让出租车的收入。购置店面房时,徐某丙确实去看过,但其对案涉借款一直不知情,徐某甲与徐某乙未向其提过,也未与其商量过,更未要求其出具借条。因其与徐某乙闹离婚,徐某乙在离婚案件诉讼期间也未提及案涉款项系借款,徐某甲与徐某乙系利益共同体,故徐某乙在徐某甲不知情及未经其同意出具的借条缺乏真实性。根据《最高人民法院关于适用〈中华人民共和国民法典〉婚姻家庭编的解释(一)》第29条第2款的规定,在其与徐某乙婚姻关系存续期间,徐某甲出资购买案涉店面和住宅,是对其与徐某乙的共同赠与,而非对徐某乙的单方赠与,更非借款。徐某丙要求驳回徐某甲的全部诉讼请求。

二审法院认为,徐某甲就其主张的案涉三笔借款均提供了借条予以证实,其中第一份借条出具后徐某乙确实购置了车辆,第二份借条的金额与店面房房价款、交易税费、中介费的总金额基本一致,第三份借条的金额与转账金额一致,且徐某乙对款项没有异议,徐某丙亦认可徐某甲确有出资,据此,对徐某甲主张的案涉款项1,150,000元予以认定。本案最主要的争议焦点为案涉款项的性质系赠与款还是借款。尊老爱幼是传统美德,儿女业已成年,父母继续提供经济帮助,子女应懂得感恩,但是父母并无继续负担成年子女生活的法定义务。类似本案情况,儿女刚成家,经济条件薄弱,在购买汽车、房屋等财产时父母给予出资帮助是常事,但这并非父母理应履行的义务,在父母未明确表示其出资系赠与的情况下,该出资款应认定为出借给儿女的款项。本案中,徐某乙与徐某丙以案涉款项购置了相应车辆与房产,徐某丙亦未举证证明案涉款项系徐某甲对其夫妻的赠与,现徐某甲向徐某乙、徐某丙主张还款,该夫妻俩应当偿还。一审判决认定徐某甲主张民间借贷关系证据不足而不予支持,存有不当,予以纠正。综上所述,徐某甲的上诉请求成立,予以支持。

案例1-17的关键在于徐某甲出资款项的性质认定。另外,父母出资购房款项究竟系借款还是赠与,既是一个性质判断问题,也是一个事实认定问题。既然是事实认定,就涉及举证责任分配。首先,各方当事人都要遵循"谁主张,谁举证"的基本原则。其次,子女主张赠与应适用更高的证明标准。最后,父母主张借款承担的应是有限的举证责任。另外,还要考虑公序良俗与利益衡量。父母出资购房并非理所当然地被认定为赠与,在父母没有明确表示愿意赠与子女夫妻双方出资款的情况下,应认定出资款系出借给子女的款项,子女应当偿还。

三、夫妻房产赠与

根据《最高人民法院关于适用〈中华人民共和国民法典〉婚姻家庭编的解释(一)》第32条的规定:"婚前或者婚姻关系存续期间,当事人约定将一方所有的房产赠与另一方或者共有,赠与方在赠与房产变更登记之前撤销赠与,另一方请求判令继续履行的,人民法院可以按照民法典第六百五十八条的规定处理。"婚前或婚后夫妻一方约定将自己所有的房产赠与另一方或者共有,应办理赠与合同的公证并及时办理产权变更登记手续,否则赠与方可行使撤销权。

【案例1-18】2017年9月22日,赠与人郭某厚(甲方)与受赠人李某云(乙方)签订《房屋院落赠与协议》,载明甲、乙双方系夫妻关系。该协议第1条规定:甲方自愿决定将位于呼和浩特市赛罕区邰独利村的一处私有院落(长25米,宽16米,面积400平方米,其中有正房四间,未装修),连同当年交款证明一并无偿赠与乙方,乙方同意接收此赠与。第4条规定:甲方保证本次赠与此院落与其亲属无任何瓜葛。第5条规定:本协议一式两份,双方各执一份,具有同等法律效力,本协议自双方签字之日起生效。落款处有郭某厚、李某云的签名捺印。郭某厚与李某云于2017年9月21日登记结婚。郭某厚起诉请求撤销郭某厚与李某云于2017年9月22日签订的《房屋院落赠与协议》。一审法院驳回郭某的诉讼请求,二审法院改判为撤销郭某厚与李某云于2017年9月22日签订的《房屋院落赠与协议》。

根据《最高人民法院关于适用〈中华人民共和国民法典〉婚姻家庭编的解释(一)》第32条的规定,"婚前或者婚姻关系存续期间,当事人约定将一方所有的房产赠与另一方或者共有,赠与方在赠与房产变更登记之前撤销赠与,另一方请求判令继续履行的,人民法院可以按照民法典第六百五十八条的规定处理",因此案例1-18应当依照《民法典》第658条规定的赠与人行使任意撤销权的情形处理。行使任意撤销权应符合以下条件:第一,赠与合同尚未履行;第二,赠与合同不具有社会公益和道德义务的性质;第三,赠与合同未进行公证。案例1-18中赠与的院落房屋未进行不动产物权变更登记,赠与合同尚未履行,且该赠与合同不具有救灾、扶贫等社会公益、道德义务的性质,亦未经过公证。郭某厚起诉请求撤销《房屋院落赠与协议》,符合行使赠与合同任意撤销权的法律规定,应当予以支持。因此,婚前或婚后夫妻一方约定将自己所有的房产赠与另一方或者共有,应办理赠与合同的公证并及时办理产权变更登记手续,否则赠与方可行使撤销权。

◆ 第二节 民法典时代下的遗赠扶养协议

所谓遗赠扶养协议,是指遗赠人和扶养人为明确相互间遗赠和扶养的权利义务关系所订立的协议。根据《民法典》第1158条[1]的规定,扶养人必须是遗赠人的继承人以外的个人或组织,并且遗赠扶养协议必须以遗赠人生养死葬及财产的遗赠为内容。

遗赠扶养协议是我国继承制度中一项特有的法律制度,提出之初主要是为了解决我国农村五保户的养老问题,之后发展成为我国不可或缺的继承制度。遗赠扶养协议制度在我国的社会生活和司法实践中已有相当成熟的经验。它的目的是解决那些无法定继承人、无法定扶养义务人的群体或者那些法定继承人不履行赡养义务、法定扶养人不履行扶养义务的群体的养老送终的问题。遗赠扶养协议是我国的继承方式之一,这种继承方式具有定向传承的作用,使财富传承更具灵活性。

一、民法典下的遗赠扶养协议的调整

相较于《继承法》第31条规定,《民法典》第1158条对遗赠扶养协议的扶养人范围有重大调整。《继承法》第31条[2]规定遗赠扶养协议的扶养人仅限于"集体所有制组织"。《民法典》继承编第1158条将原规定的扶养人由"集体所有制组织"扩大为"继承人以外的组织或者个人"。"继承人以外的组织"既可以是原来的集体所有制组织,也可以是《民法典》规定的法人组

---

[1] 《民法典》第1158条规定:"自然人可以与继承人以外的组织或者个人签订遗赠扶养协议。按照协议,该组织或者个人承担该自然人生养死葬的义务,享有受遗赠的权利。"

[2] 《继承法》第31条第2款规定:"公民可以与集体所有制组织签订遗赠扶养协议。按照协议,集体所有制组织承担该公民生养死葬的义务,享有受遗赠的权利。"

织、非法人组织,也可以是《民法典》第 24 条第 3 款[1]、第 36 条第 2 款[2]规定的居民委员会、村民委员会、学校、医疗机构、妇女联合会、残疾人联合会、未成年人保护组织、依法设立的老年人组织、民政部门等组织。《民法典》的该项新规定解决了过去《继承法》关于遗赠扶养协议制度的不足,有效地解决了之前制度的缺陷,有助于调动社会养老机构、民间救助机构的积极性,满足养老形式多样化的需求,从而推进我国养老事业的发展,不断提升老龄人等弱势群体的生存质量与人格尊严。

二、遗赠扶养协议的司法争议焦点问题

遗赠扶养协议虽然在我国实践中有相当成熟的经验,但司法焦点问题争议不断,笔者经查阅相关司法判例,总结了以下遗赠扶养协议常见的司法争议焦点问题。

(一)对于未以遗赠扶养协议命名的协议,应依据协议的内容以及扶养人履约的情况来判断是否属于遗赠扶养协议

遗赠扶养协议并非有名合同,在司法实践中涉及遗赠扶养协议性质的协议名称有"协议书、委托照料服务协议书、五保户供养协议、委托照料协议、委托照料服务协议书、赠与协议、奉养合同、承嗣协议"等各种形式。仅仅从协议的名称,我们难以判断所涉及协议是否为遗赠扶养协议。然而,遗赠扶养协议的性质认定至关重要。相较于遗嘱、遗赠、赠与协议等其他身份协议,遗赠扶养协议的效力具有优先性,直接影响着扶养人是否具有遗赠财产转移的请求权。司法实践中遗赠扶养协议的名称表述不一,但并不直接否定遗赠扶养协议的性质认定。例如,对于涉案中的《承嗣协议》,法院认为:"《承嗣协议》不违反法律、行政法规的禁止性规定,应认定合法有效。王某夫妇已履行对王某林的生养死葬义务并参与交通事故处理,其应享有受遗赠的权利并有权主张实际支出的丧葬费等费用。遂判决,确认《承嗣协

---

[1] 《民法典》第 24 条第 3 款规定:"本条规定的有关组织包括:居民委员会、村民委员会、学校、医疗机构、妇女联合会、残疾人联合会、依法设立的老年人组织、民政部门等。"
[2] 《民法典》第 36 条第 2 款规定:"本条规定的有关个人、组织包括:其他依法具有监护资格的人,居民委员会、村民委员会、学校、医疗机构、妇女联合会、残疾人联合会、未成年人保护组织、依法设立的老年人组织、民政部门等。"

议》有效;王某夫妇受遗赠王某林可继承的财产。"[1] 在处理杨某1、陈某与杨某继承纠纷时,法院认定案涉《木叶乡分散供养特困人员委托照料服务协议书》第4条约定了"杨某永作为监护人对供养人杨某国应尽的管理、照料职责,在供养人去世后,负责处理供养人的后事,则享受供养人的一切权益",并且"杨某永作为其监护人,在杨某国在世时履行了扶养义务,去世后对杨某国进行了安葬"。法院根据协议约定的内容以及扶养人实际履行生养死葬义务的情况,认定《木叶乡分散供养特困人员委托照料服务协议书》为遗赠扶养协议。[2]

遗赠扶养协议制度在我国社会生活中由来已久,但实践中仍然存在命名形式不同的遗赠扶养协议,这也跟遗赠扶养协议的复杂性有关。在实务中,对于未以遗赠扶养协议命名的协议,法院不会直接依据协议的名称否定遗赠扶养协议的性质,会依据协议的内容以及扶养人履约的情况来判断是否属于遗赠扶养协议。

(二)遗嘱与遗赠扶养协议内容相抵触的,遗嘱无效

《最高人民法院关于适用〈中华人民共和国民法典〉继承编的解释(一)》第3条[3]规定,遗赠扶养协议的效力优先于遗嘱继承。被继承人生前与他人订有遗赠扶养协议时,又与他人立有遗嘱的,如遗赠扶养协议内容与遗嘱内容没有抵触的,遗产分别按协议和遗嘱处理;如两者内容有抵触的,与遗赠扶养协议内容相抵触的部分,遗嘱无效。例如,在王某甲与王某乙等遗嘱继承纠纷案中,法院认为,被继承人赵某某已于2013年12月1日与被上诉人王某乙、王某丙、王某丁、马某某签订了遗赠扶养协议,将涉案房产的归属作了份额划分,该遗赠扶养协议与代书遗嘱关于涉案房产的分割存在抵触;根据遗赠扶养协议的优先适用性,该涉案房产的分割应按遗赠扶养协议办理。

在实务中,遗嘱与遗赠扶养协议内容相抵触的,遗嘱无效。遗赠人在订

---

[1] 江苏省淮安市中级人民法院民事判决书,(2021)苏08民终1595号。
[2] 参见重庆市第四中级人民法院民事判决书,(2021)渝04民终1360号。
[3] 《最高人民法院关于适用〈中华人民共和国民法典〉继承编的解释(一)》第3条规定:"被继承人生前与他人订有遗赠扶养协议,同时又立有遗嘱的,继承开始后,如果遗赠扶养协议与遗嘱没有抵触,遗产分别按协议和遗嘱处理;如果有抵触,按协议处理,与协议抵触的遗嘱全部或者部分无效。"

立遗赠扶养协议后,又给继承人订立遗嘱或遗赠的,遗赠人需确认遗嘱、遗赠所处分的财产是否与遗赠扶养协议约定的内容相抵触。如两者有相抵触的内容,可变更后来的遗嘱内容,或撤销之前的遗赠扶养协议。否则,内容相抵触的遗嘱与遗赠扶养协议同时存在时,遗嘱将会被认定为部分或全部无效。

(三)遗赠人有权解除遗赠扶养协议

根据《最高人民法院关于适用〈中华人民共和国民法典〉继承编的解释(一)》第40条[1]的规定,如果扶养人未履行扶养义务或履行扶养义务不符合约定的,遗赠人可以与扶养人解除遗赠扶养协议。例如,在刘某聪等诉杨某银等遗赠扶养协议案中,法院认为,本案双方签订遗赠扶养协议后,虽在一起和睦地相处生活了两年,但自2001年9月原告刘某聪和被告杨某银闹矛盾,经乡社会矛盾调处中心调解,两人同意解除协议后,被告夫妇就带着女儿离开原告夫妇单独生活,虽两年后原告、被告双方又同意继续在一起共同生活,但被告夫妇自此就常在富民县城租房居住做生意,只是有时回家照管原告夫妇和自己的女儿,因原告夫妇是身患残疾的老年人,被告夫妇不常在家与原告夫妇相处生活,双方之间必然会产生矛盾。现原告夫妇认为双方之间已无法继续在一起相处生活,结合双方现在的实际情况,经本院多次调解,原告夫妇还是坚持要求解除双方之间的遗赠扶养关系,符合相关的法律规定,对原告夫妇要求解除遗赠扶养关系的请求予以支持。[2] 涉案当事人因无法继续在一起相处生活,经法院调解解除双方之间的遗赠扶养协议。例如,在李某娣诉马某芬解除遗赠扶养协议案中,法院认为:"基于遗赠扶养协议当事人的关系已经破裂,无继续履行协议的可能,该协议应予解除。原告无理要求解除已发生法律效力的遗赠扶养协议,对被告方蒙受的损失应当承担违约责任,补偿被告为其添置的财物及其他花费。"[3]

在实务中,遗赠扶养协议双方当事人的权利义务是相对的。扶养人应

---

[1] 《最高人民法院关于适用〈中华人民共和国民法典〉继承编的解释(一)》第40条规定:"继承人以外的组织或者个人与自然人签订遗赠扶养协议后,无正当理由不履行,导致协议解除的,不能享有受遗赠的权利,其支付的供养费用一般不予补偿;遗赠人无正当理由不履行,导致协议解除的,则应当偿还继承人以外的组织或者个人已支付的供养费用。"
[2] 参见云南省富民县人民法院民事判决书,(2007)富民初字第227号。
[3] 上海市中级人民法院民事裁定书,(1993)沪中民终字第704号。

对遗赠人履行生养死葬的义务,遗赠人应当履行将财产遗赠给扶养人的义务。扶养人无正当理由不履行协议或履行扶养义务不符合约定的,遗赠人可以单方主张解除遗赠扶养协议,扶养人不享有受遗赠的权利,其已经支付的供养费用一般不予以补偿。遗赠人无正当理由不履行协议,致协议解除的,遗赠人应偿还扶养人供养费用。

三、遗赠扶养协议的拟定建议

(一)遗赠扶养协议的扶养人必须在法定继承人范围外选定

《民法典》第1158条明确规定,遗赠扶养协议的扶养人必须是遗赠人的继承人以外的个人或组织,且具有完全民事行为能力、能履行扶养义务。遗赠扶养协议的扶养人不可以是配偶、子女、父母、兄弟姐妹、祖父母、外祖父母,只能是对遗赠人没有法定抚养义务的人。扶养人是组织的,可以是集体组织、社会团体,也可以是法人组织、非法人组织,还可以是国家。

《民法典》实施之前,遗赠扶养协议中的扶养人是否必然排斥法定扶养人仍有争议。在《民法典》实施之前的司法判例中,有法院认为"法定继承人作为扶养人签订遗赠扶养协议并未损害尉某利的利益"[1],从而认可了法定继承人作为遗赠扶养协议中的扶养人的效力。然而,随着《民法典》第1158条对遗赠扶养协议扶养人的范围的限制,法定继承人将排除在遗赠扶养协议的扶养人之外。若《民法典》实施之后签订遗赠扶养协议时仍选择法定继承人作为扶养人,存在被法院认定遗赠扶养协议无效的风险。

(二)遗赠扶养协议需以书面形式订立

虽然《民法典》未明确规定遗赠扶养协议必须以书面的形式订立,但遗赠扶养协议作为一种重要的民事合同,为避免发生纠纷,建议遗赠人与扶养人之间在明确遗赠和扶养的权利义务关系时,应以书面形式确定,并在协议中明确协议的成立、生效、变更、解除等内容。在拟定遗赠扶养协议时,可参考《司法部关于印发〈遗赠扶养协议公证细则〉的通知》(司发〔1991〕047号)第11条关于遗赠扶养协议主要内容的规定。

遗赠扶养协议是否需要见证人、是否需要公证等问题,我国《民法典》有明确规定。遗赠扶养协议属于民事合同,只要合同双方当事人在订立合同

---

[1] 山东省烟台市中级人民法院民事裁定书,(2020)鲁06民终1806号。

时建立在自愿、协商的基础上,意思表示真实且合同内容不违反法律的强制性规定,双方所订立的遗赠扶养协议即为有效的合同,双方均应依约履行。

(三)遗赠人必须具有完全民事行为能力

遗赠扶养协议以遗赠人死后依照约定无偿转让其部分或全部财产为对价,来获取扶养人的生活照料、精神抚慰的利益。遗赠人作出该项决定时必须为《民法典》第18条[1]规定的具有完全的民事行为能力的公民。并且,遗赠人有一定的可以遗赠的财产,需要他人照顾自己的日常生活。

(四)遗赠扶养协议签订后扶养人就要开始履行扶养义务

遗赠扶养协议是诺成性合同,从协议生效时起扶养人就应履行扶养义务,但遗赠的内容只能于遗赠人死亡后才能实现。若扶养人在签订遗赠扶养协议后未履行扶养义务,遗赠扶养协议不生效,扶养人无权主张将遗赠财产转移给扶养人的权利。

---

[1] 《民法典》第18条规定:"成年人为完全民事行为能力人,可以独立实施民事法律行为。十六周岁以上的未成年人,以自己的劳动收入为主要生活来源的,视为完全民事行为能力人。"

第四章
遗产管理守护爱

随着我国经济的发展及人们财富的积累,加之人口老龄化加剧,财富传承的需求不断增加,而财富的多样化及复杂化又加大了财富传承的难度,遗产继承纠纷也愈演愈烈。因遗产继承中屡屡出现遗产范围不明确、遗产遭到隐匿及转移、继承人之间无法统一行动、继承人的附随义务得不到监督、债权人与继承人信息不对称等问题,导致相关矛盾日益凸显。为减少因继承引发的纠纷,节省司法资源,迫切需要针对遗产继承环节制定相关制度。

《民法典》出台前,《继承法》第16条规定,公民可以在遗嘱中指定遗嘱执行人,而并未对遗嘱执行人的任职资格、职权范围等问题作出细化的规定。因此,即便立遗嘱人在其遗嘱中指定了"遗嘱执行人",该等被指定的主体也往往因为没有明确的法律地位而无法履职,并频频引起纠纷。《民法典》出台后,特别针对"遗产管理人"作出了规定,对原有法律进行了突破性的制度创设,对缓解利害关系人之间的纠纷,保护继承人、受遗赠人与债权人的合法权益,确保遗产得到公平分配,有着重大意义。

本章主要解密律师担任遗产管理人的服务内容与方向、法律服务流程,为在家族财富传承中运用遗产管理人制度的法律风控提供解决之道。

◆ 第一节　遗产管理人的服务方向与内容

一、遗产管理人的服务方向

（1）提供专业法律咨询。在遗产继承过程中,对于遗产的管理、遗产的分配等工作进行全面或者单项的咨询服务。

（2）担任遗产管理人。根据被继承人遗嘱确定、继承人推选、法院指派或相关组织直接担任等方式,担任遗产管理人,全面参与遗产的整理、清算、分配等工作。

（3）担任专项遗产管理人。根据委托方的要求,对单项遗产的分配工作担任遗产管理人,如担任被继承人遗产中关于房屋处理的遗产管理人,参与房屋的分配、过户等所有相关工作。

二、遗产管理人的服务内容

（1）对遗产进行清理并制作遗产清单。对被继承人的财产进行清理和整理,是遗产管理的基础工作。厘清遗产的内容和范围,可以防止遗产被遗漏或丢失。在清点遗产时,应登记造册,便于向全体继承人公示。

（2）向全体继承人报告遗产情况。遗产管理人应当将遗产的数量、种类、状况如实告知继承人,便于继承人了解遗产的状况。

（3）采取必要措施应对遗产毁损、灭失风险。遗产管理人应对遗产进行妥善的管理和安排,避免遗产丢失、被侵占或者损毁。比如,当发现遗产被他人侵占时,应采取必要的措施予以收回,以维护继承人的利益。

（4）处理被继承人的债权债务。对于被继承人所享有的债权,应当积极向债务人主张权益;对于被继承人名下所负债务,在核对相关凭证之后能够予以确认且全体继承人认可的情况下可以偿还。同时对于被继承人应缴的各种税费等,应予以支付。

（5）按照遗嘱或者依照法律规定分割遗产。这是遗产管理人工作的重中之重。当被继承人留有遗嘱时,应当按照被继承人的遗嘱处分和分配遗产,将特定遗产交予相应继承人。没有遗嘱,或者有遗嘱但遗嘱继承人放弃继承、丧失继承权的,或受遗赠人放弃受遗赠、丧失权利的,或遗嘱继承范围之外的遗产,作为法定继承遗产按顺位继承。在分配遗产过程中,对胎儿预留部分和特定继承人的保留份,要给予预留和保留;对于无人继承的遗产归国家所有,须用于公益事业。

(6)实施与管理遗产有关的其他必要行为。

◆ 第二节　遗产管理人的服务流程

遗产管理人的产生可基于被继承人遗嘱确定、继承人共同推选或法院指定以及相关组织直接担任,但无论是通过哪种方式确定的遗产管理人,其服务大致包含以下流程(不同确定方式,流程会有些许不同)。

一、确认委托

委托人为立遗嘱人,并欲通过遗嘱指定律师事务所作为其遗嘱执行人,则律师事务所首先需要提供的法律服务应为协助遗嘱的拟定,其次方为遗产管理服务。因此,在与委托人签署委托合同时,可与委托人就遗嘱订立、遗嘱执行或遗产管理的委托意向及需求进行全面沟通,并制作相应的谈话记录后由委托人签字确认。接待律师应当通过与委托人的沟通交谈,判断其思维是否清晰、对答是否切题,以初步判断当事人是否具备订立遗嘱的民事行为能力。必要时,可进行录音录像、制作询问笔录或要求委托人出具民事行为能力的鉴定报告,或邀请具有相应资质的医疗人员参与谈话并出具专业意见。

在确认委托人具备立遗嘱能力的情况下,要与委托人签署委托代理合同,明确委托事项包含协助拟定遗嘱,根据委托人遗嘱担任遗嘱执行人/遗产管理人,及遗产管理的服务内容、目标及收费等。

在继承人共同推选情况下的委托确认则相对简单,由各继承人或继承人授权代表与律师事务所签署委托合同,明确遗产管理人的服务内容、职责范围及收费标准等。

另外,法院是否能够指定律师事务所为遗产管理人,目前尚不明确,本书暂不予讨论。

二、组建团队服务

律师事务所接受委托担任遗产管理人的,律师事务所可指派2—3名具有遗产管理能力的执业律师履行合同职责。接受律师事务所指派的律师可根据委托人的服务诉求和具体服务内容,安排没有利害关系且具备相应专业知识与技能的成员组建法律服务团队。所有参与提供服务的成员均应当承担保密义务,必要时可与委托人签署书面保密协议。

三、尽职调查

服务团队应根据服务内容制作尽职调查清单,由委托人根据尽职调查清单提供相关材料。服务团队在收到委托人相关材料后,应当核查材料原件,必要时前往相应部门进行核查。

尽职调查清单内至少应当列明以下材料:立遗嘱人身份证明、立遗嘱人家庭成员身份证明、继承人身份证明、受遗赠人身份证明、其他利害关系人身份信息、资产/遗产的权属证书、银行资产证明、立遗嘱人/被继承人债权债务资料。

服务团队在收集并核查相关资料后,应当制作尽职调查报告,就财产类型及其性质、宜采取的分割方式、债权债务的确认情况等予以阐述。对于立遗嘱人,还应当向其阐明遗嘱订立时应当注意之事项。

四、协助订立遗嘱,指定遗嘱执行人

在委托人通过遗嘱方式指定律师担任遗嘱执行人的情况下,律师应按照委托人的意愿,并在尽职调查报告基础上,依据法律法规协助委托人订立遗嘱来处分个人合法财产。律师在协助委托人订立遗嘱时,应当注意以下几个事项。

(1)应当再次对委托人订立遗嘱时的行为能力进行判断,应当询问委托人并制作谈话笔录,由委托人签署。询问内容应当包含的内容有:对遗嘱人的身体状况、精神状况的确认;遗嘱人婚姻情况、家庭成员情况;遗嘱所处分财产的情况(取得时间、方式,是否存在限制抵押、冻结等限制所有权行使的情形);拟采取的遗嘱形式;见证人的基本情况(着重审查是否存在利害关系);拟对财产作出的遗嘱安排;是否指定遗嘱执行人等。

(2)对于委托人的遗嘱安排,根据询问情况提醒并告知其应当保留胎儿的继承份额,为缺乏劳动能力又没有生活来源的继承人保留必要的遗产份额等,并记录在询问笔录中。

(3)对于订立遗嘱的过程,应当进行录音录像并予以存档备查。

(4)提醒委托人在订立遗嘱时,应当指明律师事务所为遗产执行人,并注明指派执业律师的身份信息,同时指定日常联络人及紧急联系人。指派律师可定期向日常联络人了解委托人的身体状况,如委托人指定其本人为日常联络人,则应定期与其联络。紧急联系人由委托人指定,当委托人身体出现紧急状况而无法与受托人联系时,紧急联系人应及时将情况通知受托人。

五、遗嘱保管及维护

遗嘱订立后,遗嘱执行人应根据实际情况对遗嘱归档、签封或采取放入银行保险箱等保管措施,确保遗嘱安全、保密,并定期联络遗嘱人、日常联络人,对遗嘱人的生存状况、遗嘱所涉财产及利害关系人的变动情形进行跟踪,定期制作报告。遗嘱执行人应及时掌握遗嘱人的遗嘱变更意愿,在遗嘱人仍具备订立遗嘱的民事行为能力的情况下及时协助遗嘱人进行遗嘱变更。

六、核查遗嘱人/被继承人死亡情况

关于遗嘱人/被继承人死亡事实的确认,除及时对继承人提供的遗嘱人的死亡证明、户籍注销证明等资料进行核查外,在必要情况下,可至相关部门进行确认。

七、通知公告

遗产管理人确定遗嘱人的死亡事实后,应根据其提供的联系方式及时通知继承人、受遗赠人以及利害关系人。同时在尊重立遗嘱人遗愿或继承人同意的情况下,可在遗嘱人/被继承人的经常居住地或户籍所在地的报刊上刊登遗嘱人的死亡通知及告知召开遗产管理人会议的时间和地点,并催告利益相关人向遗嘱管理人申报债权、债务。

公告期限届满之前,遗嘱执行人有权拒绝对债权人清偿债务及交付遗

赠物;公告期限届满后,债务清偿、遗产交付前,遗嘱执行人收到债权申报的,应根据实际情况决定是否清偿;遗产分割完毕、遗产管理人职责终止后,遗嘱执行人收到债权申报的,建议债权人与遗嘱受益人协商,若无法达成一致意见,可通过诉讼程序进行债务清偿。

八、召开会议

遗产管理人召开会议,核查继承人、受遗赠人及利害关系人的身份并制作询问笔录,同时应确认继承人是否放弃继承权、受遗赠人是否接受遗赠,并制作相应的确认函。在被继承人遗留遗嘱情况下,应当在两名以上没有利害关系的见证人或者公证员的见证下,对封存遗嘱或银行保管箱保存的遗嘱进行开封、查验,并公布遗嘱内容。继承人对律师事务所根据遗嘱担任遗产管理人无异议的,可签署知情同意书;如有异议,律师事务所告知继承人可向法院申请确定遗产管理人,并留存告知凭证。

九、办理公证

律师事务所担任遗产管理人可以对其遗产管理人的身份进行公证、背书,对于由公证遗嘱指定遗嘱执行人的,可以就该公证遗嘱制作遗嘱执行人公证书或遗产管理人公证书;通过其他遗嘱形式指定遗嘱执行人的,由所有继承人按照该遗嘱办理继承权公证的同时,制作遗产管理人公证书;未立遗嘱由继承人共同推选的,可就遗产达成继承协议后,在办理继承权公证的同时,制作遗产管理人公证书。

十、制作遗产清单并报告遗产情况

遗产管理人应于开始履职后的合理时间内完成遗产清点,编制遗产清单后应及时向全体继承人报告遗产的现状、保管方式、折旧程度、是否需要采取特别保管措施等。

十一、采取必要措施防止遗产毁损

遗产管理人在管理遗产时,采取的处置措施应以必要为限,不得擅自处分遗产,如确有必要在遗产分割前处分遗产或清偿被继承人债务的,应与继承人、受遗赠人协商办理,制作笔录并由继承人共同签署。若相关人员侵占、隐匿遗产,遗产管理人有权要求其返还或协助继承人通过诉讼程序予以追责。

十二、拟定遗产分割方案,协助签署遗产分割协议

根据遗产清单、被继承人遗嘱、继承人放弃继承权情况、受遗赠人接受遗赠情况等拟定遗产分割方案,并与继承人、受遗赠人协商确定,之后签署相应的遗产分割协议。

十三、分割遗产

根据各方签署的遗产分割协议,遗产管理人应执行协议中的相关内容,如支付税款、清偿债务、追索债权、制作债权债务清结文书等;协助配合办理遗产的交付及相应手续。

遗产管理人按照上述分割顺序、分割方式向继承人、受遗赠人交付遗产时,应当签署遗产交接确认书,并保留税款清结文书、债权债务清结文书。

十四、遗产管理服务的中止

在遗产分割过程中,继承人、受遗赠人或利害关系人对遗产范围、继承人资格、继承依据、分割顺序、分割方式等存在争议,由遗产管理人组织调解后仍未能达成一致意见的,则遗产管理人中止对争议遗产的分割服务,待继承人、受遗赠人或利害关系人就相关争议问题协商并达成一致意见或取得生效的裁判文书后,遗产管理人恢复分割争议遗产的工作。

十五、遗产管理服务的终止

遗产管理人按照遗嘱或者依照法律规定分割遗产,待遗产分割完毕或约定的条件成就时,遗产管理法律服务终止。

十六、归档备查

遗产管理人对以上遗产管理项目相关委托协议、询问笔录、通知公告、遗产清单、遗产交接确认书等法律文书进行分类整理,归档备查。

第五章
意定监护相信爱

意定监护,是守护我们安度人生的最后一道爱的防线。所谓意定监护,是指完全民事行为能力人在自己意识清醒的时候,以书面形式确定自己的监护人,明确监护人在自己丧失或者部分丧失民事行为能力时,代为履行照顾自己的日常生活、管理自己的财产、决定自己未来医疗行为等事项的监护责任。意定监护指定的监护人可以是自己的近亲属,也可以是其他愿意担任监护责任的个人或组织。意定监护属于双方民事法律行为,监护事项、监护的权利义务、监护监督等内容必须经双方同意,并以书面的形式确定。

意定监护制度是一项重要的民事法律制度,对我们的生活影响深远,它有利于意识判断能力日渐丧失的群体预先安排自己的生活、财产以及未来的医疗行为,能够帮助他们解决因行为能力欠缺,以及监护、代理、财产管理等保障制度不完善而带来的困境。它亦有利于老年人事先安排自己的养老居住、安养护理和治疗行为的计划,从而解决老龄化、城市化和计划生育背景下由独生子女家庭、失独家庭、异地家庭以及意外障碍家庭等情形所引发的监护缺失问题。

本章旨在解密我国意定监护制度的发展历程,以及通过比较分析法浅析国内外几个国家意定监护制度的异同,进而提出我国意定监护制度设置的改进建议,并重点论述我们在拟定意定监护协议时应当注意的事项,以期正确运用意定监护这个工具来防范家族财富传承的法律风险。

◇ 第一节　意定监护制度之比较分析

一、我国意定监护制度的发展历程与现状简介

（一）我国意定监护制度框架的确定

2012年12月28日修订的《老年人权益保障法》增设了老年意定监护，从而确定了我国意定监护制度的框架。随着人口老龄化的日益加剧，单一的法定监护制度已经难以满足现在形势的发展需求。2012年12月28日修订的《老年人权益保障法》第26条第1款[1]增加了一项新的监护制度，即老年意定监护制度。所谓老年意定监护，从该法第26条规定可知，即具有完全民事行为能力的老年人，可以在自己意识清醒的时候，根据自己的意愿，与自己的近亲属或者其他与自己关系密切、愿意承担监护责任的个人或者组织订立与晚年生活相关的监护协议，约定在自己丧失或者部分丧失民事行为能力时，由选定的监护人按照监护协议的内容，对被监护人的人身、财产或者医疗行为履行约定的监护责任。

《老年人权益保障法》第26条第1款新增的意定监护制度意义重大，它确定了我国意定监护制度的框架，标志着我国监护制度改革的重大突破，为日后意定监护制度的发展奠定了基础。

（二）《民法总则》[2]的制定进一步较全面地改革了我国监护制度

继《老年人权益保障法》确定老年意定监护制度之后，《民法总则》第33条[3]进一步发展和完善了我们的意定监护制度。《民法总则》第33条规定将意定监护的适用主体由老年人扩大至全部具备完全民事行为能力的成年人，而且新增了确定意定监护的书面形式以及监护人履行监护职责的相关

---

[1]《老年人权益保障法》（2012年修订）第26条第1款规定："具备完全民事行为能力的老年人，可以在近亲属或者其他与自己关系密切、愿意承担监护责任的个人、组织中协商确定自己的监护人。监护人在老年人丧失或者部分丧失民事行为能力时，依法承担监护责任。"

[2] 2021年1月1日起，《民法典》正式施行，《民法总则》同时废止。

[3]《民法总则》第33条规定："具有完全民事行为能力的成年人，可以与其近亲属、其他愿意担任监护人的个人或者组织事先协商，以书面形式确定自己的监护人。协商确定的监护人在该成年人丧失或者部分丧失民事行为能力时，履行监护职责。"

规定。

《民法总则》第 33 条发展了我国的意定监护制度,完善了我国民法体系中的监护类型,由原来的两种监护类型体系变更发展成为法定监护、指定监护和意定监护三种监护类型体系。

(三)意定监护制度最终被纳入我国《民法典》

《民法典》第 33 条关于意定监护的条款内容,基本完全吸收和保留了《民法总则》第 33 条意定监护的规定。两个条款内容唯一不同之处是《民法典》第 33 条将《民法总则》第 33 条的"监护职责"改为"监护责任"。

意定监护制度最终被纳入我国第一部民法典,并设置为《民法典》的总则编之内容,体现了建立意定监护制度在完善我国监护制度中的重要作用。

总而言之,我国意定监护制度的确立主要经历了三个发展阶段,首先是《老年人权益保障法》(2012 年修订)第 26 条第 1 款引入了"老年人意定监护",初步构建了意定监护制度的框架,再通过《民法总则》第 33 条将"老年人意定监护"的适用主体范围扩大至全部具备完全民事行为能力的成年人,最终在我国的《民法典》总则编体系中确立"意定监护制度"。从此,意定监护制度成为我国监护制度体系中不可或缺的一种监护类型。我国意定监护立法进程可见表 1 - 2。

表 1 - 2　我国意定监护立法进程

发展历程	法律规定	被监护人	监护人	确定形式	监护开始	监护内容
第一阶段	《老年人权益保障法》(2012 年修订)第 26 条第 1 款	老年人	近亲属或者与自己关系密切且愿意承担监护责任的个人、组织	无	丧失或者部分丧失民事行为能力时	监护责任
第二阶段	《民法总则》第 33 条	成年人	近亲属、其他愿意担任监护人的个人或者组织	书面形式	丧失或者部分丧失民事行为能力时	监护职责
第三阶段	《民法典》第 33 条	成年人	近亲属、其他愿意担任监护人的个人或者组织	书面形式	丧失或者部分丧失民事行为能力时	监护责任

二、不同法域意定监护制度之比较分析

(一)美国的持续性代理权制度

20世纪中期,国际人权理念不断发展,社会老龄化给行为能力、监护、代理等制度带来了各种难题与困境。为了保障人权,世界各国开展了各种修法运动。1954年,美国弗吉尼亚州创设了"持续性代理权制度",使代理人在被代理人死亡或者无行为能力后,仍然具有代理权限,从而能够继续处理被代理人的事务。在此制度的基础上,美国联邦立法通过了《统一持续性代理权法案》,并创设了"持续性代理权制度"。美国的"持续性代理权制度"在实践中分为即时生效和指定条件生效两种类型,代理事项包括代理财产投资、合同的签订、参与赠与、政府补助等方面。

(二)德国的照管制度

1990年9月12日,德国国会颁布了对成年人监护及保佐照顾的改革法,该法于1992年1月1日生效,并废止了德国原有的"禁治产宣告制度",确立了对成年人的照管制度,保护对象是精神障碍者、智力障碍者、身体障碍者以及老年人。保护对象可根据个人情况在必要范围内选任"照管人"对其人身和财产予以照管。

(三)日本的任意监护制度

2000年4月1日,日本彻底废除禁治产和准禁治产制度,施行了一系列关于成年监护的法律,包括有关任意监护契约以及监护登记等法律。日本任意监护制度的目的在于保护高龄者,使高龄者在自己有判断能力时可以预先委任监护人,作为自己行为能力丧失后的监护人。在日本,签订监护委托契约应当经公证和登记。

美国、德国、日本、中国意定监护制度的比较可见表1-3。

表1-3 美国、德国、日本、中国意定监护制度的比较

地区	起源时间	制度名称	主体范围	内容	登记机制	监督机制
美国	1954年	持续性代理制度	具备行为能力的成年人	财产投资、合同签订、参与赠与、政府补助计划等	无	缺乏监督体系

续表

地区	起源时间	制度名称	主体范围	内容	登记机制	监督机制
德国	1992年1月1日	照管制度	具备行为能力的成年人	日常生活、人身和财产	不强制登记,鼓励预先照管文件登记,可由私人登录系统登记	照管的监督
日本	2000年4月1日	任意监护制度	精神障碍者、高龄者和智力障碍者	财产管理和生活看护、疾病治疗等事宜	委托契约须经公证并登记	有监护监督系统,设置监督人
中国	2012年12月28日	意定监护制度	具备行为能力的成年人	财产关系和人身关系	无	无

通过上文可初步了解到美国、德国、日本和中国都根据自己国家的情况设立了意定监护制度。上述各国的意定监护制度在监护的适用主体及监护内容上大致相同。被监护主体为成年人、精神障碍者或智力障碍者,监护内容是与被监护主体相关的人身和财产相关事项。但上述各国在意定监护的登记机关和监督机关上却大相径庭。由上文内容可知,日本和德国都设置了专门的监护登记机关和监督机关,而美国和中国未设置专门的登记机关和监督机关对意定监护的实施予以保障。

三、我国意定监护制度的改进与完善建议

我国现行意定监护制度仅见于《民法典》第33条,法条单一且为原则性规定。除此法律条文,我国尚未制定相关的配套机制来助力意定监护制度完好地落地实施。因此,为了更好、更全面地落实意定监护制度,在借鉴其他国家意定监护制度的基础上,笔者提出两点对于我国意定监护制度的改进与完善建议。

(一)完善配套的意定监护登记制度,确立意定监护登记机关

我国《民法典》规定了具有完全民事行为能力的成年人可以根据自己的意愿订立意定监护协议,确定自己的意定监护人。然而在实践中,意定监护协议的订立、生效以及履行都会引发各种问题或纠纷。比如,订立意

定监护协议时被监护人是否具有民事行为能力、意定监护协议的内容是否符合法定要求、监护人是否具有监护资格、存在多份意定监护协议时的效力认定等问题将直接影响着意定监护协议的执行。因此,若要设置相应配套的意定监护登记制度,确立意定监护登记机关尤为重要。根据我国的国情,结合我国公证机构办理的意定监护公证实践经验,可确立公证处作为意定监护登记机关。

公证机构作为意定监护的登记机关具有天然的优势。首先,公证员通常是具有法律背景的专业人士,对意定监护双方主体是否符合法律要求、意定监护协议内容是否合法等法律问题可以作出专业的判断与规范的审查,也可避免意定监护协议订立后存在效力存疑问题。其次,公证机构在我国具有一定的社会公信力,职能完整齐备,选择公证机构作为意定监护的登记机关较为合适。

(二)完善配套的意定监护监督机制

我国现行的意定监护制度缺少必要的监督机制,仅在《民法典》第34条第3款[1]粗略地规定监护人不履行监护职责或存在侵害被监护人合法权益的行为的,应当承担法律责任。那么,监护人是否履行了协议约定或者法定的监护职责,却无法判断。因此,意定监护监督机制也是非常重要的一项配套机制。只有监督机制的加入,才能更有效地保障被监护人的合法权益,同时也可以保障《民法典》第36条撤销监护人资格条文的实施。如何设置监护监督机制,可以在思虑本国监护机制特色的基础上借鉴德国的私人系统登记,亦可以参考日本公证登记。个人监督可以由被监护人自行选定具有资格或能力的人员担任。若被监护人未自行选定监督人的,可以由我国的民政部门、居民委员会或村民委员会担任。在监护监督人发现监护人不能胜任或者有违反监护职责的行为时,有权予以纠正,或者向法院请求撤销监护人的资格。

---

[1] 《民法典》第34条第3款规定:"监护人不履行监护职责或者侵害被监护人合法权益的,应当承担法律责任。"

◆ 第二节　意定监护协议的拟定要点

根据我国《民法典》第 33 条[1]的规定，意定监护的设立，非单方诺成行为，需要通过与他人签署书面意定监护协议的方式设立。现根据该条规定及《民法典》合同编相关规定，就律师在协助客户签署意定监护协议时应注意的事项及协议拟定要点，笔者提出如下建议。

一、意定监护协议的主体签约能力的审查

（一）意定监护协议的主体

意定监护协议的主体包括意定被监护人、意定监护人，同时还可以通过在协议中设置监督人对意定监护人的履职情况进行监督，从而将意定监督人列为协议主体。

1. 意定被监护人

意定被监护人即意定监护权设立人，系为了避免未来自身全部或部分丧失行为能力时（以下简称失能）出现法定监护人监护不能或怠于履行监护职责或产生监护纠纷，而于其具备完全民事行为能力时，预先选择信任之人履行监护职责，以便及时有效地保护其人身权利、财产权利及其他合法权益。为未来的"失能"状态预设监护人，从而打破法定监护人的顺位规则，能更有效地防止在法定监护制度下监护人缺位或监护不能所造成的对意定被监护人的权益损害。

2. 意定监护人

意定监护人即享有意定监护权并依约履行监护职责的人，可以是意定被监护人的近亲属、愿意承担监护职责的其他自然人或者组织。根据《民法典》第 1045 条第 2 款的规定[2]，近亲属包括"配偶、父母、子女、兄弟姐妹、

---

[1]《民法典》第 33 条规定："具有完全民事行为能力的成年人，可以与其近亲属、其他愿意担任监护人的个人或者组织事先协商，以书面形式确定自己的监护人，在自己丧失或者部分丧失民事行为能力时，由该监护人履行监护职责。"

[2]《民法典》第 1045 条第 2 款规定："配偶、父母、子女、兄弟姐妹、祖父母、外祖父母、孙子女、外孙子女为近亲属。"

祖父母、外祖父母、孙子女、外孙子女"。意定监护人根据协议约定,当意定被监护人失能情形出现或条件成就时,获得监护权,并应根据协议约定,按照最有利于意定被监护人的原则行使监护权,维护并保障其人身、财产权益及其他权益。

3. 意定监督人

意定监督人即在意定监护人行使监护权、履行监护职责过程中,根据协议对监护人的监护行为进行监督,以督促监护人在履职时充分保障意定被监护人利益,避免其滥用监护权或怠于履职,导致意定被监护人的合法权益遭受损害。同时,意定监督人设置能够确保意定被监护人的真实意愿得到最大程度的尊重。意定监督人行使监督权的起始时间节点为意定被监护人全部或部分丧失民事行为能力时。

(二)意定监护协议的主体签约能力的审查

上述协议各方在签署协议时均应当具备完全民事行为能力,因此,律师在协助客户签署意定监护协议时,建议可采取以下方式对各方的签约能力进行审查,并将相关材料作为工作底稿。

(1)应当核实各方身份信息、核查身份原件,并保留签字捺印之身份证件复印件;

(2)通过谈话方式对意定监护协议各方是否具备意思表达能力,是否能够明确、清晰、充分地表达其意志进行判断,并制作谈话笔录,由各方签字确认笔录内容;

(3)谈话过程应当录音录像,并告知客户录音录像的目的;

(4)要求协议各方签署相应的声明书;

(5)必要情况下,可通过有资质的鉴定人员判定各方主体的行为能力,并由其出具相应的认定报告备查。

二、意定监护协议各方意思表示真实性的确认

根据《民法典》第143条[1]关于民事法律行为有效条件的规定,除签约各方应当具备完全民事行为能力外,其意思表示应当真实,不存在欺诈、胁

---

[1]《民法典》第143条规定:"具备下列条件的民事法律行为有效:(一)行为人具有相应的民事行为能力;(二)意思表示真实;(三)不违反法律、行政法规的强制性规定,不违背公序良俗。"

迫或者重大误解等情形。因此,律师在协助客户签署意定监护协议过程中应当探究各方的真实意思表示,并作出如下建议:

(1)应当就监护权及监护职责向协议各方进行释明,确认签约各方知悉并了解监护权及监护职责;

(2)由各方签署相应的知情确认函;

(3)就释明过程制作笔录供各方当事人签署;

(4)就释明过程及签署函件过程录音录像。

三、意定监护协议的拟定要点

(一)建议在意定监护协议中明确签署目的

意定被监护人设立意定监护,旨在委托并授权意定监护人在其失能情况下,保护其人身权利、财产权利及其他权益。其中,人身权利包含人身自由、人格尊严、生命健康权、身体权、姓名权、肖像权、名誉权、荣誉权、隐私权等;财产权利则包含物权、债权、知识产权、投资性权利以及对数据和网络虚拟财产所享有的权利。之所以建议在协议中对此予以明确约定,是为了在意定监护人根据被监护人利益最大化原则做出协议约定以外的监护行为时,对该行为的有效性提供依据与保障。

(二)建议意定监护协议在各方签署时生效

在现有意定监护协议版本中,大多约定自意定被监护人失能时生效。此约定的弊端在于,一旦出现监护权纠纷,对于意定被监护人是否全部或部分丧失行为能力,将需要经过人民法院认定。那么,在人民法院作出相应认定前,意定监护人无法根据协议行使权利,将可能导致意定被监护人权益受到损害。因此,对于意定监护协议的生效时间,建议约定自各方签署时生效为宜。

关于意定监护协议是否须经公证生效的问题。由于意定监护协议的签署具有人身属性,且具有一定的私密性,而公证机构具有较高的社会公信力,由公证处对意定监护协议进行公证在一定程度上能够避免纠纷,确保意定监护人监护权的行使免遭其他个人或机构质疑。而通过公证机构规范化的操作流程,在审查协议的主体是否符合法律规定、各方意思表示是否真实、是否违反公序良俗方面,能够在一定程度上规避律师执业风险,因此,建议签订意定监护协议的同时向公证机构申请公证,但可不以公证为生效条件。同时,还可申请由公证机构对意定监护协议予以登记备案,并有限度地予以公示。

(三)建议约定意定监护人行权履职的起始时间

虽然意定监护协议自各方签署时生效,但意定监护人并非自协议生效时即开始行权履职。因此,协议中对意定监护人行权履职的起始时间的约定十分重要且必不可少。一般而言,监护人行权履职应自意定被监护人全部或部分丧失行为能力时开始,但此种原则性的约定,不利于监护人及时履职及对意定被监护人权益的保护。因此,意定监护关系的双方可在协议中约定意定监护人开始行权履职的具体情形,为其开始行使监护权提供明确的参考依据。比如,可约定在意定被监护人出现以下情形之一时,意定监护人开始行权履职:

(1)出现昏迷等失去意识反应的情形;

(2)完全丧失语言表达能力,同时无法通过其他途径准确清晰地表达其意思的情形;

(3)因突发性疾病造成被监护人出现认知障碍而不能辨认自己的行为,且在现有的医疗技术及条件下不可恢复及治愈,经有资质的医疗机构出具诊断证明的情形;

(4)因智力、精神、疾病、年龄、身体障碍等其他原因,导致被监护人不能辨认自己的行为、不能准确表达自己的意思且经有资质的医疗机构出具诊断证明的情形;

(5)经人民法院认定或有资质的鉴定机构鉴定为限制民事行为能力人或无民事行为能力人的情形。

同时由于协议中无法穷尽列举,故可进一步约定在其他所有需要意定被监护人的法定监护人行使监护权的情形出现时,意定监护人的监护资格顺位优先于其他法定监护人。

(四)建议明确意定监护人的监护职责

监护职责的约定是意定监护协议中最为重要的内容,是对意定监护人行使监护权的限制,同时是意定监护人行使监护权的保障。因此,在意定监护协议中,对监护职责的约定应当清晰、具体,并应避免歧义。其职责内容至少应当包括人身监护、财产管理、民事法律行为代理等。

1. 人身监护方面

首先，应当包含代理被监护人维护其身体健康事宜，比如决定和选择医疗机构、治疗方案、康复方案、医疗费用支出；缔结医疗服务合同；签署医疗风险告知书、术前同意书、特殊治疗和特殊检查同意书等与被监护人所需的救助治疗相关的一切医疗文书；查阅领取病历档案，办理入出院手续等；代理安排日常生活，代理选择居住场所、护理机构、养老机构、护理人员，缔结被监护人生活起居所需要的一切护理类合同，并负责跟进合同的履行以及变更、解除等。

其次，应当包含代理意定被监护人进行涉及人身权益的民事活动，如代为申请社会福利、户口迁移、身份证件等的保管。

最后，可通过禁止事项的列举，排除意定监护人为一定行为，比如可约定意定监护人无权以被监护人名义在遗体捐赠文件中签名、无权代表被监护人同意器官移植、无权同意为意定被监护人实施变性手术等。意定被监护人可于协议中明确该类行为的实施将违背被监护人的意愿，在禁止意定监护人作出上述行为的同时，授权意定监护人排除并禁止法定监护人在上述事项上作出有违意定被监护人意愿的行为。

2. 财产管理方面

首先，应当包含管理和保护被监护人的财产的内容，包括照管财产、办理领取银行存款、银行密码挂失及重置；保管存折、存单、借记卡、敬老卡、社会保障卡、财产合同、账户密钥；缴纳税款，收取财产权益等。

其次，应就意定监护人对意定被监护人财产的使用进行约定，明确监护人为履行监护职责而向他人支付相关费用、使用被监护人财产的情形及条件。例如，约定被监护人财产可用于支付的费用范围包括被监护人的生活费、护理费、医疗费用；因委托办理被监护人经营事务、法律事务等所产生的委托费、劳务费、律师费、诉讼费、鉴定费、担保费等费用。

再次，协议可明确约定意定监护人不得以被监护人名义实施的涉及其财产权益的行为，如不得将其财产赠与他人、不得变更保险受益人、不得对外借债、不得对外担保、不得购置不动产等重大资产。

最后，协议中可约定在保障被监护人利益的前提下，在具备一定条件时，监护人可对被监护人的财产进行处分，如意定被监护人现有存款不足以支付其医疗费用时，可约定监护人可处分的其他财产的范围。

此外,协议中还可以约定在意定被监护人身故后,意定监护人所保管的被监护人的财产及证件物品等,应当移交遗产管理人或意定被监护人的继承人。

(五)建议设置监督人并明确其监督职责

为避免意定监护人滥用监护权,或怠于履行监护职责导致意定被监护人权益受损,因此,意定监督人的角色十分重要,建议应在签署意定监护协议时设置监督人,并明确其监督职责。意定监督人的具体职责至少应当包括以下内容:(1)在意定监护人怠于履行监护职责时,对其予以催告;并在多次催告无果后,行使罢免监护人的权利;(2)在意定监护人违反监护职责,侵害被监护人权益时,行使罢免监护人的权利;(3)要求意定监护人定期报告履职及财产收支情况,并提交书面履职报告;(4)保管意定被监护人财产;(5)意定监护人向第三方支出费用超过一定额度时的审批权;(6)在意定监护人损害被监护人权益的情形下,有权代表被监护人以向法院起诉等方式向意定监护人追偿。

(六)关于意定监护协议解除条款的建议

意定监护的设立是建立在意定被监护人与意定监护人之间充分信任的基础上的,但由于协议生效后至意定监护人开始行权履职之前的时间是不可预估的,在此期间,可能出现信任危机或任何一方出于自身原因的考量,而希望解除双方之间的监护协议关系,因此可于协议中就各方解除协议的情形进行约定。

1. 关于监护资格的取消——意定被监护人的任意解除权

对于监护人资格的取消,是由意定被监护人在协议生效后,尚且具备完全民事行为能力时,撤回对监护人的授权,取消监护人监护资格的条款。在协议中约定意定被监护人的任意解除权以取消监护人的监护资格,将有利于充分尊重意定被监护人的意愿。

2. 关于意定监护人撤回承诺的限制——意定监护人解除权限制

意定监护人出于自身原因,在行权履职开始前,如预先撤回监护承诺,解除意定监护协议,将影响意定被监护人的切实利益,因此,应当对其解除权的行使予以一定限制。如解除权行使的时间仅限于履职开始前,并应给意定被监护人留足时间重新选任监护人。

3. 解除通知的送达方式

根据《民法典》第565条的规定,"当事人一方依法主张解除合同的,应当通知对方。合同自通知到达对方时解除"。因此,协议中应当明确约定协议解除的方式,即无论是意定被监护人还是意定监护人在依法或依约解除协议时,均应当以书面方式通知对方,并明确有效的送达方式、地址等。如意定监护协议经公证机关公证并已登记的,还应当及时书面通知公证机关,或就解除通知进行再次公证后送达对方,并申请将协议解除情况予以登记备查。

(七)关于意定监护人罢免条款约定的建议

监护人的罢免是指监督人或有关个人、组织于意定监护人开始行权后,基于意定监护人违反了协议约定或怠于履行监护职责,侵害被监护人权益,而撤销其意定监护人资格的行为。如协议中未设立意定监督人角色、监督人怠于行使监督权或履行不能时,则有关个人或者组织可根据《民法典》第36条[1]的规定向人民法院申请撤销意定监护人的监护资格。

如协议中设置了监督人,则建议明确约定由监督人行使罢免权,撤销意定监护人资格;对于罢免权的行使方式,建议可约定当出现监护人违反协议,损害被监护人权益的初步证据时,以通知方式告知意定监护人终止行权履职,并可约定意定监护人应于收到通知时立即停止行权。

同时,应当对意定监护人被罢免后,被监护人仍需监护时如何确定监护人予以明确约定,如可在协议中约定意定监督人在行使罢免权的同时应当通知法定监护人开始行使监护权,履行监护职责,以避免监护人缺位导致被监护人权益受损;如无法确定监护人或对监护人的确定有争议时,意定监督人可"向被监护人住所地的居民委员会、村民委员会或者民政部门指定监护

---

[1]《民法典》第36条规定:"监护人有下列情形之一的,人民法院根据有关个人或者组织的申请,撤销其监护人资格,安排必要的临时监护措施,并按照最有利于被监护人的原则依法指定监护人:(一)实施严重损害被监护人身心健康的行为;(二)怠于履行监护职责,或者无法履行监护职责且拒绝将监护职责部分或者全部委托给他人,导致被监护人处于危困状态;(三)实施严重侵害被监护人合法权益的其他行为。本条规定的有关个人、组织包括:其他依法具有监护资格的人,居民委员会、村民委员会、学校、医疗机构、妇女联合会、残疾人联合会、未成年人保护组织、依法设立的老年人组织、民政部门等。前款规定的个人和民政部门以外的组织未及时向人民法院申请撤销监护人资格的,民政部门应当向人民法院申请。"

人",或直接向人民法院申请指定监护人[1]。在重新指定监护人之前,由意定监督人代为行使监护权,且协议中对监护人的权利及职责的约定可对其同样适用。

(八)关于监护关系终止约定的建议

根据《民法典》第39条的规定,监护关系终止的几种情形包括:(1)被监护人取得或恢复完全民事行为能力;(2)监护人丧失监护能力;(3)被监护人或者监护人死亡;(4)人民法院认定监护关系终止的其他情形[2]。此条规定的"监护关系"包含通过意定监护协议所形成的监护关系,故而建议在协议中进行明确约定。

需要说明的是,意定监督人全部或部分丧失民事行为能力,并不当然导致意定被监护人与意定监护人之间监护关系的终止,终止与否可由协议各方于签订协议时进行明确约定。

同时,由于意定监护关系形成的基础是契约,因此,当意定监护协议解除时,监护关系也将终止。原监护关系终止后,如被监护人仍需监护的,应当依法或依约另行确定监护人,从而形成新的监护关系。

---

[1]《民法典》第31条第1款规定:"对监护人的确定有争议的,由被监护人住所地的居民委员会、村民委员会或者民政部门指定监护人,有关当事人对指定不服的,可以向人民法院申请指定监护人;有关当事人也可以直接向人民法院申请指定监护人。"

[2]《民法典》第39条规定:"有下列情形之一的,监护关系终止:(一)被监护人取得或者恢复完全民事行为能力;(二)监护人丧失监护能力;(三)被监护人或者监护人死亡;(四)人民法院认定监护关系终止的其他情形。监护关系终止后,被监护人仍然需要监护的,应当依法另行确定监护人。"

第二篇

基业长青让爱永续

第一章
超越金钱的信托

相较于基金、保险等大家耳熟能详的金融工具,一提到信托,大家都相对比较陌生,既不知道"信托"到底是什么,也不知道"信托"能帮助自己做什么,"信托"又究竟可以在生活中起到什么样的作用。但其实早在20世纪初,信托制度和信托业就已经传入中国,不过由于其开始应用的时间晚、应用的范围较小,更因为其私密性和定制化的属性,很少被公之于众,于是一直给外界一种神秘之感,也被称为一种"最为神秘的工具"。

其实,信托并没有我们想象中的那么神秘。

我们可以先从中英文两个层面的字面意思来进行浅显的分析。信托,英文翻译为 Trust,这个单词我们知道除信托的含义外,其最为常见的其实是相信、信任的意思,既包含名词含义,同时也包含动词含义。信托本身也是如此,既是一种金融工具,同时也是一种法律制度;既是一种理财方式,同时也是一种特殊的财产管理制度和法律行为。而从中文的字面含义进行理解,信托,顾名思义为"信任托付",一般指相信他人,所以将事情交给他处理。但也可以有另一种理解——"不信任托付",指因为对一些人不信任,所以将事情托付给其他人处理。

总体来说,信托业务其实是一种以信用为基础的法律行为,一般会涉及三方面的当事人,即投入信用的委托人、受信于人的受托人,以及受益于人的受益人。委托人基于对受托人的信任,将其财产权委托给受托人,由受托人按照委托的意愿,以自己的名义为受益人的利益或者特定目的进行管理或者处分的行为就是信托的过程。信托虽然在日常生活中好像并不常见,但其实它是一个家族在财富传承中可以被使用到的极为有效的行为手段和工具之一,甚至也可以针对机构或者高净值人群,作为固定收益类理财。

本章主要解密家族财富传承中几种经常被提及的信托工具,如家族信托、遗嘱信托、慈善信托、保险金信托等。本章中每节的分类是为了便于大家对不同信托的理解,并不是对信托的分类。家族信托可以使用遗嘱的方式设立,也可以采用慈善信托这一形式。为了让读者更好地了解家族财富传承中运用信托制度的法律风险点,我们将现有裁判文书网中与信托有关的案例做出梳理,也希望能够更好地提供信托风险的解决之道。

◇ 第一节 家族信托

家族信托的雏形可追溯到古罗马帝国时期。当时《罗马法》将外来人、解放自由人排斥于遗产继承权之外。为避开这样的规定,罗马人将自己的财产委托移交给其信任的第三人,要求为其妻子或子女利益而代行对遗产的管理和处分,从而在实际上实现遗产继承权。[1] 由此可见,家族信托包含了实现家族财富保护、分配以及传承的目的。

中国银行保险监督管理委员会信托监督管理部发布的《关于加强规范资产管理业务过渡期内信托监管工作的通知》(信托函〔2018〕37号)中,将"家族信托"定义为:家族信托是指信托公司接受单一个人或者家庭的委托,以家庭财富的保护、传承和管理为主要信托目的,提供财产规划、风险隔离、资产配置、子女教育、家族治理、公益(慈善)事业等定制化事务管理和金融服务的信托业务。家族信托财产金额或价值不低于1000万元,受益人应包括委托人在内的家庭成员,但委托人不得为唯一受益人。单纯以追求信托财产保值增值为主要信托目的,具有专户理财性质和资产管理属性的信托业务不属于家族信托。

本节我们探讨的家族信托也正是基于家长(委托人)为了实现家族财富的保护、分配、传承,乃至保值、增值、永固的目的,将家族积累的财富委托专

---

[1] 参见《你不得不知的豪门利器 揭秘家族信托的前世今生》,载搜狐网2020年9月2日,https://www.sohu.com/na/416050650_120172170。

业的机构或专门设立的家族办公室,以管理和处置家族财富的综合型工具。

一、家族信托的现实应用

信托在现实中的应用不仅仅体现在财富的传承,更在于家族精神的传承。王永庆1917年出生于一个贫苦农家,少年以米铺生意起家,20世纪50年代随着塑料在我国台湾地区的发展扩大了自身的商业版图。他经营的台塑集团经营范围囊括炼油、石化原料、塑料加工、纤维、纺织、电子材料、半导体、汽车、发电、机械、运输、生物科技、教育与医疗事业等,集团架构也很复杂。同时王永庆自身还有三房太太多名子女。这样一个庞大的家族在传承中势必会遇到诸多问题。王永庆在诸多传承工具中主要使用了信托。

王永庆家族的信托设计有四层架构:

第一层:主信托,负责持有资产。

第二层:"私人信托公司",它主要为第一层主信托的操作与收益分配做决策。

第三层:"目的信托",则是第二层决策的指引,即一般所谓的"家族宪章"。这一家族信托的主旨包含两点:(1)为集中台塑集团持股;(2)确保公司永续经营。

第四层:受托人,包括执行的律师、会计师、银行等。第四层的受托人如果发现第二层私人信托公司的董事会成员的决策不符合第三层的目的,则可根据"家族宪章"约束董事,并不予执行。

王永庆的家族信托不仅考虑到将庞大的台塑集团股权予以集中,还考虑到企业持续稳定的经营管理,同时兼顾家族成员的意愿与发展。王永庆在生前对于家族中二代亦同时通过家族教育和培养来选拔接班人,由适合的接班人进入私人信托公司来管理庞大的商业帝国,让家族资产得以持续稳定增长;对于没有意愿或没有能力的子孙也可以从家族信托中领取维持生活的财富。不过在竞争接班人失败的二代中,有的在王永庆身故之后以王永庆死因、遗产管理、主张分配权等原因在我国香港特别行政区和台湾地区、美国等地的法院提起诉讼,但最终仍未能打破现有的信托安排,其原因在于王永庆家族的信托目的单纯,配合其他控股方式(如集团内企业交互持股、非营利组织持股等)让持有不同意见的家族成员不能通过结合外力的方式改变家族信托的集中持股。

王永庆家族信托不同于作为金融工具信托的一大利器就是"家族宪章",这使家族家风得以贯彻和传承。正所谓传家为本,家族财富传承不仅有上一代对下一代的"传",更有下一代对上一代的"承"。对于没有意愿"承接"王永庆公司的王雪红来说,她的得益则是来自家风的贯彻。她是"传家为本"的一个特例,让富二代成为创一代,而不是传二代。王永庆对王雪红的商业启蒙,散落在王氏家书中,早在王雪红就读美国加州伯克利大学的时候,她就被要求定期与王永庆互通家书。王永庆不但对子女的家书有 KPI (关键绩效指标)考核,不达标会影响到"零用钱"的额度;王永庆寄给王雪红的家书往往厚达十多页,历数自己在某个阶段内在公司经营的经历和思考。在王永庆去世后,王雪红接受台湾媒体采访时曾坦言,当年未能完全理解父亲的家书,走上创业之路后,才觉得弥足珍贵。关于王永庆对王雪红的影响,王雪红自称是一个"需要用一生持续思考"的问题。

在这种影响之下,我国台湾地区首富王永庆的女儿王雪红,完全没有插手父亲主持下的台塑企业,而是以 500 万新台币收购濒临破产的 HTC,与丈夫二人白手起家,经过十多年打拼终于将 HTC 做到行业龙头,自己也成功成为台湾首富。

王永庆家族的传承不但培养出优秀的家族继承人,而且培养出更有能力创造财富的二代。家族信托以"家族宪章"为内核实现了"财富+家风"的传承,实现了传家为本。通过此事例我们可以归纳出王永庆家族信托具有的如下三个特点:

1. 灵活的机制安排

家族信托通过信托架构与机制的设计,可实现灵活的机制安排,将所有权、控制权、经营权、收益权、监督权按照家族的意愿和需求进行配置,让有能力有意愿承接的二代继承家族企业的经营管理权,让有能力没意愿的二代有机会开启创业之路,让有意愿没能力的二代掀不起巨浪,让没能力没意愿的二代做一个富贵闲人追求自己的爱好。

2. 税务筹划

家族财产在持有、管理、处分、分配等环节都将涉及税务问题。通过家族信托,家族可以对家族财产的持有架构进行灵活地跨区域配置,灵活运用地区性的税收优惠政策与地区之间的税收优惠政策,根据家族的实际需求进行税务的结构优化。

3. 与股权设计、其他传承工具的综合应用

王永庆家族在信托的设计中针对股权架构采用了交叉持股的方式来保障股权的集中,增强家族信托的稳定性。家族信托还可以与其他的家族(企业)保护、管理与传承工具进行协同与配合,综合性地解决家族(企业)面临的各类困境以及障碍。

二、家族信托在财富传承中的优越性

(一)家族信托的保护功能

信托的首要功能是对信托财产的隔离与保护,包括对信托财产的隔离功能、私密保护功能、风险控制功能和财产稳定功能。

1. 家族信托的隔离功能

信托设立后,信托财产与我们传统上所理解的所有权截然不同,它是一个类似于将所有权进行"拆分"的状态,即信托财产所有权由委托人转移到受托人处,但又区别于受托人的自有财产,不与受托人财产相混同,受托人按照信托合同的约定管理、处置信托财产,信托财产的收益除部分归于受托人作为报酬和用于管理、执行受托事务,其余按照信托文件规定归入信托财产或分配给受益人。

根据《信托法》第47条及第48条的规定,信托财产可以通过信托当事人意定的方式独立于受益人的财产。基于信托财产独特的法律性质,被置入信托的家族财产具有独立性,故而也可得到很好的隔离与保护。委托人通过设立信托,将其希望予以进行隔离性保护的资产置入信托中,使前述资产与委托人之间相互独立,以达到对资产隔离与保护的目的。

2. 家族信托的保密功能

信托的保密功能对家族财产的保护而言意义重大。信托设置后对于除委托人与受托人之外的第三人来说,信托更像是一个"大盲盒",外人可能毫不知情,或者仅仅知道有一笔财富被装入信托之中,但是又无法得知信托之内的具体内容。一方面,信托的私密功能避免了财产外露引发的被家族之外的人觊觎之风险;另一方面,信托文件对家族内部的适当保密,避免家族成员因为个别财产的分配而引发争端,也有利于家族的和谐团结。

3. 家族信托的风险控制功能

在经营家族企业及管理家族财富的过程中,不免会出现不确定、不可控

的影响因素,如家族继承人的企业管理能力欠缺、对财富管理的能力不足,继承时个别继承人之间出现遗产争夺的继承纠纷等风险。而通过对信托架构的合理设计及安排,可以提前预防与控制风险,使家族财富得以按照信托人的意愿进行传承,更能经受住家族成员对信托的挑战。

4. 家族信托的财产稳定功能

信托设立且生效后,信托财产既不属于委托人,也不属于受托人,更不属于受益人。这就为信托财产起到了隔离的效果,也直接保护了家族财产,使之不直接牵涉到委托人、受托人和受益人的债权债务纠纷之中而免遭追索。同样,信托建立起了受益人个人财产和家族财产的防火墙,即使作为受益人的子孙后代有挥霍、浪费的不良习性,其也仅能处分按照信托文件规定按期分配的部分财产,而无法突破信托规定的受益权。而有些委托人在订立信托文件时更是设立条款明确将有不良嗜好的子孙排除在家族信托的受益人行列。同时,信托中的受托人作为专业的管理机构也将会按照信托文件的规定,最大限度地保证信托财产的稳定性。由于信托的特性以及信托文件所包含的限制和约束,这在很大程度上保障了信托财产的稳定性。

(二)家族信托的管理功能

信托中的受托人按照委托人的意愿,以自己的名义为受益人的利益或者特定目的,进行管理或者处分。因此,家族信托具有管理功能,具体体现在家族财产集中、家族资产的配置与管理等方面。

1. 家族财产集中

随着家族的发展,家族成员将会结婚、生儿育女,家族成员数量也会随之增加。如果进行家族财产的简单分配或者任由其通过遗嘱继承、法定继承进行遗产分配,这必将导致家族财产的一步步分散甚至消失,尤其是家族企业股权将被分散或者拆分乃至最终被变卖处置。而家族信托通过信托架构设计与安排,如前文中王永庆家族的信托安排,就可以很好地将家族企业的股权进行集中,既能防止内部的分散,也能防止外部的侵蚀,从而规避家族财产分散带来的风险。

2. 家族资产的配置与管理

受托人需要根据信托法、信托文件及其他相关法律法规的规定,基于受益人利益最大化的原则,忠实及审慎履行信托义务。委托人与受托人往往在信托文件中约定受托人使财富增长的投资义务及投资权限,受托人通过多种投资工具与资产类型形成的投资组合,规避过高的投资风险与收益的不确定性,合理平衡风险和收益。

三、家族信托的现实困境

(一)受托人的限制

《信托法》第 24 条规定:"受托人应当是具有完全民事行为能力的自然人、法人。法律、行政法规对受托人的条件另有规定的,从其规定。"由此可知信托受托人可以是自然人,也可以是法人。但是在当前中国现行制度下,根据前述《关于加强规范资产管理业务过渡期内信托监管工作的通知》的规定,在大众的认识中家族信托的受托人会被误以为仅限于信托公司。但在实务中,无论是相对高资产家族还是超高资产家族,其对信托定制化的需求也越来越多,而部分信托公司的资产管理能力及对多种不同类型的财产保护能力稍显不足,导致委托人的需求与信托公司能提供服务的不匹配,对信托公司的信赖度不足,由此也使得委托人对其他类型受托人的需求日益凸显。

(二)可设立信托财产的限制

信托是以信托财产为中心的法律关系。委托人可以将哪些财产设立信托?根据《信托法》第 2 条的规定,信托需要委托人将财产权委托给受托人。这意味着只有财产权才能设立信托,具体哪些财产权可以设立信托,《信托法》本身并未规定。原中国银监会制定的《信托公司管理办法》第 16 条规定,信托公司可以申请经营以下部分或者全部本外币业务:(1)资金信托;(2)动产信托;(3)不动产信托;(4)有价证券信托;(5)其他财产或财产权信托等其中资金信托最为常见,资金信托之外,所谓动产信托,是指以艺术品、珠宝、汽车等动产所设立的信托;所谓不动产信托,是指以土地或房屋设立的信托;所谓有价证券设立的信托,是指以股票、公司债券等有价证券设立的信托。除上述四种财产权外,《信托公司管理办法》还以概括条款规定了"其他财产或财产权信托"。根据实务做法及权利性质,以下几种财产权也可以由委托人交付受托人设立信托:(1)有限公司股权信托,即委托人以有限责任公司股权信托;(2)债权(应收账款)信托;(3)私募基金(包括有限合伙出资)及其他各类资产管理计划份额信托,即委托人将持有的私募基金及其他各类资产管理计划份额作为信托财产设立信托;(4)知识产权(著作权、商标、专利)信托;(5)租赁权信托等。

尽管可设立信托财产的种类多样,但是在实践应用中仍旧以金钱信托最为常见。对于高净值人士通常会普遍涉及的不动产、股权等财产,由于基于转移财产权而产生的相对巨额所得税、较高估值费用等额外负担,从而给在信托安排中放入这些财产制造了一定的困难,提升了这类信托的门槛。

四、家族信托突破现实困境的建议

(一)受托人资格限制方面的改进建议

中国现行实践提高了公司担任受托人的条件,缩小了信托公司受托人的范围,虽然有利于防范信托风险,但是信托设立的基本原则为最大限度地保护委托人,这种限制与该原则背道而驰,将大多数不了解信托的普通百姓挡在信托制度的门外,不利于中国信托业的发展壮大。在英美法系国家,绝大多数的信托是由个人承办的,也就是说由个人作为受托人经营信托业务,以公司作为受托人的情况属于少数。对于家族信托的委托人来说,如果可以选择个人作为受托人,或者私人信托公司作为受托人,对一些资产数量较少的委托人更为有利。而对于家族资产庞大的家族来说,通常有一个独立的家族办公室,里面有专业的律师、会计师,这类人也可以作为受托人履行家族财产管理义务,这样的安排更能够保障家族成员对其家族财富的控制权。在近些年的司法实践中,受托人为自然人的民事信托的裁判案例在增加,有越来越多的案例确认了自然人具有信托受托人资格的有效性。但在目前我国的监管体系下,私人公司成为受托人难以突破。

(二)可设立信托财产限制方面的改进建议

对于可设立信托财产的改进建议,主要集中在两个方面,一是对于信托登记制度的改进,二是对于资产评估与税收制度的改进。

1.信托登记制度的改进建议

《信托法》第10条规定,设立信托,对于信托财产,有关法律、行政法规规定应当办理登记手续的,应当依法办理信托登记。未依照前款规定办理信托登记的,应当补办登记手续;不补办的,该信托不产生效力。根据该规定,如果委托人设立的家族信托是股权、土地使用权、房屋所有权等,需要办理信托登记,否则该信托不产生效力。信托登记的公示效力可以有效保护受益人,从而避免其他人对信托财产提出请求。

信托登记制度不是物权登记制度在信托领域的简单复制,其还具有体现信托财产独立性的独特价值。我国《信托法》虽然明确规定了应当办理信托登记,但是在实践的具体操作中,该规定不够明确,导致落实信托登记存在重重障碍。

首先,信托登记制度与物权登记的功能往往被混同,从物权法的角度来看,能够办理登记的财产种类非常有限,而能够作为信托财产的种类又非常多,这就造成了许多种类的信托被排除在信托登记范围之外。

其次,缺少独立的信托登记行政机关。实践中根据信托登记制度应该被登记的财产找不到对应的登记机关,而到物权登记机关登记的时候,因不属于物权登记的范围,往往被拒绝。

再次,申请信托登记的主体不明确,是由委托人还是受托人申请登记,这一方面缺乏明确的规定,实践中往往是双方协商,且只能依赖当事人的自觉去履行登记义务。

最后,登记的效力过于严格,忽视了信托的灵活性及效率,也使信托的私密性功能难以应用。信托制度最大的价值在于其灵活性及效率,如果仅仅因为不能满足登记的要求就使已经成立的信托归于无效,无疑大大影响了信托价值的发挥。同时,对于家族信托能够在海外盛行,私密性是其中一个很重要的原因,信托的私密性可以将家族财富隐藏于信托制度背后,从而达到保护家族财产私密性的目的。如果信托必须强制登记的话,无法保护设立信托的富裕企业家的隐私,这也是影响他们在中国境内设立信托积极性的原因之一。

在英美法系中,信托并没有强制登记制度。信托的当事人有权利选择是否进行信托登记,由他们自己选择灵活、效率、私密性的利益,或者牺牲以上利益来加强信托财产的独立性,以更好地实现信托的资产保障功能。建议我国日后在信托登记制度中,变更强制登记为当事人自由选择登记。

2. 资产评估与税收制度的改进建议

目前我国放入家族信托业务的主要财产类型是现金类或者债券、股票等现金等价物,之所以这些财产成为家族信托最主要的财产,还是因为金钱信托的设立以及这些信托财产在转移时相对来说不需要缴纳高额的税费。如果家族信托以房地产、股权等高价值资产作为信托财产,信托设立过程中委托人将信托财产转移给受托人时,需要进行资产评估并缴纳高昂的交易税费。而在信托期限终止时,受托人按照约定将信托财产转移给受益人时,有可能还需要再次缴纳税费。双重征税严重影响了信托收益,也增加了受托人的成本。

受托人虽然在法律上是信托财产的所有人,但无论是信托财产从委托人转移给受托人,还是受托人将信托财产转移给受益人,在整个过程中,受托人并没有直接获得任何基于受托财产产生的利益,但却要因此承担巨额税费,这对受托人来讲是极不合理的。而在实践中,受托人所要承担的税负,最终还是会转嫁由信托财产(实际也是委托人或受益人)来承担。双重征税的存在直接阻碍了家族信托在中国的快速发展。

英美法系国家对税收问题普遍采用实际控制的原则,即由财产的实际控制人缴纳各种税费,具体体现在信托的税收问题上。委托人在将信托财产转移给受托人的时候,由于受托人仅仅是名义上的所有人,并不对信托财产拥有实际的控制权,信托财产的实际收益实质上是由受益人掌握,这种情况下,需要承担纳税义务的是受益人。在信托期限结束,受托人将信托财产转移给受益人的时候,实质上该财产的控制权并没有发生转移,仅仅是名义上权利的转移。从纳税角度仅需按照实际控制原则征收即可,避免双重征税。在国内的纳税制度方面,建议参考实际控制原则。

综上所述,信托制度尤其是家族信托制度,在我国的发展时间较短,目前所面临的受托人、受托财产等问题从某种程度上制约了家族信托的进一步发展。为了更好地促进家族信托在我国的实践应用,从受托人的扩大化、受托财产转移的便利性上予以完善改进,将更符合这一法律制度存在的意义与价值。

五、在现行制度下律师如何协助设立家族信托

(一)注意家族信托的合法性要求,进行尽职调查

家族信托设立的一个基础为要求设立信托的委托人身份具有合法性、设立的信托资产具有合法性,否则信托设立后很容易被挑战其有效性。

1. 对委托人身份进行尽职调查

(1)委托人的国籍是否为中华人民共和国国籍。如果为其他国籍,则需要参考该国与传承、信托相关的法律,必要时需与该国律师进行合作。

(2)委托人的税收居民身份是否为中国税收居民。如果为其他国家和地区的税收居民,则需要参考该国家和地区与继承、税收相关的法律,考虑是否

需要进行跨境税务申报,必要时需与该国家和地区的税务师、律师进行合作。

(3)委托人的婚姻状况,这也关系到下述第二部分"审查委托人拟放入信托中的资产是否正当合法"。

(4)拟设立家族信托的委托人有子女参与其中的,需提供子女的出生证或户籍登记信息以证明子女关系。如果不能提供,建议提供具有资质的鉴定机构提供的合法有效的亲子鉴定报告。

(5)委托人负面信息审查,委托人的征信报告是否负面,是否存在纳税失信信息、失信被执行人信息、限制消费信息及其他个人失信信息等。委托人或其配偶(如有)是否存在被诉讼或被执行的情况,是否有相关裁判文书、被执行材料等。

(6)委托人的智力和精神状况是否正常,对于年龄较高或患有严重疾病的,需要委托人提供相关的医疗记录,并提示受托人要求委托人提供具有完全民事行为能力的文件。

2. 审查委托人拟放入信托中的资产是否正当合法

(1)信托财产如为金融资产的,需要查明该金融资产的来源是否合法,是否已经缴纳税款。如为金钱,则须查看银行账户存款余额证明、存折等;如为不动产则需查看不动产权证、买卖合同、支付凭证、完税凭证等;如为非上市公司股权、上市公司股票的,需查看公司章程、出资凭证、股东名册、证券账户信息等。

(2)委托人拟放入信托中的资产是否已经做出其他安排,如是否立遗嘱或是否设置其他信托等。

(3)委托人拟放入信托中的资产是否具有独立的处置权,如信托财产为夫妻共同财产或存在其他共有人等情况的,应要求委托人提供说明或其他共有人的同意证明文件。

(4)对委托人拟放入信托中的资产进行负面信息审查,查看该资产是否存在抵押、质押、冻结、查封等权利负担及转让限制的证明文件,该资产是否涉及诉讼或涉及行政处罚。

(二)家族信托方案内容

家族信托方案通常应包含信托目的、委托人、受托人、其他家族信托参与人、受益人安排、信托利益分配方案、信托财产类型、信托规模、信托财产投资运用决策权等内容:

（1）信托目的通常为财富传承、子女教育、养老、家族管理等，但禁止违反法律、行政法规或者损害社会公共利益。

（2）家族信托参与人，包括家族信托委托人、受托人、受益人（通常为委托人的子女、父母、配偶等家庭成员）、其他家族信托参与人（通常为家族信托的保护人、保管人、财务顾问、法律顾问等）。

（3）家族信托资产具体的财产类型、财产基本情况及处理建议。

（4）家族信托中资产配置的决策主体、决策流程、决策权变更等。

（5）家族信托中受益人的具体安排，包括受益人范围、受益人变更原则等；受益人利益分配方案，包括分配方式、分配频率、分配条件、分配金额等。

此外，通过与客户的沟通，对于家族信托方案设置安排比较复杂的，建议同时撰写"家族宪章"，并确定在未来信托运行中产生矛盾的处理原则，以应对未来的不确定性。

(三)律师办理家族信托业务的基本步骤

（1）律师与信托委托人进行沟通，初步了解信托委托人设立家族信托的目的、财产来源、期望家族信托达到的目的。

（2）律师事务所内部进行利益冲突审查，并将审查结果及时告知信托委托人。

（3）律师接受委托的，以律师事务所名义与信托委托人订立法律服务合同，就服务范围、律师费收取方式及金额、委托期限、承办具体事项进行约定。

（4）律师接受信托委托人的委托，进行尽职调查服务（包括家族财产与家族成员身份），与信托委托人确定尽职调查的目标、范围、方法和时限。完成尽职调查时，应当制作工作底稿，向信托委托人出具书面尽职调查报告。

（5）律师根据信托委托人设立家族信托的目的、信托财产类型、信托规模、信托财产投资运用方式等内容设计具体的家族信托实施方案。

（6）信托委托人对家族信托方案具体实施方案进行确定。

（7）律师协助委托人与受托人进行意向、合作等全流程沟通，确认家族信托方案的具体实施方式及步骤并推动实施。

（8）律师协助起草、修改、审核的内容包括但不限于风险声明书、家族信托合同、家族信托监察协议（如有）、家族信托保护人协议（如有），以及其他相关法律文件。

（9）家族信托设立后，律师可根据家族信托合同的约定担任信托监察人或信托保护人。

◆ 第二节 遗嘱信托

遗嘱信托是指自然人在设立遗嘱的时候，在遗嘱里指定受托人通过信托方式接受、持有、管理、处分遗产的意思表示。《信托法》第 13 条第 1 款也规定："设立遗嘱信托，应当遵守继承法关于遗嘱的规定。"《信托法》是 2001 年颁布施行的，而《继承法》是 1985 年颁布施行。当时的《继承法》中，根本没有任何遗嘱信托的概念。为了与《信托法》进行衔接，现施行的《民法典》继承编第 1133 条规定了遗嘱信托的相关内容——"自然人可以依法设立遗嘱信托"。虽然只是短短的一句话，但结合《信托法》和《民法典》继承编中有关遗嘱执行人的相关规定可以得知，设立遗嘱信托，必须同时符合《信托法》和《民法典》继承编的相关规定，二者缺一不可。而信托委托人、受托人、受益人同样缺一不可。在遗嘱信托中，信托委托人就是立遗嘱人；信托受托人可以是其中一位受益人（但唯一受益人不能担任受托人），可以是遗嘱执行人，也可以是立遗嘱人的亲朋好友或指定的其他自然人或法人；信托受益人可以是遗嘱人的法定继承人，也可以是其他受益主体，如遗嘱人的父母、子女、孙子女、亲密好友等。遗嘱信托基础架构见图 2－1。

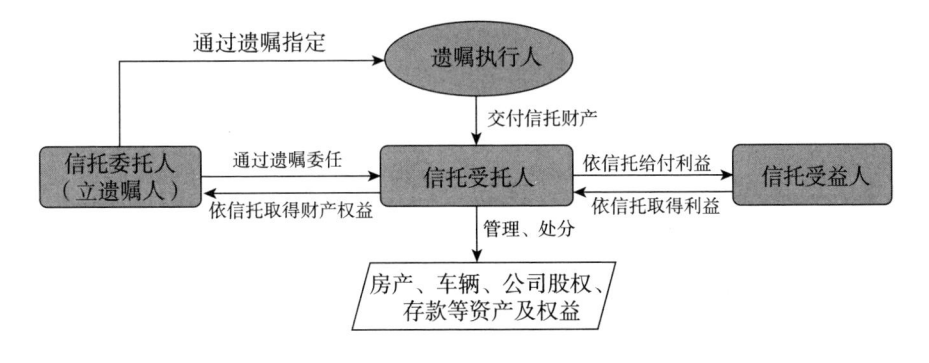

图 2－1 遗嘱信托基础架构

一、遗嘱信托的现实应用

(一)遗嘱信托的国外应用

戴安娜王妃与查尔斯王子于1992年分居,1996年解除婚约。之后,戴安娜王妃通过遗嘱的方式立下遗嘱信托。戴安娜王妃遗嘱信托的主要内容有:(1)指定遗嘱执行人和受托人为她的母亲和姐姐。(2)指定两个儿子的监护人也为母亲和姐姐。在有关儿子教育和福利的问题上,希望她的丈夫能咨询监护人。(3)关于财产管理,受托人自主决定投资方式,并在两位王子25岁生日时将财产平分给他们。(4)有关遗嘱执行人和受托人权利和限制等格式条款。

1997年8月,戴安娜王妃不幸离世。2002年,由于一起与此无关的案件,戴安娜王妃手写的一封《愿望信》被人发现。信中的内容与她之前设立的遗嘱的内容不同,愿望信内容包括:(1)将1/4的财产分给她的17名教子(每个教子可能分得31万英镑),剩下的3/4在两位王子30岁时平分;(2)将珠宝首饰分给两位王子未来的妻子;(3)挑选纪念品给17名教子。

遗嘱信托执行人和受托人均表示对此《愿望信》毫不知情,但对其真实性并不否认(笔迹确实是戴安娜王妃本人的)。教子们的父母要求遗嘱执行人和受托人履行《愿望信》的分配义务,但是遭到拒绝。

遗嘱执行人和受托人为保护两个王子的利益,向遗嘱认证法院申请裁定,法院最终支持了遗嘱执行人和受托人的意见。

法院认为,根据英国《受托人法》和相关法律,受托人有权按照委托人的意愿管理信托财产。这种权力不仅对外有效,对委托人本人也是有效的。委托人不能通过手写信的方式来处置如此巨额的财产,《愿望信》中也没有使用英国法律规定的方式和法律语言剥夺受托人的自主权。所以,法院准许受托人无视这封《愿望信》。

同时,法院也允许执行人和受托人对遗嘱的矛盾部分作出一些修改,同意:(1)将信托利益分配日改为两个王子30岁生日时,以有助于他们的成长;(2)同意将珠宝首饰在两个王子结婚时赠与他们的配偶;(3)同意挑选纪念品给17名教子。

根据英国媒体推测,戴安娜王妃离世时(1997年)的财产约2100万英镑。经过17年的经营,信托收入很可能超过2500万英镑(4.7%的收益率)。在扣除各种税费之后,两位王子在年满 30 岁之后可以获得超过 1000 万英镑的遗产,两位王子最终收到的遗产比王妃刚去世时翻了一番。[1]

戴安娜王妃设立的遗嘱信托,使她的巨额财富能定期、定量传承给两位王子,防止了当巨大财富一次性交由孩子时,因孩子年幼而无法驾驭财富,出现挥霍、被骗财产等情形。此外,财富由专业人士进行投资、管理,死后仍能实现财富增长。最后,可以将财富或特定资产定向照顾到想照顾的人,甚至包括设立遗嘱信托时仍未确定的人,实现更个性化的传承。但是,由于戴安娜王妃设立遗嘱信托后,未通过专业形式变更其意愿,或是未及时撤销非真实意愿的行为,也导致设立的遗嘱信托遭受挑战,引发了不必要的纷争以及财富流失。

(二)遗嘱信托的国内应用

国内较为知名的信托案件是被誉为"中国境内遗嘱信托第一案"的继承纠纷。[2] 2014 年 11 月 23 日,李某 4 曾写下自书遗嘱一份,其中提及设立"李某 4 家族信托基金"。2015 年 8 月 1 日,李某 4 写下亲笔遗嘱一份,遗嘱内容如下:

(1)财产总计:①元普投资 500 万元(月月盈)招商证券托管;②上海银行易精灵及招商证券约 500 万元;③房产:金家巷、青浦练塘前进街、海口房产各一套。

(2)财产处理:①在上海再购买三房两厅房产一套,该房购买价约 650 万元,只传承给下一代,永久不得出售(现有三套房产可出售,出售的所得并入李某 4 家族基金会,不出售则收租金);②剩余 350 万元资金、房产出售款项(约 400 万元)、650 万元房产和其他资产共计约 1400 万元,成立"李某 4 家族基金会"管理。

(3)财产法定使用:妻子钦某某、女儿李某 2 每月可领取生活费 1 万元整(现房租金 5000 元,再领现金 5000 元),所有的医疗费全部报销,买房之前的房租全额领取。李某 2 国内学费全报。每年钦某某、李某 5、李某 6、李某 7 各从基金领取管理费 1 万元。妻子和女儿、三兄妹(李某 5、李某 6、李某

---

[1] 参见《去世前四年就立下遗嘱!从戴安娜王妃遗嘱信托看财富传承!》,载华美优胜海外投资网 2018 年 6 月 15 日,https://www.hminvestment.com/QuestionDetails/16732。

[2] 参见上海市静安区人民法院民事判决书,(2020)沪 0106 民初 30894 号。

7)医疗费自费部分报销一半(住院大病)。

(4)若以后有补充,修改部分以日后日期为准。财产的管理由钦某某、李某5、李某6、李某7共同负责。对于新购650万元房产,钦某某、李某2、李某1均有权居住,但不居住者不能向居住者收取租金。

2015年8月11日,李某4病逝。李某4病逝后,李某4的继承人们因遗产分配等问题产生纠纷并诉至法院,经一审、二审程序,历时四年,尘埃落定。

一审、二审法院均认为:

(1)李某4的遗嘱内容,不是对遗产进行分割,而是将遗产作为一个整体,由第三方即李某4家族基金会进行管理。李某4还对部分财产的用途指定了受益人,明确了管理人的报酬,并明确阐明购买房屋的目的"只传承给下一代,永久不得出售",即要求实现所有权和收益权的分离。因此,李某4的意思表示符合信托的法律特征,应当认定为李某4希望通过遗嘱的方式设立信托,实现家族财富的传承。且李某4所设立的该遗嘱信托,既符合遗嘱的法定形式要件,不存在遗嘱无效情形;也符合《信托法》的相关规定,具备信托的必备要素,因此,该遗嘱信托是合法有效的。该遗嘱指定的遗嘱执行人和信托受托人是李某5、李某6、李某7,其应按照法律规定以及判决确定的遗嘱内容履行受托人义务。因钦某某已明确拒绝,故不再列其为遗嘱执行人、管理人和受托人。

(2)关于应纳入遗嘱信托的财产,其中李某4位于上海的两套房产属于公有住房,无法纳入遗嘱信托范围;且李某4的遗产中,部分属于夫妻共有财产,应析出后再行纳入遗嘱信托。

(3)本案的银行账户和证券账户内资金直接交由受托人管理;由于部分资产无法过户和交付至受托人,故本案的海南房产、车辆及未出售的有价证券由李某1折价购买,李某1享有上述财产所有权,并将折价现金款项直接转给受托人,由受托人进行管理。本案的所有继承人、受托人互相配合办理资产过户手续。

依据李某4设立的遗嘱,其设立的遗嘱信托基本架构见图2-2。

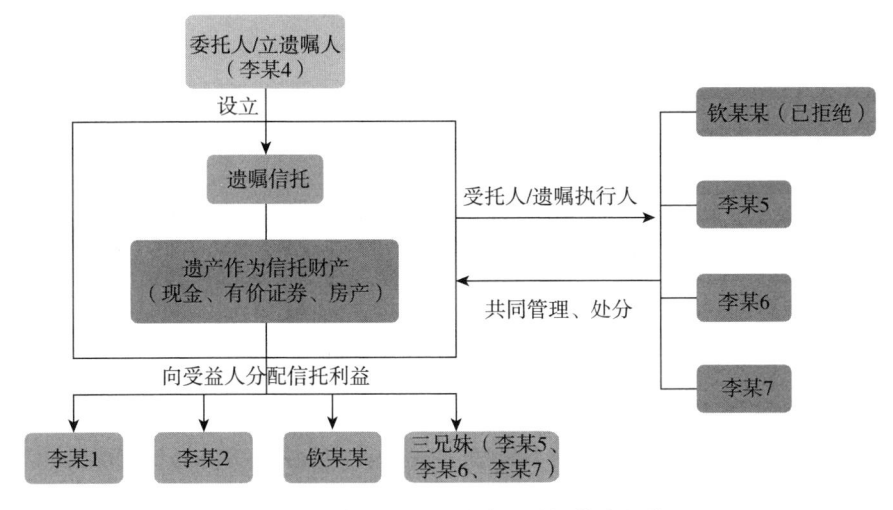

图 2-2　李某 4 设立的遗嘱信托基本架构

本案被誉为"中国境内遗嘱信托第一案"当之无愧。本案一审及二审法官,均分别从继承法及信托法的角度来阐释遗嘱信托成立并生效的相关要求,并对受托人的地位也予以认可并确认。同时,也巧妙地避开了关于部分信托资产难以过户的问题,为我国遗嘱信托中资产的执行和管理提供了新思路。

二、遗嘱信托的优越性

通过以上两个遗嘱信托在国内外的具体应用,再对比现行常用的传承法律工具,如遗嘱、遗赠、保险、家族信托等,我们不难看出遗嘱信托的灵活度更高、门槛更低、可装入的财产更加丰富,使立遗嘱人对财产的掌控力更强,是家企财富传承的宝藏利器。

(一)对财产的持续控制与保值增值

在实务中,常存在遗产继承人不具备足够的管理能力,不适合直接管理遗产的情况。设立遗嘱信托,通过引入信托架构,将遗产交由管理机构或者有管理能力的人进行管理,而不直接由继承人控制,一方面可以有效避免财产的挥霍浪费,破除"富不过三代"的魔咒;另一方面也能最大限度地实现财富的持续传承,实现财富保值、增值。因此,遗嘱信托也经常被比喻为"从坟墓里伸出来的手",即立遗嘱人可以通过遗嘱信托,将遗产按照其遗愿,在生前即做好相应的规划与安排。前述提及的戴安娜王妃所设立的遗嘱信托,就成功地实现了财富持续控制和保值增值的功能。

(二)对财产的安全隔离

依据《信托法》的规定,信托财产既独立于委托人未设立信托的其他财产,也独立于受托人的固有财产,同时受益人只能受益,并不享有信托财产的所有权。因此,相较于遗嘱,当遗嘱信托生效后,无论是受托人或受益人,因他们的婚姻、继承、破产、债务、税负以及失能等方面所带来的风险,都将隔离于信托财产之外。而根据遗嘱继承或者法定继承,一旦继承人或受遗赠人接受了遗产,就成为他们的个人财产,存在随着继承人或受遗赠人的人身或财产关系的变动而减值甚至消耗殆尽的风险。[1]

(三)对财产的自由、灵活处置

从设立方式上看,遗嘱信托的设立是最为便捷的,仅需要立遗嘱人自行设立符合法定形式要件的遗嘱即可,甚至可以如"中国境内遗嘱信托第一案"中的李某4一样,随时设立自书遗嘱一份。而且,立遗嘱人还可以根据个人意愿、财产实际情况、继承人或受遗赠人的孝顺程度等随时更新自己的遗嘱信托,撤销原有分配意愿,以真正实现个人财富按照个人最真实的意愿来进行传承。

从对财产的处置上看,一旦将财产放入保险、家族信托中或设立了提前赠与,委托人要取回财产的所有权和控制权需要经历一番波折。而对于委托人来说,财产有可能需要随时用于流通、投资、应急等需要,亦不希望将财产提前交付给子女而造成子女的负担。遗嘱信托在委托人去世后才发生效力,因此完美地解决了委托人在财产处置和传承子女上的双重担忧。

从财产的传承上看,遗嘱信托可以完美解决受遗赠人需要在指定时间接受遗赠否则视为放弃遗赠的问题,立遗嘱人可以更加放心地将财产传承给自己的孙辈、兄弟姐妹等,甚至可以指定连续传承,将资产永续传承至曾孙辈、曾曾孙辈等。此外,立遗嘱人亦可以将财产传承给具有特定身份而尚未明确之人,如戴安娜王妃将其珠宝首饰留给两位王子未来的王妃。

(四)容纳度、费用与信任优势

相较于保险、家族信托而言,遗嘱信托还具有以下不可比拟的优越性。

---

[1] 参见朱楚欣、陈希:《民法典 | 家企财富传承宝藏工具:遗嘱信托》,载微信公众号"盈科深圳律师事务所"2020年6月15日,https://mp.weixin.qq.com/s/3fwqhay1Qz4OAaelJmhFJw。

（1）购置保险必须以现金购买，不仅对现金的需求度较高，有可能还有最低资金的要求。此外，由于现行法律和行政制度的限制，绝大多数以信托公司作为受托人的家族信托更愿意接受现金，而对于珠宝、名画、公司股权、不动产等，则有更高的要求，设立成本也更高。而遗嘱信托中可以放入任何属于委托人的合法财产，不存在任何限制，亦无任何价值高低的要求。

（2）如前所述，除需要专业人士设计遗嘱文本外，设立遗嘱信托几乎无须其他高昂费用，也无须变现现有资产产生耗费。因为受托人可以是自己的亲朋好友，所以受托人的管理费也可以设定得十分灵活。

三、遗嘱信托的现实困境及突破

从宏观政策层面来看，国家亦支持探索遗嘱信托制度。从中国公证协会 2016 年 1 月 29 日发布的《中国公证协会关于发挥公证职能作用、服务"十三五"经济社会发展的意见》中提及要"引导当事人积极运用公证手段进行财产传承（遗嘱信托公证）"，到深圳市民政局于 2016 年 11 月 29 日发布的《深圳市养老服务业发展"十三五"规划》中提出"支持、鼓励信托公司、商业银行等探索创新养老信托、养老理财、养老融资、养老储蓄等新业务模式及其管理机制，采用信托模式管理养老保险基金和养老资产，包括养老资金信托、养老财产信托（养老资产信托）和遗嘱信托等"，再到司法部于 2017 年 7 月 5 日发布的《司法部关于进一步拓展创新公证业务领域更好地服务经济社会发展的意见》中鼓励各公证处"拓宽传统婚姻家庭公证业务，开展家庭理财、资产管理、财富传承等公证法律业务，创新开展家庭财产分割、绿色继承、意定监护、遗嘱信托、养老保险反向抵押公证等公证业务"，无一不透露出遗嘱信托将在我国积极发展并应用。

但是，无论是我国现行法律的规定，还是国家政策，对遗嘱信托的很多具体操作和衔接还未通过发布实施细则给予指导和引导，导致遗嘱信托在真正的执行中还是会产生一系列的障碍。

（一）信托财产登记制度的障碍

我国《信托法》第 10 条明确规定："设立信托，对于信托财产，有关法律、行政法规规定应当办理登记手续的，应当依法办理信托登记。未依照前款规定办理信托登记的，应当补办登记手续；不补办的，该信托不产生效力。"但是如本章第一节"家族信托"中所述，《信托法》自 2001 年颁布实行至今已超过20年,信托登记与转移仍存在实操困难,给遗嘱信托的效力、执行和实现带来不小的质疑与难度。

信托财产无法转移和登记的障碍,也容易引发以下现实问题:无法隔离债权人的保全与查封、无法阻止个别继承人的侵占或挥霍、受托人无法尽力运用财产进行保值增值……这些问题着实降低了遗嘱信托和财产的效用。

(二)同为遗产和信托财产,税收征收的障碍

为满足信托财产应当进行转移登记的要求,就会不可避免地产生税负的问题,但当前税务部门并未出台任何与信托登记和转移相对应的税收征收和优惠政策。

遗嘱信托会发生三次财产转移:遗嘱信托生效后,遗产从遗嘱人名下先转移至受托人处;遗嘱信托存续中,信托利益分配并转移至受益人处;以及遗嘱信托终止后,信托财产从受托人处转至受益人处。根据现行税收制度,每次财产的转移,均应缴纳相应的税款,而针对同一财产进行多重缴税,无疑也增加了受益人取得受益权的税务成本,加大了遗嘱信托的费用成本。

(三)遗产管理与信托管理、继承人与受托人间的衔接与沟通障碍

《民法典》继承编明确建立了遗嘱管理人制度,即遗嘱生效后,遗产管理人负责管理和协助分配遗产。遗嘱设立了遗嘱执行人的,遗嘱执行人为当然的遗产管理人;若未设立的,则需要继承人推选或共同担任;无人继承的,则由遗嘱人生前住所地的民政部门或者村民委员会担任遗产管理人。

遗嘱信托的有效执行,离不开遗产管理人和继承人充分配合和协助。信托财产的管理和处分,需要遗产管理人和继承人将遗产及时交付至受托人处。继承人通常事实上掌控着遗产,如出现多位遗产管理人意见不一,或部分继承人对遗嘱信托予以否认并霸占遗产时,均会出现遗产无法及时交付至受托人,导致遗嘱信托迟迟无法发挥效用的情形。

(四)突破

前述介绍的"中国境内遗嘱信托第一案"中,法院根据财产的实际情况巧妙地解决了上述障碍。为便于执行,法院对于信托财产进行了分类:对于可随时流动的现金资产,则直接转入受托人名下;对于房产、车辆及未出售的有价证券,则指令由其中一位受益人折价购买,受益人将相应的现金对价转给受托人作为信托财产。最终,实现便于受托人管理现金资产的目的,并降低了信托财产转移登记而产生的税负。

该案例将遗产所有权和受益权分离的处理思路,为当前制度下遗嘱信托的执行提供了思路,但是仍未能从根本上解决上述障碍。因为该方案的成功实施,依赖于遗产管理人、继承人与受托人间的和平衔接与沟通,亦需要取得遗产所有权之人有较好的资金能力。

四、现行制度下,律师如何协助设立遗嘱信托

根据招商银行与贝恩公司联合发布的《2019 中国私人财富报告》,可投资资产在 1000 万元以上的中国高净值人群数量已达 197 万人,坐拥 61 万亿元人民币资产;可投资资产超过 1 亿元人民币的超级富豪共有 17 万人。鉴于遗嘱信托对于家族财富传承、财产隔离的独特功能,遗嘱信托的广泛运用指日可待。

而遗嘱信托在法律上的要求,天然需要律师的参与和协助。那么,在现行法律制度下,律师如何协助设立合法有效的遗嘱信托?笔者提出以下建议,仅供参考。

(一)注意遗嘱信托的基本要求,绕开基本雷区

1. 不能以口头遗嘱、录音录像遗嘱设立遗嘱信托,避免信托无效争议

设立遗嘱信托,需要同时符合我国《信托法》和《民法典》及司法解释中有关继承的法律规定。我国《信托法》第 8 条第 1 款规定,设立信托,应当采取书面形式。我国遗嘱有六大法定形式:自书遗嘱、代书遗嘱、打印遗嘱、录音录像遗嘱、口头遗嘱、公证遗嘱。结合《信托法》的规定,遗嘱信托不能以口头遗嘱、录音录像遗嘱的方式进行设立,必须通过自书、代书、打印、公证遗嘱之一的方式进行。而自书、代书、打印、公证遗嘱的设立,必须严格遵循《民法典》及司法解释中有关继承的相关规定,对于遗嘱内容的书写、见证人的资格与选任、见证过程等,都必须严格把关。

2. 提前规划受托人选任方案或签署《信托协议》,避免信托迟迟不能成立和受托人选任争议

根据我国《信托法》第 8 条第 3 款的规定,采取信托合同之外的其他书面形式设立信托的,受托人承诺信托时,信托成立。该法第 13 条第 2 款亦规定,遗嘱指定的人拒绝或者无能力担任受托人的,由受益人另行选任受托人;受益人为无民事行为能力人或者限制民事行为能力人的,依法由其监护人代行选任。遗嘱对选任受托人另有规定的,从其规定。

基于此,虽然遗嘱信托不会出现无人受托而无法成立的现象,但当遗嘱指定的受托人拒绝或者无能力担任时,各受益人对受托人的选任就有可能产生争执,导致信托在受托人选任期间迟迟不能成立、信托财产不能及时得到管理和分配的情形。

为有效解决上述问题,建议律师在办理遗嘱信托业务时,必须充分提示受托人选任风险,根据遗嘱人的意愿,在遗嘱中提前确认受托人的选任方案,让受益人可以遵照执行。同时,由遗嘱人和选定的受托人提前签署《信托协议》,明确受托人的受托承诺,甚至可以详细约定受托人的职责,提高遗嘱信托的执行效用。

(二)区分不同需求的客户,设立不同的遗嘱信托方案

遗嘱信托并非富人专属。可以说,遗嘱信托的推行,正是为了让普通人也能有实现财富有效管理和传承的路径,更是为了化解特殊人士对于特殊人群的传承担忧。

对于拥有普通资产量的人而言,财富增值并非第一需求,财富能够由其受益人顺利取得并使用,以及实现财富保值,才是其最为看重的。通过遗嘱信托,遗嘱人可以对遗产进行个性化的受益安排,避免存在特殊情况的受益人的继承权利受到侵害,避免受益人取得的遗产受到他人的控制和影响,保证受益人的生活能安逸无忧。对于此类当事人,受托人可以是遗嘱人最信任的亲属、朋友;信托利益和信托财产的分配安排,可以设定为分期给付,并于到达一定年限之后再交付给受益人。因此,此类当事人设立遗嘱信托的基本文件,以《遗嘱》《信托协议》为主即可。

对于家族资产量巨大的人而言,其财富管理和传承的需求是复杂和多样的,既需要财富保值增值,更需要财富顺利传承至下一代乃至千秋万代,其对资产的管理要求会更高。因此,针对此类高净值当事人,遗嘱信托只是其财富管理和传承的工具之一,必须根据其财富的类别以及家族人员的实际情况,制定全面的财富管理与传承方案。因此,家族信托、保险、保险金信托、《遗嘱》《信托协议》《夫妻财产约定协议》《授权书》《意定监护协议》《遗嘱执行协议》《监督人协议》《共有协议》等传承工具和法律文件,亦应纳入考量之中。

(三)律师办理遗嘱信托业务的基本步骤

笔者根据自身的办案经验,总结出律师办理遗嘱信托业务应当遵循的

步骤,以供读者参考:

(1)与遗嘱人进行充分而有效的沟通,充分了解、挖掘遗嘱人的真实意愿;

(2)评估遗嘱人的身体状况和基本情况,确认其适宜设立的遗嘱形式;

(3)评估受托人的受托能力、与遗嘱人的关系等基本情况,向遗嘱人充分提示受托人的权责,必要时与受托人进行正面沟通;

(4)全面了解遗嘱人的所有法定继承人及意定继承人的基本情况;

(5)根据前述了解的情况,制作《大事记》《家庭关系图》《人物情况明细表》等文件;

(6)全面梳理遗嘱人的所有财产,梳理适宜和计划放入遗嘱信托的财产,注意剥离和处理夫妻共同财产、其他共有财产、代持资产等特殊财产情况,制作《资产明细表》;

(7)根据前述了解的情况,为遗嘱人制定初步的《财富传承及遗嘱信托方案》,必要时应当配套保险、家族信托、保险金信托、《信托协议》、《夫妻财产约定协议》、《授权书》、《意定监护协议》、《遗嘱执行协议》、《监督人协议》、《共有协议》等传承工具使用;

(8)再次与遗嘱人充分沟通,根据初步的《财富传承及遗嘱信托方案》确定最终的实施方案;

(9)协助遗嘱人设立遗嘱信托及其他传承文件;

(10)定期询问遗嘱人或相关人员,了解并掌握遗嘱的更新、实施情况。

◇ 第三节 慈 善 信 托

2016年颁布实施的《慈善法》第44条明确规定了慈善信托的概念,即"本法所称慈善信托属于公益信托,是指委托人基于慈善目的,依法将其财产委托给受托人,由受托人按照委托人意愿以受托人名义进行管理和处分,开展慈善活动的行为"。2017年7月7日,原中国银监会、民政部颁布实施的《慈善信托管理办法》再一次对慈善信托的概念进行明确。而《信托法》第62条第1款规定,公益信托设立和确定其受托人,应当经有关公益事业的管理机构批准。第64条第1款规定,公益信托应当设置信托监察人。由此可知,设立慈善信托,必须有信托委托人、信托受托人、信托受益人及信托监察人四个角色。信托委托人基于慈善目的设立信托,信托受托人应当取得公益事业管理机构的批准,信托受益人不能是与信托委托人或信托受托人具有利害关系的人,信托监察人用于维护受益人的利益。

慈善信托基础架构见图 2-3。

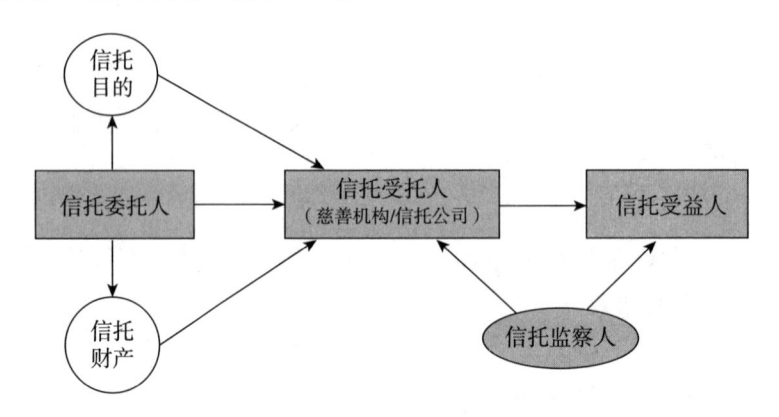

图 2-3 慈善信托基础架构

一、我国慈善信托的基本特征

慈善信托起源于英国,但我国的慈善信托仍具有中国特色。主要表现在以下几个方面。

(一)我国的慈善信托强调以慈善为目的,与其他国家兼具私益目的的慈善信托具有显著的区别

以公益慈善为目的是慈善信托的首要特征。而慈善目的需要通过慈善活动来实现,根据《慈善法》的规定,慈善活动指自然人、法人和其他组织以捐赠财产或者提供服务等方式,自愿开展的扶贫、济困、扶老、救孤、恤病、助残、优抚、救助突发事件造成的损害等方面的公益活动。

(二)慈善信托以不特定社会公众为受益人,不得指定特定受益人

若慈善信托的委托人指定特定受益人,就不存在所谓的公益性,而是带有一定私益性质的救助。

(三)慈善信托备案制度

根据规定,受托人应当在慈善信托文件签订之日起 7 日内,将相关文件

向受托人所在地县级以上人民政府民政部门备案。未按照规定将相关文件报民政部门备案的,不享受税收优惠。

(四)享受税收优惠政策

根据《慈善信托管理办法》的相关规定,慈善信托的委托人、受托人和受益人按照国家有关规定享受税收优惠。

二、慈善信托的现实应用

(一)国内慈善信托现状

《2021年度慈善信托研究报告》内容显示,自《慈善法》2016年9月实施以来,五年累计备案的慈善信托数量达633单,财产规模达34.87亿元。2019年、2020年受脱贫攻坚和抗击疫情需求推动,慈善信托备案数量保持了高速增长,但随着脱贫攻坚战取得全面胜利,新冠疫情得到有效控制,2021年慈善信托备案数量回归到正常增长区间,目前我国慈善事业总体上处于蓬勃发展的阶段。

(二)慈善信托的成功案例——"政府委托+慈善组织受托"

2018年1月30日,"大鹏半岛生态文明建设慈善信托"在广东省民政厅成功备案,该慈善信托是全国首个以"政府委托+慈善组织受托"为设立模式的慈善信托。其中,深圳市大鹏新区管理委员会作为委托人,首期出资1000万元,委托深圳市社会公益基金会担任受托人,信托监察人为自然人。信托目的为推动大鹏半岛生态文明建设。该信托在传统专项基金的运作基础上加入了慈善信托模式,使政府引导资金具有更强的独立性和安全性,实现更加灵活使用资金和更加有利于保值增值的制度安排。以信托模式保证提供更优质、更专业的受托服务,这也是《慈善法》建立慈善信托制度体系在实践中的价值体现。同时,依托具有公开募捐资格的深圳市社会公益基金会设立专项基金,以较高的社会公信力、透明指数、专业募捐能力,通过开展企业资源对接会、线上线下联合募捐、项目化定向捐赠等公益合作模式,广泛动员关注大鹏半岛生态文明建设的企业、民众、基金会等社会各界力量共同参与。

该慈善信托案例明确了政府作为机关单位可以作为慈善信托委托人,委托具有公开募捐资格的慈善组织即基金会作为受托人,由受托人按照委托人意愿,以受托人名义进行管理和处分,开展慈善活动。但需要注意的是，基金会在受托过程中进行公开募捐的资产是否归为信托财产有待进一步探讨。根据《慈善法》的规定，慈善信托本身不具有公开募捐的资格，因基金会作为受托人的同时，也作为具有公开募捐资格的慈善组织，其以慈善组织名义进行公开募捐的财产属于捐赠财产，并可以就该财产设立慈善信托。如需将该募捐的财产作为信托财产，则慈善组织将变为委托人，同时也是受托人。

三、慈善信托的优越性

（一）慈善信托财产安全独立，有效实现财产隔离

委托人一旦将捐赠的财产交付至受托人后，该捐赠财产所有权即视为转移至受托人，该财产独立于委托人的财产，也独立于受托人的固有财产，受托人不能将捐赠的财产转为其固有财产，其他组织、个人也不能以任何目的私分、挪用、截留或者侵占该捐赠财产。受托人需要依据慈善信托合同约定管理信托财产，并根据合同条款的规定将收益转移给符合资格的受益人。

（二）投资选择灵活多样，设立门槛低

慈善信托在设立过程中对规模、类别、期限和运用方式可进行灵活选择和个性化安排，委托人捐赠财产也不仅局限于现金，还可以是动产、不动产或者其他财产性权利，如房产、股权、艺术品等，如在"光信善·蓝帆医疗实物救援慈善信托"中，蓝帆医疗股份捐献100万只医疗级防护手套作为慈善信托资产，用于武汉及北京的疫情防控工作。该种慈善信托没有资金设立门槛，也不需要配备专职工作人员和固定住所，更容易复制和推广。

（三）监督机制健全，公信力较高

《信托法》第64条第1款规定，公益信托应当设置信托监察人。《慈善信托管理办法》第11条第2款规定，监察人对受托人的行为进行监督，依法维护委托人和受益人的权益。监察人发现受托人违反信托义务或者难以履行职责的，应当向委托人报告，并有权以自己的名义向人民法院提起诉讼。慈善信托有别于其他类型的信托，以法律规定的形式设立信托必须设置监察人，监察人独立于委托人、受托人和受益人，通过该制度保证了捐赠财产切实用于信托文件中规定的以慈善为目的的受益人。《信托法》第62条第1款规定，公益信托的设立和确定其受托人，应当经有关公益事业的管理机构批准。慈善信托所特有的登记制度，在有效地保证了慈善信托真实性的同时还要接受民政部门等公益事业相关的政府部门的监督,透明度和公信力都得到了保障。

四、慈善信托面临的困境与不足

2014年11月发布的《国务院关于促进慈善事业健康发展的指导意见》指出,"鼓励设立慈善信托,抓紧制定政策措施,积极推进有条件的地方开展试点"。我国的《信托法》《慈善法》《信托公司股权管理暂行办法》《信托公司管理办法》《关于鼓励信托公司开展公益信托支持灾后重建工作的通知》《民政部、中国银行业监督管理委员会关于做好慈善信托备案有关工作的通知》《慈善信托管理办法》《慈善组织信息公开办法》《慈善组织保值增值投资活动管理暂行办法》等法律法规为慈善信托的发展提供了制度的保障,但仍存在许多不足。

(一)未平衡处理信托公司和慈善组织地位

信托财产投资范围的规定倾向于信托公司,而非慈善组织。《慈善信托管理办法》第30条规定:"慈善信托财产运用应当遵循合法、安全、有效的原则,可以运用于银行存款、政府债券、中央银行票据、金融债券和货币市场基金等低风险资产,但委托人和信托公司另有约定的除外。"此处属于对信托财产的投资方向作出的更为明确的限定,其中除外规定也并未包含同样作为受托人的"慈善组织"。但是《慈善法》并未具体规定慈善组织财产的投资方向,而是笼统规定了一些原则性限制,然后授权民政部门出台具体办法予以落实。由此导致慈善组织作为受托人时信托财产的投资方向不明确,在实践中很难操作。

(二)慈善组织开立"慈善信托资金专户"存在障碍

通过在全国慈善信息公开平台查询,截至2022年10月31日,共有1006个慈善信托备案数据,财产总规模合计443,361.46万元。但以慈善组织即基金会形式为唯一受托人的慈善信托却屈指可数,大部分由信托公司作为唯一受托人,小部分以信托公司和慈善组织作为共同受托人。为什么实践中信托公司作为受托人的案例远多于慈善组织?除慈善信托自带"信托"专业优势的原因外,更主要的原因是《关于做好慈善信托备案有关工作的通知》(民发〔2016〕151号)中明确规定,慈善信托备案必须提供"开立慈善信托专用资金账户证明",但是由于账户开立的管理规定由央行制定,没有央行的专门配套文件,慈善组织在商业银行开立"慈善信托专用资金账户"存在一定障碍,从而导致无法备案。

(三)信托财产公示制度仍然缺失

如本章第一节"家族信托"中所述,实践中不动产登记制度和股权登记制度中均未能明确信托登记的具体规则,使以非货币财产设立信托困难重重,在一定程度上限制了能够设立慈善信托的财产范围。

五、律师如何提供慈善信托服务

(一)律师代理慈善信托法律业务操作流程

(1)律师与信托委托人进行沟通,初步了解信托委托人设立慈善信托的目的、财产来源、期望慈善信托达到的效果;

(2)律师事务所内部进行利益冲突审查,并将审查结果及时告知信托委托人;

(3)律师接受委托的,以律师事务所名义与信托委托人订立法律服务合同,就服务范围、律师费收取方式及金额、委托期限、承办具体事项等进行约定;

(4)律师接受信托委托人的委托,为慈善信托提供法律尽职调查服务,与信托委托人确定尽职调查目标、范围、方法和时限,完成尽职调查时,应当制作工作底稿,向信托委托人出具书面尽职调查报告;

(5)律师根据信托委托人设立慈善信托的目的、信托财产类型、信托规模、信托财产投资运用方式等内容设计具体的慈善信托实施方案;

(6)信托委托人对慈善信托具体实施方案进行确定;

(7)律师协助委托人与受托人进行意向、合作等全流程沟通,确认慈善信托方案的具体实施方式及步骤并推动其实施;

(8)律师起草包括但不限于风险申明书、慈善信托合同、慈善信托监察协议,以及其他相关法律文件;

(9)相关文件签署后,律师以信托委托人的名义向设立慈善信托当地的地方政府民政部门申请备案登记;

(10)慈善信托设立后,律师可根据慈善信托合同的约定担任信托监察人,维护慈善信托受益人的利益;

(11)慈善信托设立后,律师可担任慈善信托的法律顾问,对慈善信托运行过程中的相关法律问题提供相关法律意见及建议。

(二)慈善信托备案流程

受托人应当在慈善信托文件签订之日起7日内,将相关文件向受托人所在地县级以上人民政府民政部门备案。未按照前款规定将相关文件报民政部门备案的,不得享受税收优惠。因此,如何准备好文件并提交至指定部门不仅是程序上的要求,还将影响到慈善信托相关人员(如捐赠人)是否能享受税收优惠。以深圳市为例,慈善信托需要向深圳市民政局进行备案,当事人可以根据实际需要采取线上或者线下的方式进行备案。

无论是线上还是线下办理备案,提交的材料是一致的,如备案申请书、信托财产合法性的声明、担任受托人的信托公司的金融许可证、慈善组织准予登记或予以认定的证明、信托合同、遗嘱或者法律和行政法规规定的其他书面信托文件等。其中,需要申请人注意的是信托合同,信托合同可以采取备案部门的版本,也可以由合同当事人根据实际情况协商确定,但是建议在备案前咨询备案部门的意见。

(三)慈善信托备案常用文件

1. 慈善信托合同

慈善信托合同应列明信托名称和信托目的,委托人、受托人、保管人、受益人,慈善信托的管理,信托规模及信托财产的交付,信托成立及生效,信托期限,信托财产的构成,信托财产的管理、投资范围及风险控制,信托财产支出信托税费,委托人的权利和义务,受托人的权利和义务,信息披露,信托的终止及清算,风险揭示与风险承担,违约责任等条款。

该合同的注意事项包括:

(1)受益人为不与委托人、受托人及其关联方存在直接利益关联或其他利害关系的不特定主体。

(2)可以设置信托的项目管理人并约定其权利义务。同时为保障项目管理人正确行使权利,可设置监督管理委员会并约定其产生规则、议事规则等内容。

(3)如经信托委托人同意,其他认同信托目的和管理制度的自然人或法人可以按照合同的约定追加交付信托资金,成为新增委托人。

(4)目前慈善信托需要在民政部门完成备案登记手续。

(5)可以约定根据诚实、信用、谨慎、有效管理等原则,对信托财产进行投资、管理和运用。

2. 慈善信托监察协议

慈善信托监察协议应列明委托事项、各方权利义务、监察人报酬、工作费用、争议解决、协议期限等内容。

该协议的注意事项包括：

(1) 在实践中，慈善信托监察协议可以由委托人及监察人两方签订，也可以由委托人、受托人、监察人三方签订，可灵活运用，并根据当地备案部门的要求进行。

(2) 目前实践中不收取费用的居多，另外建议与慈善信托备案部门提前联系，有些部门对监察人报酬有要求，数额不能过高。

3. 慈善信托备案申请书

列明监察人姓名(名称)、慈善信托名称、慈善信托目的、信托财产等。

4. 信托财产合法性声明

5. 银行账户信息证明

◇ 第四节　保险金信托

保险金信托是连接保险与信托的一项创新金融服务，是近几年在家族财富传承中用得较多的一种信托工具，2022年10月10日下发的《关于调整信托业务分类有关事项的通知》，将信托业务分为资产管理信托、资产服务信托、公益/慈善信托三大类。其中，资产服务信托按照服务的具体内容和特点，可分为：(1) 行政管理受托服务信托；(2) 资产证券化受托服务信托；(3) 风险处置受托服务信托；(4) 财富管理受托服务信托。其中，财富管理受托服务信托按照服务内容及对象的不同可分为：(1) 家族信托；(2) 保险金信托；(3) 遗嘱信托；(4) 特殊需要信托；(5) 其他个人财富管理信托等。该通知将保险金信托定义为："单一委托人将人身保险合同的相关权利和对应的利益作为信托财产，当保险合同约定的给付条件发生时，保险公司按照保险约定将对应资金划付至对应信托专户，由信托公司按照信托文件管理。"

保险金信托的具体过程是投保人先与保险公司签订保险合同，待保单犹豫期过后，将保单的受益人变更为信托公司。同时，投保人作为信托委托人与信托公司签订信托合同，将保险单作为信托财产，约定未来的保险金直接进入信托账户。信托公司根据与委托人(保险投保人)之间信托合同的约定,对保险金进行管理、运作,并按照收益分配方案将保险金及收益分配给信托受益人。目前,我国有意设立保险金信托的高净值客户主要存在如下几个财富传承诉求。第一,实现家族财富与家族企业的风险隔离;第二,实现家族财富的代际传承;第三,妥善解决子女婚姻风险所带来的财产分割问题。客户的上述财富诉求使保险金信托异常火爆。2021年1—2月,保险金信托业务迎来井喷式发展。深圳地区的某私人银行2021年迎来开门红,约2个月时间其代销的保险金信托业务新增规模突破100亿元,而在2020年,同样规模的增长花了10个月时间。[1] 正因客户对保险金信托有上述三大诉求,从2014年中信信托设立国内第一单保险金信托起至2021年6月,我国设立保险金信托的客户近万人。

一、保险金信托的优势和功能

(一)保险和信托两项工具的比较

家族财富存在各种风险,趋利避害(风险)是人的本性,人们在财富传承时通过使用各种各样的工具,来达到自己想要的避险效果。如何将财富传承给子女或其他后代,浅显的说法就是解决"如何给钱"的问题。如果能在律师等专业人士的指导下,提前规划,利用合适的工具进行财富传承,那么就有可能避免类似富贵鸟集团案例中债权人要求以遗产清偿债务的情况,并能避免极其容易发生的复杂的法定继承纠纷等。

现如今,人们合理使用诸如赠与、遗嘱等法律工具以及保险、信托等金融工具进行更好地传承,这些工具各有特点,我们下面仅针对保险、信托这两项工具进行比较,详见表2-1。

表2-1 保险和信托的比较

项目	保险	信托
财产范围	现金	国内目前以现金为主,逐步纳入其他资产

---

[1] 参见《保险金信托井喷期来临,私行业务财富传承诉求凸显》,载雪球网2021年2月25日,https://xueqiu.com/5124430882/172685498。

续表

项目	保险	信托
保密程度	除保险合同当事人之外，隐秘性很好	保密
身前控制力	好,可以通过变更受益人、解除合同等方式进行变更	好,通过变更受益人、分配条件等方式予以控制
身后控制力（防挥霍）	一定程度上能防止挥霍	可通过信托方案进行个性化定制,能很好地防止挥霍
债务隔离	非恶意避债,且投保资金合法,指定的受益人领取保险金后,可与被保险人的债务隔离	非恶意避债且信托资金合法,具有很好的债务隔离功能
投资增值	人寿保险有较高的保障杠杆,终身寿险可保值	保值增值效果较好
身后执行	保险人将保险金直接支付给受益人,方便	由信托机构按合同约定分配和支付给受益人

经过上述比较可知，保险一般具有较高保障杠杆、门槛低等优点，但是仅能传承家族的现金财富，受益人一般仅为2—3代人，很难满足更长远的隔代传承需求，保险金一般一次性支付给受益人，难以避免后代的挥霍问题；而信托条款的个性化传承设计具有很好的隔代传承、防挥霍的效果，但是信托设计复杂、门槛高，至少千万起步，成本高。因此，保险的不足能通过信托的优势进行弥补，信托的不足也能通过保险的优势予以完善，两种工具结合使用，具有"1＋1＞2"的效果。

（二）保险金信托的优势和功能

保险金信托模式兼采保险与信托两种制度的优点，其优势体现如下：

1. 资产风险的双重隔离

保险金信托设立后，信托财产即与委托人其他资产相分隔，即使在委托人破产的情况下，除设立信托前其债权人已对信托财产享有优先受偿的权利之外，信托财产不会被强制执行。在保险方面，除根据《保险法》第42条规定的三种情形外，保险金不作为被保险人的遗产。这样，保险金信托在形式上能够做到双重风险的隔离，自然比其他单一金融工具更具优势。

2. 税务筹划

由于可以合理节税，保险金信托方式在国外被广泛采用。其中，在英国,对超过起征点的遗产,遗产税率高达40%,而通过将保单交由信托管理的保险金信托方式,可以起到免征保险金遗产税的作用。

3. 保密性

对高净值人士来说,采取信托方式管理巨额财富,保密性高,且通过定制的信托方案进行合理分配,能够起到防止子女因财产分配不均而引发纠纷的效果。

4. 财富分配灵活

保险金信托方式能对财富进行充分管理,委托人可以根据自身情况选择个性化的财产分配方案。

5. 降低费用成本

保险金信托充分利用了保险的杠杆和低门槛优势,大大降低了家族信托的设立门槛和信托的费用成本,只需要一张大额保单(部分保险公司100万元)即可,在该保单的保险金进入信托后,实际就是一个小型的家族信托。如此,一般的家庭就能通过保险金信托实现以往只有大型家族信托才能实现的功能。

6. 稳定性强

保险金信托能通过在分配方案中明确指定归属于作为受益人子女的个人财产,与其配偶无关,进而保护子女的利益,使其不因婚变问题而造成家族财富流失。

7. 其他

通过保险金信托,避免家族财产没有任何阻碍地进入复杂的法定继承或遗嘱继承程序(如遗产为房产的,继承过户的继承权公证手续十分烦琐,需要所有继承人到场),并避免极其容易出现的相关继承纠纷;通过设定分次分配保险金转变后的信托利益,避免出现子女一次性获得巨额保险金后的挥霍风险。

二、保险金信托存在的不足

尽管保险信托具有上述优势和功能,但仍然存在如下制约因素:

第一,目前我国关于保险金信托的相应法律及规范不足,尚缺乏监管文件的明确规定,使保险金信托的确定性和效果受到影响,同时,制度缺失不利于保险金信托的长远发展。因此,需要国家立法机关及时制定相应法规,并由监管部门出具相应的业务指导意见和操作指引予以规范。

第二,理论研究深度不够以及从业人员的专业能力、商务能力不足,导致保险金信托中的保险金信托资产与保险利益等方面依然存在较大的争议,进而影响保险金信托产品的设计、价值与服务水平。

第三,保险公司与信托机构是保险金信托的主要服务方,律师在其中参与度不够,在现有保险金信托模式中,各参与方的价值是不平衡的,且在前期设立保险金信托仅能收取少量报酬的情况下,影响了参与方的积极性,制约保险金信托的长远发展。

第四,保险金信托设计的产品功能简单、信托资产单一,亟待完善和提升。

第五,保险金信托的文化以及意识的宣传和普及不够,不少客户仍然停留在对保险、信托的单独理解层面,对两者结合后的功能和优势并不了解,保险金信托从业人员也需要加强培训。

三、保险金信托的运用

保险金信托作为保险与信托两种工具相结合的创新型财富管理安排,其主要是将人寿保险与信托相结合,具有储蓄与投资理财的双重功效,实现被保险人生前的理财愿望,在遗产规划中具有免税功能。

保险金信托发展相对完善的国家和地区,都有相应的法律予以规制。如美国法律支持不可撤销人寿保险金信托计划,日本和中国台湾地区的保险法亦规定保险公司有权经营保险金信托业务。我国大陆虽未就此设置专门的法律规制,但《信托法》和《保险法》皆已对保险金信托设立的合法性和有效性提供了坚实的法律保障。

我国《信托法》规定,设立信托,必须有合法的信托目的、确定的信托财产及采用书面形式。[1] 而保险金信托是委托人为家庭成员的利益而设,信托目的合法;信托财产是保单的受益权,待保险合同约定的保险金给付或赔付的事件发生,保险公司即给付或赔付保险金至信托账户,而保险金属于合

---

[1] 《信托法》第 6 条规定:"设立信托,必须有合法的信托目的。"第 7 条第 1 款规定:"设立信托,必须有确定的信托财产,并且该信托财产必须是委托人合法所有的财产。"第 8 条第 1 款规定:"设立信托,应当采取书面形式。"

法财产,故保险金信托财产确定且合法;保险金信托委托人需要与信托公司签署书面的信托合同,也满足了信托设立的条件之一。

如今,我国运用保险金信托有两种较为常见的模式:(1)投保人设立信托,并且购买保险后,将保险合同的受益人设定为信托的受益人。(2)委托人设立信托,信托公司作为投保人和保单受益人,委托人作为保单被保险人,同时将续期保险费提前放入信托,由信托公司代受托人交保费并管理保单,当委托人(保单被保险人)离世后,信托公司管理理赔金并按照信托合同约定向信托受益人进行分配。

四、保险金信托的设立和有关法律注意事项

正因为保险金信托具有上述优势与功能,是保险与信托相融合的金融产品和传承工具,是信托公司通过与保险公司合作来发展财富管理业务的成功业务模式,运用这种工具便能够更好地进行家族财富传承。作为律师,首先要了解有哪些保险公司以及信托公司能提供有关保险金信托的服务,并结合客户的各种需求进行法律等方面的分析,才能更好地为客户提供有关保险金信托的法律服务。

(一)能够提供保险金信托业务的保险公司以及信托公司

2022年2月23日,中国信托业协会编纂发布了《2021年信托业专题研究报告》,根据该报告可知,在信托规模方面,2017年保险金信托行业涉及资产超过50亿元,截至2020年,行业保险金信托规模已突破200亿元。[1] 在参与的保险公司和信托公司方面,2020年开展保险金合作的保险公司超过20家,开展保险金信托业务的信托公司达15家,该数量在迅速上升中。

目前笔者了解到,对于保险金信托业务,参与的保险公司有中信保诚、平安人寿、友邦、招商信诺、中德安联、大都会人寿、阳光人寿、建信人寿、华夏人寿、泰康人寿、中意人寿、天安人寿等;参与的信托公司包括中信信托、平安信托、外贸信托、中融信托、中航信托、昆仑信托等。

在最初阶段共同推出保险金信托的险企和信托公司多为兄弟公司,如中信保诚人寿和中信信托,中意人寿与昆仑信托等,但随着保险金信托的发

---

[1] 参见《2021年信托业专题研究报告》,载中国信托业协会网2022年2月23日,http://www.xtxh.net/xtxh/reports/47501.htm。

展,各种壁垒被打破,逐渐形成平台化、融合化、险种多样化的趋势。

(二)设立保险金信托时,需要清楚的几个事项

1. 不是所有的保险金产品都可以做保险金信托

理由是保险金信托的前提是保险公司同意作变更,得经过保险公司同意并配合办理手续,把受益人变更为信托公司。能否设立,取决于保险公司与信托公司之间合作的情况。

2. 选择一家稳健的信托公司

如终身寿险类的保险金信托从设立到真正进入信托阶段,还有很漫长的时间,因此,公司的经营能力是客户首先要考察的,其次才是保险产品。稳健经营的公司必然是客户的首选。

3. 适合客户需求

现阶段主要是年金险和终身寿险与信托结合,部分公司开发的是年金型保险金信托,部分是终身寿型保险金信托,所以要具体考察该类保险产品能否设立保险金信托,或者了解某公司为保险金信托专门定制的特别年金险或终身寿险。客户需考察该特别定制的保险产品是否适合自己的需求,从一开始就要做全局化的设计与安排。

4. 须确保保单的合法有效性

保障保单自始有效,保险金才能最终按照客户的意愿转为信托财产。因此必须做到:购买大额保单的资金是合法所有、不存在恶意避债的情况;向保险人履行了如实告知的义务;避免保单因投保人婚变而被分割等。

(三)如何设立保险金信托

1. 签订保险金信托的流程[1]

不同保险/信托公司的保险金信托业务流程会有区别,有的要求客户和保险、信托签订三方合同,有的要求分别签订双方合同。但流程基本是一致的。

(1)客户向有资质的公司提出设立保险金信托计划。客户经了解和比较后,选择能提供保险金信托业务的寿险公司与信托公司,与专业人员接洽提出需求,由专业人员据此出具保险规划和信托方案。

(2)购买配置大额保险。按保险规划方案配置保险,主要是大额人寿保

---

[1] 参见李升:《财富传承工具与实务》,中国法制出版社2018年版,第236~237页。

险或年金保险,以符合设立保险金信托的前提条件。

(3)填写有关信托意向书。将信托要实现的功能和信息与信托公司沟通清楚,如信托的财产金额、期限、目的、受益人,如何分配信托财产等内容。

(4)缴纳信托设立费用。待信托公司确认信托意向书后,向委托人发出缴纳信托设立费的通知。

(5)起草信托合同。委托人缴纳信托设立费后,根据委托人的需求,安排律师起草信托合同,并与委托人协商修改和确认最终合同条款。

(6)签订信托合同。委托人和受托人就合同内容达成一致后,签订信托合同。

(7)变更保险受益人。委托人在签订信托合同后,将信托合同或相关文件交到保险公司,将受益人变更为信托公司,并通知信托公司,完成保险金合同的设立。

需要注意的是:第一,设立保险金信托的保险单一般是终身寿险,也接受年金保险,只要投保人相同,多张保单可进入同一信托,但如果被保险人不同,需要被保险人同意。第二,如果投保人、被保险人不相同,由于指定、变更受益人需要经过被保险人同意,所以在设定信托计划前,要提前与被保险人商量,在变更保险受益人为信托公司时,需要被保险人签字确认。第三,我国是夫妻财产共同制,所以设立信托时可能需要配偶到场并签署相关文件。

2. 需要提供的材料和签署的文件

设立保险金信托,需要提供的材料包括保险合同,信托委托人、受益人的身份证明和关系证明等。

律师须审查并指导客户签署如下基础性文件:保险合同和信托合同、信托意向书、配偶同意函、风险申明书、变更受益人文件、反洗钱声明、信托财产确认函、信托成立通知书等。如果追加现金进入信托账户,要提供现金来源的说明等。

3. 相关费用

设立保险金信托一般至少会有两个费用:信托设立费和管理费。另外,可能还会有其他费用,如定制条款费用、变更受益分配方式费用、保护人(监察人)费用、财务顾问(投资顾问)费用等。

（四）现行制度下律师提供有关设立保险金信托的法律服务时的注意事项

（1）我国的保险金信托仍处于探索阶段，法律依据尚未完善、监管措施有待跟进，因此需要先厘清两个关键法律问题：第一，信托公司可否作为受益人？根据《保险法》第18条的有关规定，受益人是指人身保险合同中由被保险人或者投保人指定的享有保险金请求权的人，可知《保险法》并未对受益人的范围和资格作特别限制，只要经被保险人或投保人的指定，皆可成为受益人。因此，信托公司可成为受益人。第二，保险金是否符合信托法的财产要求？根据《信托法》第6条、第7条、第8条的规定，可以看出信托的设立必须具有合法的目的、确定的信托财产以及相应的信托书面文件等要素。根据《信托法》第14条的规定，信托财产主要指受托人因承诺信托而取得的财产。但法律、行政法规禁止流通的财产，不得作为信托财产。保险金信托中的财产，以保险事故发生后的身故金为例，其具有合法性，不属于禁止流通的财产。身故金作为信托财产从保险公司向信托公司转移后，信托公司便可享有该信托财产的有关权利。

（2）前文提到了保险金信托的资产风险隔离功能，笔者认为，作为律师，尤其应关注设立的合法性，即财产来源的合法性、正当性。设立前，律师需要对投保人、受益人可能在将来受到债务牵连的问题进行考虑，并安排尽职调查。我国部分地区法院已经出现对投保人的保单现金价值进行强制执行的案例。如客户已经负有大量债务，自身资不抵债，企图以大额保单并设立保险金信托的形式逃避债务、规避执行，保单依法可撤销。对这类情况，律师须谨慎提供服务方案。

（3）目前国内的保险金信托产品基本上是终身寿险合同加信托，即保险事故发生具有一定的确定性。但是，在保险合同成立后，仍可能出现合同解除或无效的情况，导致信托目的无法实现。作为律师，我们必须依据现有法律进行预判与应对。

首先，根据《保险法》，保险合同成立后，除《保险法》另有规定或保险合同另有约定外，投保人可以解除合同。在法定的情形下，保险人有权解除合同。因此，为了实现信托目的，笔者认为，需要在有关合同上对投保人的解除权进行限制；并且对保险人有权解除合同的几种特殊情形进行预估并通过合同约定设定相应的处理方案，如对于逾期缴纳保费导致合同解除的风险,律师须关注保险合同中是否设置了保单现金价值足以垫缴应交保险费及利息的保费自动垫缴条款。

其次,我国《保险法》第 31 条规定了在人身保险合同中因投保人对被保险人不具有保险利益而导致保险合同无效的情形,因此,虽然行业内所称的保险金信托 2.0 模式中将信托公司变为保险公司的投保人,由其缴纳保费,可以更好做到资产隔离,避免投保人的债务风险,但是其作为投保人,与被保险人实质上不具有保险利益,这就容易受到法律的质疑。因此,目前保险公司不愿接受该投保模式,2.0 模式发展受阻。作为律师我们需要进一步关注法律法规的变化,并积极做出应对。

五、保险金信托的发展与展望

2014 年 5 月,中信信托和信诚人寿(现已更名为中信保诚人寿保险有限公司)合作推出了一系列创新型产品,包括首款高端定制产品信诚"托富未来"终身寿险,兼具资产管理和事务管理功能的保险金信托。这是国内首个保险金信托案例。此后,保险金信托业务发展迅速,越来越多的保险公司和信托公司陆续合作推出有关保险金信托服务。保险金信托满足了客户对财富传承的综合性和个性化需求,与动辄 1000 万元起步的家族信托相比,保险金信托的门槛要低很多,不用一次性锁定巨额资金,如某保险公司的"鸿福系列"的保险金信托产品的起购金额仅为 100 万元。

在业务规模快速增长的同时,信托公司也在不断提升保险金信托业务的标准化程度,聚焦客户需求,优化产品设计,提升客户体验。2019 年 12 月 20 日,中信信托联合中信保诚人寿、友邦保险等 11 家合作保险公司发布了国内首个保险金信托的服务标准。这是各方近六年来实践摸索,不断总结保险金信托业务痛点,优化业务流程、创新服务功能的成果。

客户不同需求的发展也带动了保险金信托模式的不断升级变化,目前主流的保险金业务模式主要有 1.0、2.0 与 3.0 三种分类。1.0 模式是最传统的方式,即委托人投保并将其持有的人寿保险或年金保险的保单受益权或保险金作为信托财产委托给信托公司设立信托,经过被保险人同意,将信托公司变更为保单受益人,当约定的给付或赔付条件达到后,保险公司将保险金给付或赔付给信托公司,信托公司作为受托人按照信托合同的约定,将信托财产及收益逐步交付给指定的信托受益人。2.0 模式是针对 1.0 模式的升级版,主要区别表现在保险合同和信托合同成立后,将投保人、保单受益人变更为信托公司,在保单存续期内,由信托公司用信托财产继续代为缴纳保费,并作为保险受益人受托管理和分配保险金,这样做避免了投保人身故后保单作为遗产被分割或者作为投保人财产被强制退保等风险。部分信托公司已经开始构建保险金信托3.0模式,即委托人以自有资金先行设立信托,后委托信托公司购买保险,信托公司用信托财产支付保费并与保险公司签订保险合同。此时,信托公司不仅是保险的受益人,还是保单的直接投保人,在理赔机制触发后,受托管理和运用保险公司理赔的保险金。3.0模式扩大了保险金信托可受托的保险品种,丰富了信托财产资产的配置,进一步发挥了"家族信托+保单"在实现家族财富保值、增值方面的作用。

但是,我国的保险金信托业务毕竟才起步几年,尽管部分信托公司有了开展该业务的资格,但大多局限于对国内财产的经营,对于海外资产的管理也缺乏经验,阻碍了对于跨境资产的管理;相关的法律和金融专业人才还相对比较匮乏。

尽管如前文所述,保险金信托存在诸多制约因素,但笔者认为通过对保险及信托制度进行分析,可以得出结论:该制度符合意思自治的原则,满足了监管对金融回归本源的期待。面对千万亿级的财富管理市场,保险、信托、律师等服务机构以及服务主体需立足本身优势,妥善解决不同制度之间的冲突并推动有关文件的落地,创新制度,由此才能实现各方共赢,分享保险金信托这一庞大市场带来的回报。

最后,参考境外由多种工具、多个机构来共同完成一个金融产品的这种方式,保险金信托业务可能是未来我们国家金融创新的一个方向。对此,2019年12月30日,中国银保监会也在《关于推动银行业和保险业高质量发展的指导意见》中表示国家鼓励创新模式。[1]据此,笔者坚信保险金信托将在家族财富传承方面大有可为。

---

[1] 参见《关于推动银行业和保险业高质量发展的指导意见》,载中华人民共和国中央人民政府网,http://www.gov.cn/zhengce/zhengceku/2020-03/26/content_5495757.htm。

◇ 第五节　律师作为监察人或保护人的可行性分析

一、我国信托监察人制度的发展

信托监察人是指由委托人或者公益事业管理机构指定、依照法律和信托文件的规定，保全信托受益权、监督受托人管理信托事务的人。

信托监察人制度广泛存在于英美法系和部分大陆法系国家的立法中，虽然称谓各有不同，但内涵基本一致。例如，日本 2006 年《信托法》将信托监察人称为"信托管理人"；英美法系及其离岸岛屿法域通常将信托监察人称为"信托保护人"（Trust Protector）。在不同的称谓背后，各地立法均认可了信托监察人的重要性——如果信托的委托人、受益人因某种原因而无法行使或无法完全行使对受托人或其他信托事项的监督和救济，则受托人可能不受约束，从而不利于信托目的的实现。此时，信托监察人的设置便有了现实的需求和意义。

《信托法》对于信托监察人的规定仅针对公益信托，即《信托法》第 64 条规定："公益信托应当设置信托监察人。信托监察人由信托文件规定。信托文件未规定的，由公益事业管理机构指定。"另外，《慈善法》第 49 条规定："慈善信托的委托人根据需要，可以确定信托监察人。信托监察人对受托人的行为进行监督，依法维护委托人和受益人的权益。信托监察人发现受托人违反信托义务或者难以履行职责的，应当向委托人报告，并权以自己的名义向人民法院提起诉讼。"我国对公益信托的监察人进行了规定，立法者主要是考虑到公益信托的受益人较为广泛，不如私益信托的受托人那样明确。

然而在实践中，家族信托等信托同样存在与公益信托类似的受益人不确定的情形。例如，家族信托可能约定尚未出世的后代作为受益人，而这一对象在信托设立乃至运行时都呈现不确定性——以香港新鸿基家族为例，郭炳湘在英国泽西岛设立的离岸家族信托文件中便约定 unborn issues（未来出生的婴儿）作为其家族信托的受益人之一；又如，抚养类的家族信托可能约定对老年、残障等弱势家族成员尽到扶养、看护等义务的受益人,才可获取信托利益。所以,在家族信托等私益信托中设置信托监察人就可以对受托人在择定受益人的过程中进行监督。目前而言,我国信托监察人制度亟须发展和完善。

二、我国信托监察人制度的作用

委托人和受托人达成信托的合意,委托人将财产转移给受托人后,信托财产就处于受托人的控制之下,委托人对信托财产的权利被很大程度地稀释,这种制度设计是为了达到隔离委托人债务风险的目的。

受托人对信托财产享有了名义上的所有权,可以自行处分信托财产,与第三人进行交易。虽然大多数的信托机构都具有职业操守和完善的运营决策体系,但也不能绝对排除受托人基于利益考量做出违反信义义务的行为。受益人只对信托财产享有最终收益权,不享有所有权,无法直接限制受托人处分财产的行为,也无法直接对信托财产主张权利,这样将导致委托人和受益人的权利处于无法保障的状态。

而且,委托人和受益人一般很难发现也无法有效地监管受托人的行为,因此在信托架构中需要设置监察人的角色。

《信托法》第65条规定:"信托监察人有权以自己的名义,为维护受益人的利益,提起诉讼或者实施其他法律行为。"该条款虽然规定于"公益信托"篇章中,但对其他类型的信托,亦具有一定的参照意义。

在实践中,监察人一般由专业人员担任,信托监察人作为专业人员可以灵活、有效地监管受托人的行为,并根据信托协议对受托人的行为是否侵害了委托人和受益人的利益进行专业评判,既不会对受托人的正当行为作出过多干扰和限制,又能有效地保障信托当事人的合法权益,监察人的作用就是为信托的正常运作保驾护航。

监察人一旦发现受托人违反信托目的做出违反信义义务的行为,侵害委托人和受益人权利的,就应当履行监察义务,向委托人报告并协助委托人救济权利。

此外,监察人还可以监管受益人的行为,如果受益人违反信托协议的限制性约定,比如信托协议约定了"防败家"条款,若受益人作出不当高消费行为,监察人也应当将情况告知委托人和受益人,由受托人根据信托协议暂时调整受益人的受益权,以约束受益人的不当行为。

信托财产不完全属于任何人,委托人、受托人、受益人都对信托财产享有一定的权利,但都不是完整的所有权,信托属于一种财产悬空机制。正是这种制度设计才更需要律师等专业人士作为监察人,监督受托人的行为,以便能够更好地达到享有财产权利和隔离风险的信托目的。

三、我国律师担任信托监察人的可行性分析

《信托法》自 2001 年 4 月 28 日颁布以来,已经施行 20 多年时间。当前已经有比较全面的理论研究,并积累了较丰富的实践经验。但是对于信托监察人,我国尚未形成全面和完善的信托监察人制度,尤其是法律层面仅在《信托法》中作了原则性的规定,再就是《慈善法》在慈善信托一章中作了些特别规定。因此,从严格适用法律的原则来看,讨论"律师担任信托监察人"只能限定在公益信托中,如此才能做到有法可依。

然而,我国的信托历史可以说首先是一部营业信托的历史。从 1917 年上海商业储蓄银行设立保管部(后改为信托部),中国人独立经营金融性信托业开始,到 1949 年 11 月设立中华人民共和国第一个银行信托部——中国人民银行上海分行信托部,再到《信托法》正式确立公益信托,并在 2008 年全国首例仅以公共利益为信托目的的信托计划——"西安信托'5·12'抗震救灾公益信托计划"的落地,从时间上看营业信托远远早于公益信托,并且从规模上看,营业信托业的范围也远大于公益信托。据统计,截至 2019 年年末,在 68 家信托公司中,超过 35 家实质性地开展了家族信托业务,以资金信托为主,业务总规模超过 1000 亿元。[1] 而以慈善信托为代表的公益信托中,截至 2019 年 12 月 31 日,全国共备案慈善信托 273 单,财产规模 29.35 亿元。[2] 因此,笔者认为在民事、营业信托中同样存在设立信托监察人的现实需求和必要,甚至更甚于公益信托。而无论是公益信托还是民事、营业信托,对于信托监察人的人选,律师这一法律职业群体能够担此重任,也是最适合的人选。

---

[1] 参见家族财富管理调研报告课题组:《家族财富管理调研报告(2020)——家族财富管理十年回顾与展望》,社会科学文献出版社 2020 年版。

[2] 参见中国慈善联合会慈善信托委员会编:《2019 年慈善信托发展研究报告》,中国社会出版社 2020 年版。

对于公益信托而言，《信托法》已经有明确规定："信托监察人由信托文件规定。信托文件未规定的，由公益事业管理机构指定。"因此，只要有信托文件的规定或者公益事业管理机构指定，律师担任公益信托监察人是完全可行的，并且现实中已经有不少律师担任公益信托的监察人，如2017年12月28日通过天津市银监局审查和天津市民政局备案设立的《天信世嘉·信德大田集团爱心助学慈善信托》与《天信世嘉·信德大田集团见义勇为慈善信托》中，委托人就指定锦天城律师事务所的律师为信托监察人；[1] 2020年2月14日，泰和泰（昆明）律师事务所律师担任云南国际信托有限公司与云南省青少年发展基金会共同设立的"云慈济善"慈善信托项目监察人。[2]

对于律师担任民事、营业信托的监察人，《信托法》并没有明确规定，当然也无其他规定禁止。而《信托法》作为民事法律规范，根据民事法律规范"法无禁止即自由"的原则，笔者认为民事、营业信托同样可以在信托文件中设立律师担任监察人。

根据《信托法》和《慈善法》关于公益信托监察人的职权的规定，公益信托监察人主要有如下三项职权：(1) 监督受托人的行为，审查受托人对信托事务处理情况及财产状况的报告并报公益事业管理机构；(2) 依法维护委托人和受益人的权益，并以自己的名义为维护受益人的利益而提起诉讼或实施其他法律行为；(3) 在信托终止后审查受托人做出的处理信托事务的清算报告。结合此三项职权，律师在担任民事、营业信托的监察人时同样可以在信托文件中规定第一项和第三项职权，此两项职权与现行律师接受委托代为处理非诉讼法律事务具有共通性，只要有信托文件的明确授权和规定即可，并且在法律性质上该行为本身也属于委托代理性质，可以直接适用《民法典》中关于委托代理关系的法律规定。对于第二项职权中的"以自己的名义为维护受益人的利益而提起诉讼或实施其他法律行为"，由于此权利来源于《信托法》和《慈善法》对公益信托监察人的法律授权，因此作为民事、营业信托的监察人，在没有法律明确授权的情况下，律师作为监察人也并不享有

---

[1] 参见《锦天城律师助力天津信托落地"双受托人"模式慈善信托成功设立并担任信托监察人》，载锦天城律师事务所网2018年1月9日，https://www.allbrightlaw.com/Tianjin/CN/10454/b7e98eba885aae3a.aspx。

[2] 参见谭石艳：《云南信托设立"云慈济善"慈善信托支持抗疫》，载昆明信息港网，https://www.kunming.cn/news/c/2020-02-19/12839421.shtml。

此项职权。

那么对于此项职权的欠缺,当委托人、受益人的权益受到侵害时,作为民事、营业信托的监察人,是否就无能为力了呢?笔者认为不是的。《信托法》明确规定,信托当事人包括委托人、受托人和受益人,而监察人的保护对象就是委托人和受益人。因此,委托人和受益人的权益遭受侵害的来源首先是信托当事人,再就是信托当事人以外的其他人。

对于来自委托人的侵害行为,由于信托处理的首要且与受益人息息相关的问题就是委托人的财产权转移问题。当信托依法设立后,委托人的财产权益已经发生转移,权益更多地体现在受益人的受益权上,而如果委托人出现违法侵害受益人权益的行为,监察人可以依据信托受益人的委托授权来维护自身的合法权益,而无须监察人以自己名义提起诉讼。

对于受托人的侵害行为,更多源于受托人未尽职履行受托事项,侵害信托财产或者受益人权益的行为,对此同样可从受托人侵害的权益所属主体来确定维权主体,进而由权利所有者另行授权委托律师代为维权。例如,受托人违背委托人的意愿时,因为此行为首先侵害的是委托人的权益即"委托人意志",此时,可以由委托人授权委托律师代为维权;如果受托人侵害的是受益人的受益权,则可以由受益人作为权利主体,授权委托律师代为维权。又如果受托人侵害的是信托财产,由于存在委托人和受益人权益受到交叉侵害的可能,则可由具体的权益被侵害人来进行委托。

对于来自信托受益人的侵害行为,由于只能发生在两个或两个以上受益人的情况下,其中一个或者部分受益人侵害其他受益人的权益,对此,同样可以由权益被侵害的受益人授权委托律师代为维权。

同理,对于来自信托当事人之外的其他人第三方的侵害行为,依旧可由权益被侵害的权利主体依法委托律师代为处理。因此,从委托律师代理的角度,同样能够解决在民事、营业信托监察人制度缺失的情况下,委托人和受益人的权益保护问题。

当然,对于当下的营业信托,大量的信托事实上存在有众多受益人的情形,当群体性受益人的权益受到侵害时,由于受益人往往具有人数众多、群体分布范围广、权利被侵害程度不一等情况,想要集齐全体受益人共同委托律师维权,事实上难度极大。这也是明确规定公益信托应当设立信托监察人的一个重要原因,因为监察人可以以自己的名义便捷地进行维权。

因此,在当前《信托法》并未明确民事、营业信托应当设立监察人的情况下,面对现实的需要,可以通过民事代理来解决绝大部分问题。但是随着经济社会的不断向前发展,必定会产生越来越多的风险、矛盾和纠纷,只有不断健全和完善信托监察人制度才能从根本上解决这些问题。这也是众多专家学者不断论证研究,并提出设立信托监察人制度的立法建议的核心所在。

最后,对于律师担任信托监察人的可行性,笔者始终持积极乐观的态度,并且律师作为专业的法律从业人员,在担任履行监督、检查和维权职责的监察人时具有天然的优势,担任信托监察人值得全体律师一起为之奋斗和努力。尽管当前尚未有立法明确规定,但是在信托文件的制定过程中,本身就需要律师在制度和内容上做出细致、严谨的设计和安排,因此,律师在担任信托监察人上大有可为,更能有大作为!

◆ 第六节　民事、营业、公益信托案例解析

根据《信托法》第 3 条的规定,法定信托分为民事信托、营业信托、公益信托三大类。前述家族信托、遗嘱信托因取决于委托人的意愿及家族传承和延续的考量等,往往是民事信托、营业信托及公益信托等传承工具的一个组合体;对于慈善信托,《慈善法》第 44 条明确规定属于公益信托。

前三节着重讲述了近些年来在高净值客户家族财富传承的实践中所使用的几种信托工具,但从 2001 年《信托法》生效之后,我国在司法实践中更多应用的是营业信托,涉及家族信托、遗嘱信托、慈善信托的司法裁判案例并不多见。因此,为了更好地从司法实践出发,笔者梳理裁判文书网上有关信托的案例并予以分析,为设立信托做风险预防,对信托设立后纠纷的处理提供指引。

一、民事信托

(一)民事信托纠纷案例数据分析

截至 2022 年 10 月 27 日,笔者通过数据检索,获取了民事信托纠纷案件的裁判文书 23 篇(重复案例 1 篇,共计 22 篇),发现以下几个特点。

1. 发生的民事信托纠纷案件主要集中在上海市、广东省两地

从地域分布来看,当前民事信托纠纷主要集中发生在上海市(8件,占比34.78%)、广东省(4件,占比17.39%)。除却案例未公开的原因,笔者可以初步判断,民事信托纠纷发生频率的高低在一定程度上与相关地区经济发展水平的高低有较大的正相关性。

2. 民事信托纠纷案件标的额的跨度更为广泛

民事信托纠纷案件标的额跨度具体见图2-4。

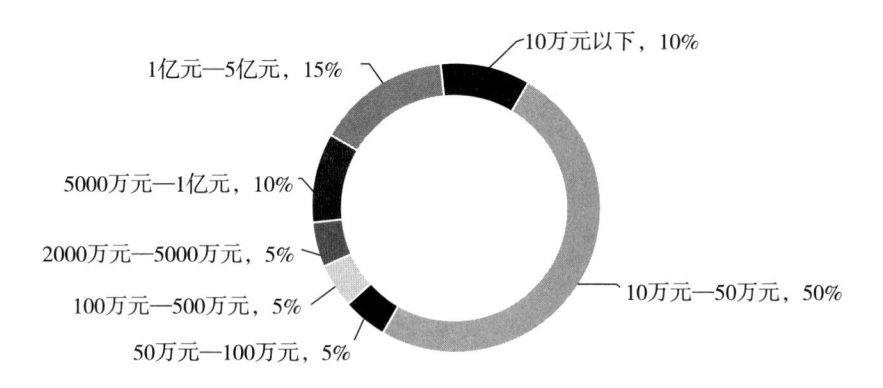

图2-4 民事信托纠纷案件标的额跨度

笔者筛选出裁判文书中可反映案件标的额的案件共20件(裁判文书中重复案件1件,未载明标的案件2件,实际统计20件),分别以标的额100万元和2000万元为分界点进行划分,通过上图可以发现,100万元以下(含本数)的案件为13件,100万元至2000万元的案件为1件,而2000万元以上(含本数)的案件是6件,由此可见,民事信托纠纷在涉案标的金额上存在两极分化的现象。同时,民事信托纠纷中标的额低的案件数量较多,这说明民事信托作为民事法律行为的一种,已经逐步应用于群众的日常生活中。另外,相较于营业信托的投资属性而言,民事信托也更具普适性。

3. 案件平均审理时间较长

民事信托纠纷案件审理期限分布具体见图2-5。

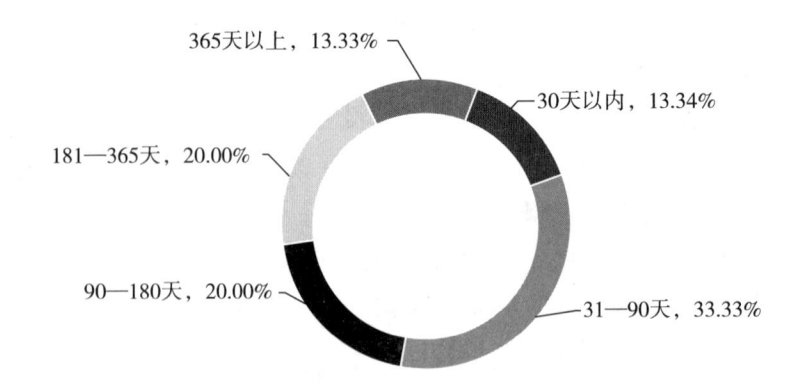

图 2-5　民事信托纠纷案件审理期限分布

注：平均审理期限为 169 天。

笔者梳理出裁判文书中可反映立案时间和审结时间的案件共计 15 件。通过对民事信托纠纷案件审理期限的可视化图形分析可知，当前条件下的案件审理时间更多处在 31—90 天，但平均时间则为 169 天。相较于其他常见民事纠纷案件如民间借贷纠纷、买卖合同纠纷等，民事信托纠纷案件审理时限整体较长，这从侧面反映出目前民事信托在实际生活中使用仍较少，相应的审理和裁判难度也更大，进一步导致公开的裁判案例较少。

（二）民事信托纠纷案件高频法条汇总分析

笔者详细查阅了收集的上述 23 篇民事信托纠纷案件的裁判文书，并统计汇总了其中引用的实体法法条，制作成了如下表格，以期通过对高频法条的梳理，为民事信托行为中应重点注意的法律条文和涉及的核心法律要点提供一个清晰的框架。民事信托纠纷案件引用的高频法条和核心法律要点见表 2-2。

表 2-2　民事信托纠纷案件引用的高频法条和核心法律要点

规范名称	具体条款	具体内容	引用频次
《合同法》[①]	第 107 条	当事人一方不履行合同义务或者履行合同义务不符合约定的，应当承担继续履行、采取补救措施或者赔偿损失等违约责任	9
	第 60 条	当事人应当按照约定全面履行自己的义务。当事人应当遵循诚实信用原则，根据合同的性质、目的和交易习惯履行通知、协助、保密等义务	8

续表

规范名称	具体条款	具体内容	引用频次
《合同法》	第8条	依法成立的合同,对当事人具有法律约束力。当事人应当按照约定履行自己的义务,不得擅自变更或者解除合同。 依法成立的合同,受法律保护	7
	第114条	当事人可以约定一方违约时应当根据违约情况向对方支付一定数额的违约金,也可以约定因违约产生的损失赔偿额的计算方法。 约定的违约金低于造成的损失的,当事人可以请求人民法院或者仲裁机构予以增加;约定的违约金过分高于造成的损失的,当事人可以请求人民法院或者仲裁机构予以适当减少。 当事人就迟延履行约定违约金的,违约方支付违约金后,还应当履行债务	3
	第206条	借款人应当按照约定的期限返还借款。对借款期限没有约定或者约定不明确,依照本法第六十一条的规定仍不能确定的,借款人可以随时返还;贷款人可以催告借款人在合理期限内返还	3
	第207条	借款人未按照约定的期限返还借款的,应当按照约定或者国家有关规定支付逾期利息	3
	第75条	撤销权自债权人知道或者应当知道撤销事由之日起一年内行使。自债务人的行为发生之日起五年内没有行使撤销权的,该撤销权消灭	1
《担保法》②	第31条	保证人承担保证责任后,有权向债务人追偿	3
	第18条	当事人在保证合同中约定保证人与债务人对债务承担连带责任的,为连带责任保证。 连带责任保证的债务人在主合同规定的债务履行期届满没有履行债务的,债权人可以要求债务人履行债务,也可以要求保证人在其保证范围内承担保证责任	2
	第41条	当事人以本法第四十二条规定的财产抵押的,应当办理抵押物登记,抵押合同自登记之日起生效	1

续表

规范名称	具体条款	具体内容	引用频次
《物权法》③	第179条	为担保债务的履行,债务人或者第三人不转移财产的占有,将该财产抵押给债权人的,债务人不履行到期债务或者发生当事人约定的实现抵押权的情形,债权人有权就该财产优先受偿。 前款规定的债务人或者第三人为抵押人,债权人为抵押权人,提供担保的财产为抵押财产	1
	第192条	抵押权不得与债权分离而单独转让或者作为其他债权的担保。债权转让的,担保该债权的抵押权一并转让,但法律另有规定或者当事人另有约定的除外	1
《婚姻法》	第17条	夫妻在婚姻关系存续期间所得的下列财产,归夫妻共同所有: (一)工资、奖金; (二)生产、经营的收益; (三)知识产权的收益; (四)继承或赠与所得的财产,但本法第十八条第三项规定的除外; (五)其他应当归共同所有的财产。 夫妻对共同所有的财产,有平等的处理权	1
《信托法》	第2条	本法所称信托,是指委托人基于对受托人的信任,将其财产权委托给受托人,由受托人按委托人的意愿以自己的名义,为受益人的利益或者特定目的,进行管理或者处分的行为	2
	第6条	设立信托,必须有合法的信托目的	2
	第7条	设立信托,必须有确定的信托财产,并且该信托财产必须是委托人合法所有的财产。 本法所称财产包括合法的财产权利	2
	第8条	设立信托,应当采取书面形式。 书面形式包括信托合同、遗嘱或者法律、行政法规规定的其他书面文件等。 采取信托合同形式设立信托的,信托合同签订时,信托成立。采取其他书面形式设立信托的,受托人承诺信托时,信托成立	2

续表

规范名称	具体条款	具体内容	引用频次
《信托法》	第54条	信托终止的,信托财产归属于信托文件规定的人;信托文件未规定的,按下列顺序确定归属:(一)受益人或者其继承人;(二)委托人或者其继承人	1

注:①2021年1月1日起《民法典》正式施行,《合同法》同时废止。
②2021年1月1日起《民法典》正式施行,《担保法》同时废止。
③2021年1月1日起《民法典》正式施行,《物权法》同时废止。

从上述法条可以发现,法院处理民事信托纠纷案件时主要在信托的定义、设立条件、设立形式及信托财产归属等方面引用了《信托法》的规定。除此之外,更多的则是引用《合同法》有关合同履行义务、诚实信用、违约责任、保证责任、合同撤销权等的规定;《物权法》有关抵押权的规定;《婚姻法》有关夫妻共同财产的规定。由此可见,在实务中,民事信托纠纷更多还是涉及普通民事法律关系和法律行为的法律规定,而《信托法》的使用频率相对偏低,且原则性概念使用偏多,这也在一定程度上印证了《信托法》在实务中的可操作性不高,需要结合其他民事法律来适用。

(三)民事信托纠纷的常见争议焦点及裁判观点的归纳与分析

笔者挑选了比较有代表性的两类民事信托案例进行剖析,以便读者对民事信托有更进一步的了解。

1.民事信托的目的、形式

【案例2-1】[1]本案为原告钦某某、李某2诉被告李某5、李某6、李某7未履行信托义务的信托合同纠纷一案。被继承人李某4(系钦某某之夫,李某2之父)于2015年8月1日写下亲笔遗嘱一份,后经民事判决认定,李某4通过该自书遗嘱设立信托有效,被告李某5、李某6、李某7为受托人。被告李某5、李某6、李某7三人拒绝向两原告交付信托利益,且以信托财产已与遗嘱不一致为由,提出重新分配收益权。更甚,信托财产中有超两百万由案外人李某3(李某4之女)取得,但其并未将对应资金交付受托人管理,受托人也未就此采取任何措施。基于上述事实,原告钦某某、李某2要求三被告按照李某4遗嘱向两原告交付信托利益1,334,307元,解任三被告的受托

---

[1] 参见上海市静安区人民法院民事判决书,(2020)沪0106民初30894号。

人身份,且要求三被告赔偿未尽信托财产管理义务所导致的损失。

法院经审理认为,本案所涉信托以遗嘱形式设立,信托应自受托人承诺时成立,且信托文件并未直接指明受益人自何时可享有信托利益。从信托文件的特殊形式、目的来看,应当理解为委托人有意令受益人自委托人死亡之日开始享受信托收益。因此,本案委托人以特殊的信托文件形式作出了意思表示,为受益人享有信托利益制定了起算时间。

现并无阻碍受益人行使请求权的约定或法定事由,信托受托人应当以信托财产为限向受益人支付信托利益。信托财产根据法律规定独立于受托人的财产之外,只要受托人承诺信托并在法律上取得了信托财产,则财产属性自取得之时便已明确,进入受托人名下账户或由受托人实际掌控均非必要条件。三被告应当在信托财产范围内支付信托利益,已取得的信托财产尚不足以支付信托利益的,应当先行将已取得的信托财产支付给受益人,剩余部分在通过法院执行取得信托财产后继续支付,直至信托利益支付完毕或信托终止。受益人有权申请人民法院解任受托人,但以受托人违反信托目的处分信托财产或者管理运用、处分信托财产有重大过失为限。本案三位受托人并非专业人士,年纪均已超过 60 岁,在处理信托事宜上亦无经验,故其三人需要较长的时间并非不合理的请求。在支付信托利益一事上,三位受托人确有瑕疵,但考虑到信托文件的理解存在一定争议,法院难以认定三位受托人存在重大过失,对钦某某方主张解任受托人并由受托人赔偿损失的诉讼请求,不予支持。

综上,法院判定被告李某5、李某6、李某7应当从信托财产中向原告钦某某、李某2支付936,626.20元信托利益,其中424,638.81元应当于本判决生效之日起十日内支付,剩余部分在取得的信托财产范围内继续承担支付义务。另外对原告钦某某、李某2的其余诉讼请求不予支持。

案例2-1涉及对信托的理解与执行,既要基于其信托目的,又要基于其遗嘱信托的形式。符合法定要件得以有效设立的遗嘱信托,虽有细节规定不明之处,仍可以依据其已有含义,并结合其遗嘱的特殊形式对信托利益的起算时间、认定和计算、支付条件等进行认定和安排。对于在执行过程中要求解任受托人的,应综合考量保护受益人权益和维护受托人与委托人之间的信义关系等因素,结合受托人履行义务的具体情况慎重对待。

2. 民事信托合同的效力

【案例2-2】[1] 原告李某与被告丁某于2014年3月31日签订《信托合同》。该合同中李某作为委托人,丁某作为受托人,双方约定李某将委托资金165,000元直接交给丁某并以丁某名义交联合经营集体经营客运车,李某投入的资金按联合经营集体规定的扩股股本以每股16,500元计算,享有股份为10股,委托投资的期限从投资日起至联合经营集体经营终止之日止。李某的股利由丁某从丁某的股份分红总额中分配,每次股利分配金额等于李某享有股份10股乘以联合经营集体当期(月)每股分红金额。丁某不得利用李某的股份为自己谋取利益,不得隐瞒联合经营集体股利分红情况。双方任何一方违反本合同的约定和联合经营集体的管理规定,给对方造成损失的,违反方承担赔偿责任。双方签订上述《信托合同》后,在该合同履行过程中,被告丁某违约,没有及时将联合经营集体的分红收益支付给原告李某。经双方协商一致,李某同意将其委托丁某代持的10股联合经营集体股份退回给丁某,每股作价14,500元,丁某接受李某的退股方案,并于2016年1月22日出具《欠款单》给李某收执,双方约定丁某须于2016年3月15日前付清欠款145,000元,逾期不还需要按照月息三分计息给李某。

法院经审理后认为原告李某与被告丁某之间的债权债务纠纷实际因民事信托合同而产生。双方设立的信托有双方自愿签订的《信托合同》为凭,原告李某作为委托人自愿将本人合法资金交给受托人即被告丁某管理使用,并明确受益人为原告李某,双方系完全民事行为能力人,所签订的信托合同系双方真实意思表示,没有违反相关法律规定,信托关系依法成立,具有法律效力,本院予以确认。被告丁某作为受托人在履行合同过程中,没有按照双方签订的信托合同所约定的义务去履行,擅自将委托人李某的分红收益进行处分,并将信托股份转挂或转让他人,有违诚实信用的法律原则,依法应承担相应的民事违约责任,并需要赔偿因此造成原告李某的经济损失。虽然双方签订的《信托合同》约定信托期限为从投资之日起至联合经营集体经营终止之日止,现该联合经营集体仍继续经营运作,故信托期限未期满。但因被告丁某擅自将信托股份转让或转挂他人,信托目的已不能实现,

---

[1] 参见广东省信宜市人民法院民事判决书,(2016)粤0983民初2048号。

双方也没有再履行信托合同的可能。况且双方已协商一致,被告丁某同意按照每股 14,500 元的价格回购原告李某将其原委托代持的 10 股联合经营集体股份,并由被告丁某于 2016 年 3 月 15 日前返还 145,000 元给原告李某。此时,双方的信托合同关系已依法解除,信托终止。综上,法院判决被告丁某在本判决发生法律效力之日起 10 日内付清欠款本金 145,000 元及支付从 2016 年 3 月 16 日起按照月利率 2% 计至还清贷款之日止的利息给原告李某。

  案例 2-2 涉及信托合同的法律效力及信托合同的终止等法律问题。关于信托合同的法律效力,信托效力认定之影响因素包括:受托人是否需具备相关资质、信托财产合法性、信托财产确定性、信托目的等。该案中,法院认定涉案《信托合同》系民事信托合同,因此即使受托人是自然人,只要双方系完全民事行为能力人,所签订的信托合同系双方真实意思表示,没有违反相关法律规定,信托关系依法成立,以此确认涉案《信托合同》合法有效。与营业信托合同相比,建立营业信托合同的受托人必须是持有金融许可证的信托机构,否则将因为不具备信托资质而导致信托合同被认定为无效合同。另外,关于信托合同的终止,《信托法》第 53 条规定有下列情形之一的,信托终止:(1)信托文件规定的终止事由发生;(2)信托的存续违反信托目的;(3)信托目的已经实现或者不能实现;(4)信托当事人协商同意;(5)信托被撤销;(6)信托被解除。五种情形可分成两种类型,一是约定终止情形,如当事人在信托合同中约定信托终止情形,如终止事由发生,一方当事人可以主张信托终止,又如履行信托合同过程中协商一致终止信托关系。二是法定终止情形,即出现法定事由使信托合同被认定为无效、被依法撤销或被依法解除,从而终止信托合同。法定事由可以适用《民法典》关于合同效力以及合同解除的相关规定,也可以适用《信托法》中关于认定信托合同的法律效力以及关于解除信托合同的相关规定。案例 2-2 中涉案《信托合同》中没有约定信托关系终止的具体事由且信托合同的有效期限未满,法院因此适用原《合同法》第 94 条关于合同解除的规定"(二)在履行期限届满之前,当事人一方明确表示或者以自己的行为表明不履行主要债务……"以及《信托法》第 53 条关于信托终止的规定"信托目的已经实现或者不能实现",从而认定涉案《信托合同》终止。

二、营业信托

当前,我国对于营业信托的研究资料和文献并不多,我国很多信托领域的学者对于营业信托的概念也并没有形成一个统一并被大众普遍认可的界定,但在众多不同观点当中有三种比较常用,观点一认为,营业信托是个人或者团体为了使自己的资产增值,委托营业性信托机构对其财产进行管理并且经营所设立的;观点二认为,受托人以营业为目的原则,从事的信托行为才是营业信托;观点三认为,营业信托要以受托人是否通过设立信托关系来营业作为判断,这一关系除了要适用《信托法》,还要符合信托业法和相关特殊法律法规。

从司法实践出发给予营业信托一个概念是非常有意义的,能为信托纠纷的处理提供指引。因此,在营业信托的定义中,一方面,最高人民法院将营业信托纠纷涉及的经营主体仅限定为信托公司;另一方面,其又规定其他金融机构开展的资产管理业务构成信托关系的,当事人之间的纠纷适用信托法及其他有关规定处理。如果法院审理信托公司的契约型资管业务纠纷属于信托法律关系的,在案由选择上,适用"信托纠纷"案由。而经过案例梳理发现,从主体上,营业信托受托人必须为持牌的信托机构;从行为上,营业信托系以营利为目的。

如此分析,营业信托的定义就相对清晰了,即经监管机构监管批准取得信托资质的信托机构作为受托人,从事以营利为目的的信托为营业信托。

(一)营业信托的特征

1. 营利性

英美法系上的传统信托是以无偿形式存在的,被称为无对价他益信托,而商事领域中的信托是一种私益的信托,具有有偿性。经营性信托的委托人将信托财产交予受托人管理处分,自己获得该信托的受益权,其目的就是得到信托财产所带来的利润。

2. 有偿性

作为营业信托的受托人,就像其他的商事组织一样对信托财产享有使用、处分、收益的权利,受托人通过接受信托业务从中获得报酬。在商事经营性信托与民事信托中,受托人获得的信托财产不同。民事信托受益人收益的取得都是不用获得或者支付相应对价的,没有对价的受让好比无偿的赠与。营业信托中受益人取得受益财产必须支付相应的对价,受益人作为投资人基于在商事中的投资付出才会取得收益权,从这样的角度上讲,营业信托实质上是一桩有偿的商事交易,是纯正的商事行为。

我国对从事营业信托的经营主体有严格的管制和特殊的规定,未经人民银行、证监会批准,任何法人机构一律不得以各种形式从事营业性信托活动,任何自然人一律不得以任何名义从事各种形式的营业性信托活动。截至2020年12月,我国共有71张信托牌照,正常经营状态的信托公司为68家,另外3张信托牌照分别被广州国际信托投资公司、吉林泛亚信托投资有限责任公司和金新信托投资股份有限公司持有,但这三家信托公司正处于持牌停业状态。

3. 受益权的可转让性

传统信托中受益人被设定为数人时,实现受益权时很可能会出现不同受益人之间权利不平等的现象,而且实现被赋予的受益权也不能在此时自由地进行转让。在经营性信托中,同一个种类的受益权可以用一种有形的凭证将其表现出来,如现在流行的有价证券,这种凭证只能由受托人发行并且可以在市场上自由流通而不影响信托的运作。

(二)我国关于营业信托的法律规定

1. 受托人主体法律规定

《信托法》第4条规定:"受托人采取信托机构形式从事信托活动,其组织和管理由国务院制定具体办法。"《信托公司管理办法》第2条第1款规定,本办法所称信托公司,是指依照《公司法》和本办法设立的主要经营信托业务的金融机构。另外,信托公司的设立、变更、终止等事项必须严格遵照2021年1月1日施行的《中国银保监会信托公司行政许可事项实施办法》执行。

2. 信托业务法律规定

《信托公司管理办法》第2条第2款规定,本办法所称信托业务,是指信托公司以营业和收取报酬为目的,以受托人身份承诺信托和处理信托事务的经营行为。在该办法中也可以了解营业信托的大概界定。

3. 经营范围的法律规定

《信托公司管理办法》规定信托公司从事信托业务的经营范围包括资金信托、动产信托、不动产信托、有价证券信托、其他财产和财产权信托等;除此之外,还可以开展公益信托活动。信托公司可以根据市场需求,按照信托目的、信托财产的种类或者对信托财产管理方式的不同设置信托业务品种。

4.经营规则的法律规定

信托公司必须亲自处理信托事务,运用和处理信托财产,必须恪尽职守,履行诚实、信用、谨慎、有效管理的义务,维护受益人的最大权益。

(三)营业信托案例数据分析

由营业信托纠纷引发的诉讼,案由一般为"营业信托纠纷"(三级案由),其所属二级案由为"信托纠纷",所属一级案由为"与公司、证券、保险、票据等有关的民事纠纷"。二级案由"信托纠纷"下的另外两种三级案由为"民事信托纠纷"与"公益信托纠纷"。本部分以"营业信托纠纷"案由检索出的775个案例为基础,对营业信托案例进行数据分析,数据截止时间为2020年12月20日。

1.自2011年以来营业信托纠纷逐年增长

2011—2020年营业信托纠纷数量分布可见图2-6。

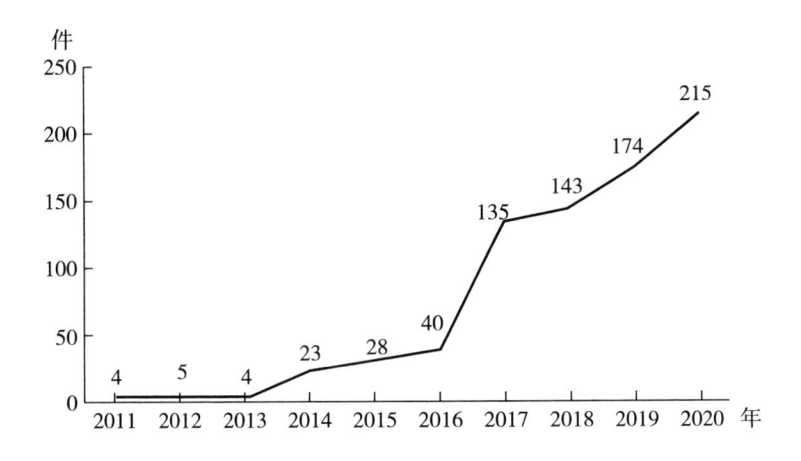

图2-6 2011—2020年营业信托纠纷数量分布

笔者剔除因信息不全等因素造成的无效案例,共总结出771份案例。从以上表格可见,2011—2013年,营业信托纠纷案件仅有个位数,到2014—2016年则增加到十位数,从2017年开始则激增至百位数且不断攀升;2015年8月3日中国信托业协会发布的《2015年2季度中国信托业发展评析》显示,截至2015年二季度末,全国68家信托公司管理的信托资产规模达到

15.87万亿元，比2015年一季度末的14.41万亿元环比增长10.13%，比2014年二季度末增长27.16%。这也是自2013年三季度至2015年一季度，连续7个季度信托资产规模同比增长率逐季下滑后，首度迎来回暖态势。也正是由于2015年信托资产的激增，在之后的兑付期内出现信托产品不能按期兑付的问题，才导致了营业信托纠纷案件数量大幅激增。

2. 营业信托纠纷案件主要集中在陕西省、北京市、上海市、吉林省、广东省五个省、市

营业信托纠纷案件发生地域分布见图2-7。

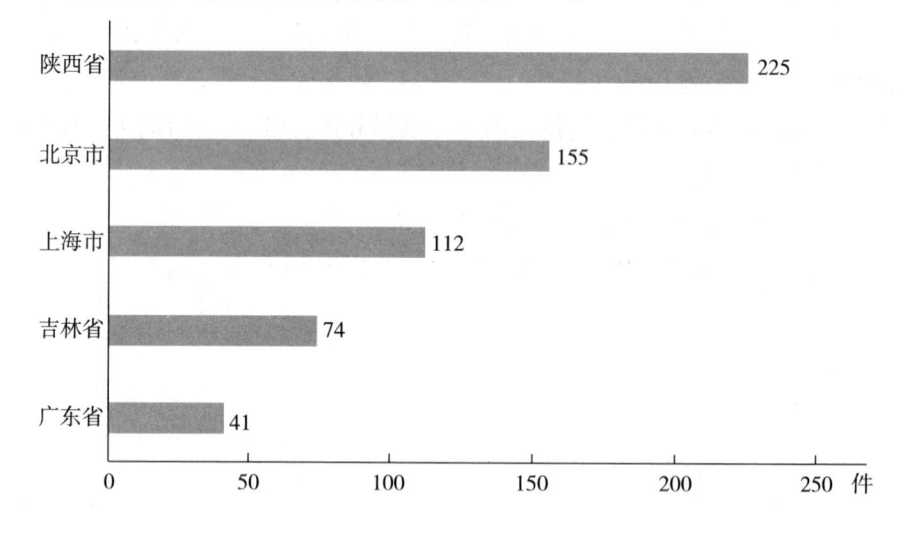

地域	案件数
陕西省	225
北京市	155
上海市	112
吉林省	74
广东省	41

图2-7 营业信托纠纷案件发生地域分布

从地域分布来看，当前营业信托纠纷案件数量最多的前三位是陕西省、北京市、上海市，分别占比为29.03%、20.00%、14.45%。在案件数量上，陕西省的案件数量最多，达到225件。而位于陕西省的长安国际信托股份有限公司作为被告或被上诉人的案件数为81个，位于吉林省的洪范基金管理有限公司吉林省分公司作为被告或被上诉人的案件数为31个。

3. 营业信托纠纷案件高发于金融业等行业

营业信托纠纷案件高发行业前五位具体见图2-8。

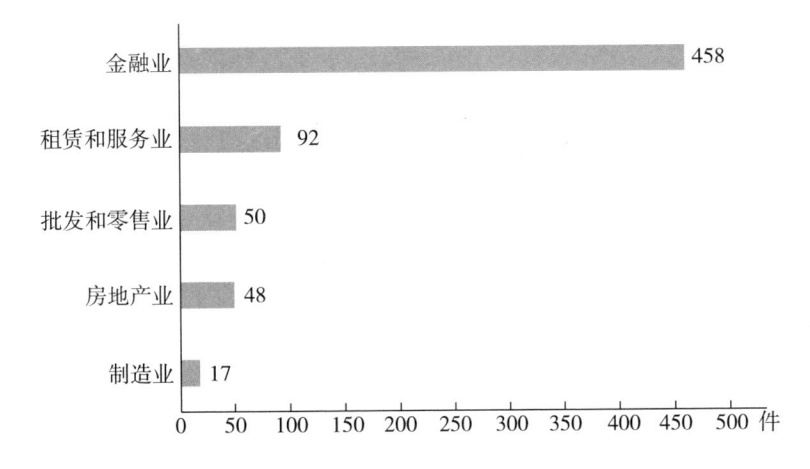

```
金融业              458
租赁和服务业     92
批发和零售业     50
房地产业           48
制造业              17
        0  50 100 150 200 250 300 350 400 450 500 件
```

图 2-8　营业信托纠纷案件高发行业前五位

从图 2-8 看到,当前营业信托纠纷案件主要发生在金融业,其次是租赁和商务服务业、批发和零售业,房地产业、制造业也较为集中。集中在金融业主要是因为我国信托产品属于金融产品,而发生纠纷后也大多与金融机构相关,所以与金融业的相关度也更高。例如,担任原告或上诉人的角色次数最多的 3 家公司分别是中信信托有限责任公司(25 个案件)、国民信托有限公司(23 个案件)、华宝信托有限责任公司(13 个案件)。

4. 当前营业信托纠纷案件高频实体法条之可视化分析

当前营业信托纠纷案件运用高频实体法条见表 2-3。

表 2-3　当前营业信托纠纷案件运用高频实体法条

规范名称	具体条款	具体内容	引用频次
《合同法》	第 8 条	依法成立的合同,对当事人具有法律约束力。当事人应当按照约定履行自己的义务,不得擅自变更或者解除合同。 依法成立的合同,受法律保护	126
	第 44 条	依法成立的合同,自成立时生效。 法律、行政法规规定应当办理批准、登记等手续生效的,依照其规定	85

续表

规范名称	具体条款	具体内容	引用频次
《合同法》	第60条	当事人应当按照约定全面履行自己的义务。当事人应当遵循诚实信用原则,根据合同的性质、目的和交易习惯履行通知、协助、保密等义务	79
	第125条第1款	当事人对合同条款的理解有争议的,应当按照合同所使用的词句、合同的有关条款、合同的目的、交易习惯以及诚实信用原则,确定该条款的真实意思	78
	第107条	当事人一方不履行合同义务或者履行合同义务不符合约定的,应当承担继续履行、采取补救措施或者赔偿损失等违约责任	68
	第124条	本法分则或者其他法律没有明文规定的合同,适用本法总则的规定,并可以参照本法分则或者其他法律最相类似的规定	34
	第122条	因当事人一方的违约行为,侵害对方人身、财产权益的,受损害方有权选择依照本法要求其承担违约责任或者依照其他法律要求其承担侵权责任	31
	第6条	当事人行使权利、履行义务应当遵循诚实信用原则	23
	第52条	有下列情形之一的,合同无效: (一)一方以欺诈、胁迫的手段订立合同,损害国家利益; (二)恶意串通,损害国家、集体或者第三人利益; (三)以合法形式掩盖非法目的; (四)损害社会公共利益; (五)违反法律、行政法规的强制性规定	20
《信托法》	第8条	设立信托,应当采取书面形式。 书面形式包括信托合同、遗嘱或者法律、行政法规规定的其他书面文件等。 采取信托合同形式设立信托的,信托合同签订时,信托成立。采取其他书面形式设立信托的,受托人承诺信托时,信托成立	87
	第5条	信托当事人进行信托活动,必须遵守法律、行政法规,遵循自愿、公平和诚实信用原则,不得损害国家利益和社会公共利益	81

续表

规范名称	具体条款	具体内容	引用频次
	第2条	本法所称信托,是指委托人基于对受托人的信任,将其财产权委托给受托人,由受托人按委托人的意愿以自己的名义,为受益人的利益或者特定目的,进行管理或者处分的行为	40
	第58条	信托终止的,受托人应当作出处理信托事务的清算报告。受益人或者信托财产的权利归属人对清算报告无异议的,受托人就清算报告所列事项解除责任。但受托人有不正当行为的除外	30
	第11条	有下列情形之一的,信托无效: (一)信托目的违反法律、行政法规或者损害社会公共利益; (二)信托财产不能确定; (三)委托人以非法财产或者本法规定不得设立信托的财产设立信托; (四)专以诉讼或者讨债为目的设立信托; (五)受益人或者受益人范围不能确定; (六)法律、行政法规规定的其他情形	19
《信托公司集合资金信托计划管理办法》	第5条	信托公司设立信托计划,应当符合以下要求: (一)委托人为合格投资者; (二)参与信托计划的委托人为惟一受益人; (三)单个信托计划的自然人人数不得超过50人,但单笔委托金额在300万元以上的自然人投资者和合格的机构投资者数量不受限制; (四)信托期限不少于1年; (五)信托资金有明确的投资方向和投资策略,且符合国家产业政策以及其他有关规定; (六)信托受益权划分为等额份额的信托单位; (七)信托合同应约定受托人报酬,除合理报酬外,信托公司不得以任何名义直接或间接以信托财产为自己或他人牟利; (八)中国银行业监督管理委员会规定的其他要求	48
	第31条	信托计划终止,信托公司应当于终止后10个工作日内做出处理信托事务的清算报告,经审计后向受益人披露。信托文件约定清算报告不需要审计的,信托公司可以提交未经审计的清算报告	29

续表

规范名称	具体条款	具体内容	引用频次
	第11条	认购风险申明书至少应当包含以下内容： （一）信托计划不承诺保本和最低收益，具有一定的投资风险，适合风险识别、评估、承受能力较强的合格投资者。 （二）委托人应当以自己合法所有的资金认购信托单位，不得非法汇集他人资金参与信托计划。 （三）信托公司依据信托计划文件管理信托财产所产生的风险，由信托财产承担。信托公司因违背信托计划文件、处理信托事务不当而造成信托财产损失的，由信托公司以固有财产赔偿；不足赔偿时，由投资者自担。 （四）委托人在认购风险申明书上签字，即表明已认真阅读并理解所有的信托计划文件，并愿意依法承担相应的信托投资风险。 认购风险申明书一式二份，注明委托人认购信托单位的数量，分别由信托公司和受益人持有	23
	第34条	信托公司应当依照法律法规的规定和信托计划文件的约定按时披露信息，并保证所披露信息的真实性、准确性和完整性	21
	第14条	信托合同应当在首页右上方用醒目字体载明下列文字：信托公司管理信托财产应恪尽职守，履行诚实、信用、谨慎、有效管理的义务。信托公司依据本信托合同约定管理信托财产所产生的风险，由信托财产承担。信托公司因违背本信托合同、处理信托事务不当而造成信托财产损失的，由信托公司以固有财产赔偿；不足赔偿时，由投资者自担	17
《最高人民法院、司法部关于公证机关赋予强制执行效力的债权文书执行有关问题的联合通知》	第1条	公证机关赋予强制执行效力的债权文书应当具备以下条件： （一）债权文书具有给付货币、物品、有价证券的内容； （二）债权债务关系明确，债权人和债务人对债权文书有关给付内容无疑义； （三）债权文书中载明债务人不履行义务或不完全履行义务时，债务人愿意接受依法强制执行的承诺	56

营业信托纠纷案件高频实体法条中有 5 条为关于合同之成立、效力、形式要件等方面的规定,有 4 条为关于以合同履行义务、诚实守信等原则的规定,有 2 条为关于信托终止之清算事宜的规定。从上述高频法条也可以看出,在营业信托纠纷案件中,实际适用《信托法》规定的同样占少数。

(四)营业信托纠纷的常见争议焦点及裁判观点的归纳与分析

1.信托合同效力(委托人与受托人之间是否成立有效的信托法律关系)的相关争议

(1)因受托人不具备营业信托资质,导致委托人与其签订的信托合同无效,双方未成立信托法律关系。

【案例 2-3】[1] 2011 年 3 月 15 日,洪范基金管理有限公司吉林省分公司(以下简称洪范吉林分公司)成立,负责人为孙某。2012 年 3 月 20 日,长春市洪范今宇投资管理部(以下简称今宇投资管理部)成立,投资者为孙某、魏某。洪范吉林分公司(甲方)与兴业银行股份有限公司长春分行(以下简称兴业银行)(乙方)就案涉基金订立《资金监管合同》,合同第 3 条约定,该账户内资金只能由乙方在下述情形下进行对外汇划:若该基金获得工商登记机关批准成立并且所有投资人取得该基金有限合伙人身份后,甲方应向乙方提供相关书面证明文件(包括该基金的合伙企业营业执照正本原件及复印件、合伙协议及补充协议的正本原件及复印件、执行事务合伙人的营业执照原件及复印件)。该基金成立后,甲方应申请将该账户内的资金转入由该基金在乙方开立的托管账户(针对该次募集基金的投资使用所开立的账户,下同),乙方应于收到甲方书面申请及相应会计划转凭证(支票或电汇凭证,下同)后两个工作日内将监管账户内的全部资金转入该基金在乙方处开立的托管账户中。托管账户名、账号届时由该基金提供。合同第 5 条约定:监管期间,甲方应按银行相关规定办理该账户的支付结算手续并支付资金监管费,资金监管费按千分之一收取。2012 年 3 月 26 日,洪范公司吉林分公司依照上述约定,在兴业银行开立了监管账户。

---

[1] 参见吉林省长春市朝阳区人民法院民事判决书,(2014)朝民初字第 1602 号;吉林省长春市中级人民法院民事裁定书,(2015)长民四终字第 663 号;参见吉林省长春市朝阳区人民法院民事判决书,(2016)吉 0104 民初 2740 号;参见吉林省长春市中级人民法院民事判决书,(2017)吉 01 民终 4187 号。

2012年4月16日，潘某荣与洪范吉林分公司签订《洪范·今宇地产股权投资集合资金信托计划信托合同》，约定潘某荣将245万元的信托资金委托给洪范吉林分公司，信托类型为自益信托，洪范吉林分公司根据本合同的约定，为潘某荣的利益进行管理和运用信托财产，由今宇投资管理部与吉林省今宇房地产开发有限公司（以下简称今宇地产）签署协议，主要用于受让今宇地产51%的股权，其余49%的股权质押于今宇投资管理部，今宇地产将所得的资金用于"今宇·水畔"房地产项目的二期建设。同日，潘某荣按照合同的约定向洪范吉林分公司指定的账户存入信托资金245万元。该合同第14条第2款约定："信托基金期满，信托基金未能转让上述股权或今宇地产未能以其约定的溢价回购上述股权，则受托人将通过处置其持有的今宇地产的土地及房产，以从今宇地产获得的处理后的资产变现方式获得资金，用于向受益人支付信托基金资金及其收益，以实现受益人的退出。"

2012年4月20日，洪范吉林分公司、今宇投资管理部与吉林省恺丰典当有限公司（以下简称恺丰典当公司）签订《协议书》，约定应今宇地产的书面委托，甲方（被告洪范吉林分公司）对外募集资金（以实际募集金额为准），专项用于今宇地产开发的"今宇水畔"房地产项目的建设，甲方以此设立乙方（今宇投资管理部），并作为投资主体；应乙方请求，丙方（恺丰典当公司）以其名义与今宇地产签订《典当合同》《抵押合同》，并办理《具有强制执行效力的债权文书公证书》，募集资金由今宇投资管理部直接拨付给今宇地产。

2012年4月至5月，洪范吉林分公司将61,680,000元转入今宇投资管理部在兴业银行开立的账户，"洪范·今宇地产股权投资集合资金信托计划"成立并生效。2012年5月25日，洪范吉林分公司在兴业银行开立的监管账户销户。

今宇投资管理部亦在兴业银行开立账户，今宇投资管理部在兴业银行开立账户后，于2012年5月3日向今宇地产转款30,000,000元；于2012年5月4日，将30,000,000元转入洪范吉林分公司在光大银行临河街支行开立的账户，洪范吉林分公司将此款分多笔转入潘某荣个人账户，潘某荣于2012年8月15日、22日分别转入初某春个人账户28,000,000元、12,000,000元。2012年8月15日、22日，初某春以其个人账户向今宇地产分别转款28,000,000元、12,000,000元，合计40,000,000元，洪范吉林分公司、今宇投资管理部主张此款系信托募集资金,以借款方式向今宇地产投资。自2012年5月30日起,今宇投资管理部每月按期向潘某荣返款,其中第一年返款306,250元,第二年返款269,500元,共计575,750元。原告潘某荣主张截至2014年3月28日共收到被告洪范吉林分公司支付的收益款575,750元。根据2014年4月21日被告今宇投资管理部在《关于洪范·今宇地产股权投资集合资金信托计划推迟返还本金的公告》中明确"按合同约定,2014年4月28日应项目退出退还本金",然而被告洪范吉林分公司、被告今宇投资管理部并未返还,因此原告潘某荣提起诉讼。

在本案诉讼期间,由于该信托基金期满后,今宇地产未按期返还资金及收益,恺丰典当公司依据与洪范吉林分公司、今宇投资管理部签订的《协议书》的约定,依法对今宇地产公司申请强制执行。2016年3月9日,吉林省长春市朝阳区人民法院作出(2014)朝法执恢字第12号、第13号、第14号、第15号、第16号执行裁定书,将今宇地产公司开发的位于公主岭市迎宾路与岭南大街交汇处今宇水畔小区的142套房屋以流拍价格44,642,568元折抵给第三人恺丰典当公司所有。

一审法院认为:原告与被告洪范公司吉林分公司签订的《洪范·今宇地产股权投资集合资金信托计划信托合同》,被告洪范公司吉林分公司、被告今宇投资管理部与案外人吉林省恺丰典当有限公司签订的《协议书》,以及被告洪范公司吉林分公司与被告兴业银行签订的《资金监管合同》均系各方的真实意思表示,且不违反法律、法规的强制性规定,应当认定合法有效。

二审法院认为:原审判决认定基本事实不清。

重审一审法院认为:本案系营业信托合同纠纷,原告与被告洪范公司吉林分公司签订的《洪范·今宇地产股权投资集合资金信托计划信托合同》,被告洪范公司吉林分公司与被告兴业银行签订的《资金监管合同》,被告洪范公司吉林分公司、被告今宇投资管理部与第三人恺丰典当公司签订的《协议书》未违反法律禁止性规定,合法有效,各方当事人均应遵照执行。

重审二审法院认为:关于潘某荣与洪范吉林分公司之间法律关系的性质和效力应如何认定的问题。《信托法》第2条规定:"本法所称信托,是指委托人基于对受托人的信任,将其财产权委托给受托人,由受托人按委托人的意愿以自己的名义,为受益人的利益或者特定目的,进行管理或者处分的行为。"第4条规定："受托人采取信托机构形式从事信托活动,其组织和管理由国务院制定具体办法。"第24条规定："受托人应当是具有完全民事行为能力的自然人、法人。法律、行政法规对受托人的条件另有规定的,从其规定。"《国务院办公厅关于〈中华人民共和国信托法〉公布执行后有关问题的通知》(国办发〔2001〕101号)中规定："《中华人民共和国信托法》(以下简称《信托法》)已于2001年10月1日起施行。为切实加强对法人和自然人从事信托活动的管理,经国务院同意,现将有关事项通知如下:一、根据《信托法》第四条的规定,由国务院法制办[1]牵头,组织有关部门拟定《信托机构管理条例》,对信托机构从事信托活动的事项作出具体规定。二、在国务院制定《信托机构管理条例》之前,按人民银行、证监会依据《信托法》制定的有关管理办法执行。人民银行、证监会分别负责对信托投资公司、证券投资基金管理公司等机构从事营业性信托活动的监督管理。未经人民银行、证监会批准,任何法人机构一律不得以各种形式从事营业性信托活动,任何自然人一律不得以任何名义从事各种形式的营业性信托活动。"原中国银监会公布的《信托公司管理办法》第7条规定："设立信托公司,应当经中国银行业监督管理委员会批准,并领取金融许可证。未经中国银行业监督管理委员会批准,任何单位和个人不得经营信托业务,任何经营单位不得在其名称中使用'信托公司'字样。法律法规另有规定的除外。"因此,设立有效信托的生效法律要件中包含关于信托当事人主体资格的生效要件,同时,营业信托的受托人必须是持有金融许可证的信托机构。在本案中,洪范公司、洪范吉林分公司均未能提供证据证明其取得了监管部门的批准,可以以机构形式从事信托活动,亦未提交其金融许可证。吉林省金融工作办公室核准的洪范吉林分公司的经营范围是:"管理或受托管理股权类投资;相关股权投资咨询业务。(法律、法规禁止和限制的,不得经营;法律、法规、国务院规定需经审批的,未获审批前不得经营)。"故洪范吉林分公司虽可以从事证券投资基金业务,但证券投资基金业务是特殊类型的信托业务,洪范吉林分公司仍不具备从事一般信托业务和其他类型信托业务的受托人资格。因此,

---

[1] 2018年机制改革之后,将司法部和国务院法制办公室的职责整合,重新组建司法部。

依据《民法通则》第 58 条之规定,[1]潘某荣与洪范吉林分公司之间并未形成有效的信托法律关系。

因本案历经了四次审判程序,较为复杂,笔者就每次程序的当事人、诉讼请求及裁判结果作了概览图示,具体见图 2-9、2-10、2-11、2-12。

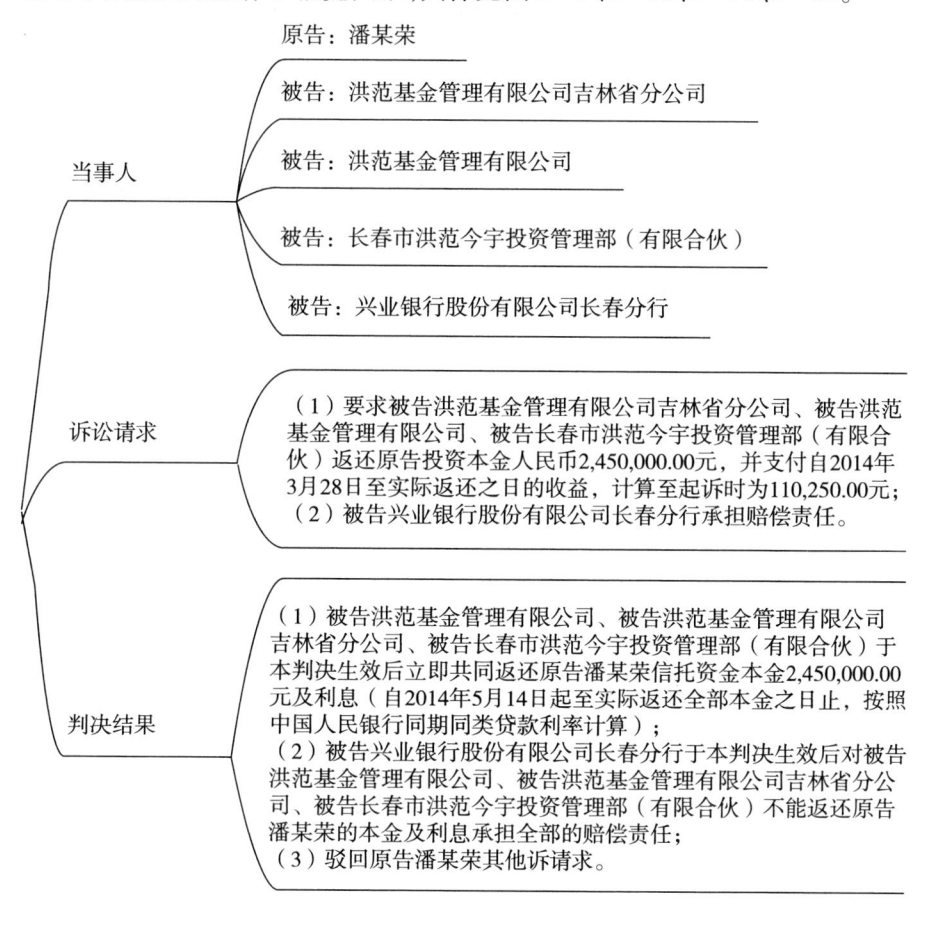

当事人
- 原告:潘某荣
- 被告:洪范基金管理有限公司吉林省分公司
- 被告:洪范基金管理有限公司
- 被告:长春市洪范今宇投资管理部(有限合伙)
- 被告:兴业银行股份有限公司长春分行

诉讼请求
(1)要求被告洪范基金管理有限公司吉林省分公司、被告洪范基金管理有限公司、被告长春市洪范今宇投资管理部(有限合伙)返还原告投资本金人民币2,450,000.00元,并支付自2014年3月28日至实际返还之日的收益,计算至起诉时为110,250.00元;
(2)被告兴业银行股份有限公司长春分行承担赔偿责任。

判决结果
(1)被告洪范基金管理有限公司、被告洪范基金管理有限公司吉林省分公司、被告长春市洪范今宇投资管理部(有限合伙)于本判决生效后立即共同返还原告潘某荣信托资金本金2,450,000.00元及利息(自2014年5月14日起至实际返还全部本金之日止,按照中国人民银行同期同类贷款利率计算);
(2)被告兴业银行股份有限公司长春分行于本判决生效后对被告洪范基金管理有限公司、被告洪范基金管理有限公司吉林省分公司、被告长春市洪范今宇投资管理部(有限合伙)不能返还原告潘某荣的本金及利息承担全部的赔偿责任;
(3)驳回原告潘某荣其他诉请求。

图 2-9 一审案情概览

---

[1] 本案审理时适用《民法通则》的规定。2021 年 1 月 1 日《民法典》正式施行,《民法通则》同时废止。相关规定可参见《民法典》第 153 条第 1 款。《民法典》第 153 条第 1 款规定:"违反法律、行政法规的强制性规定的民事法律行为无效。但是,该强制性规定不导致该民事法律行为无效的除外。"

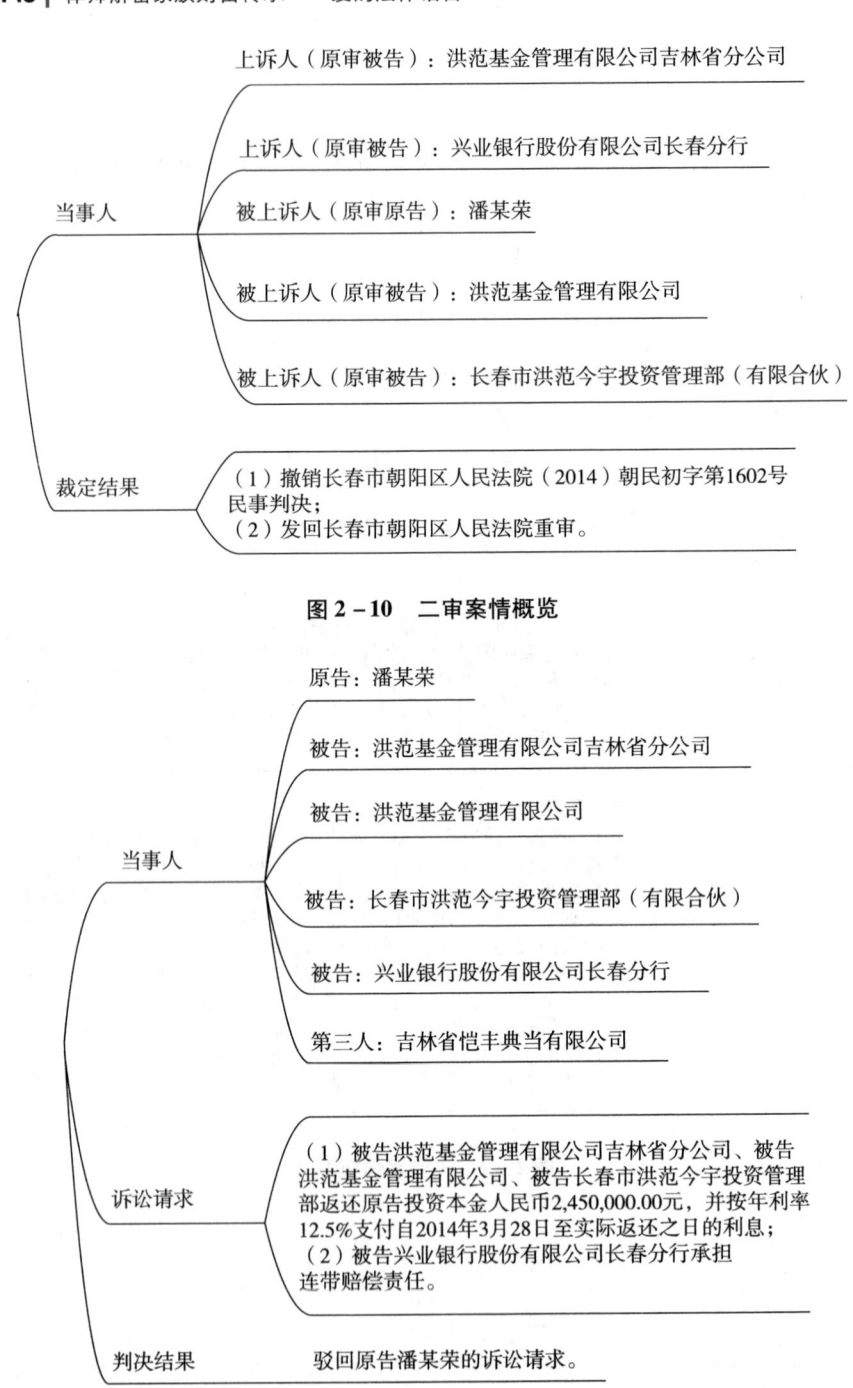

图 2-10 二审案情概览

- **当事人**
  - 上诉人（原审被告）：洪范基金管理有限公司吉林省分公司
  - 上诉人（原审被告）：兴业银行股份有限公司长春分行
  - 被上诉人（原审原告）：潘某荣
  - 被上诉人（原审被告）：洪范基金管理有限公司
  - 被上诉人（原审被告）：长春市洪范今宇投资管理部（有限合伙）
- **裁定结果**
  - （1）撤销长春市朝阳区人民法院（2014）朝民初字第1602号民事判决；
  - （2）发回长春市朝阳区人民法院重审。

图 2-10　二审案情概览

图 2-11 重审一审案情概览

- **当事人**
  - 原告：潘某荣
  - 被告：洪范基金管理有限公司吉林省分公司
  - 被告：洪范基金管理有限公司
  - 被告：长春市洪范今宇投资管理部（有限合伙）
  - 被告：兴业银行股份有限公司长春分行
  - 第三人：吉林省恺丰典当有限公司
- **诉讼请求**
  - （1）被告洪范基金管理有限公司吉林省分公司、被告洪范基金管理有限公司、被告长春市洪范今宇投资管理部返还原告投资本金人民币2,450,000.00元，并按年利率12.5%支付自2014年3月28日至实际返还之日的利息；
  - （2）被告兴业银行股份有限公司长春分行承担连带赔偿责任。
- **判决结果**
  - 驳回原告潘某荣的诉讼请求。

图 2-11　重审一审案情概览

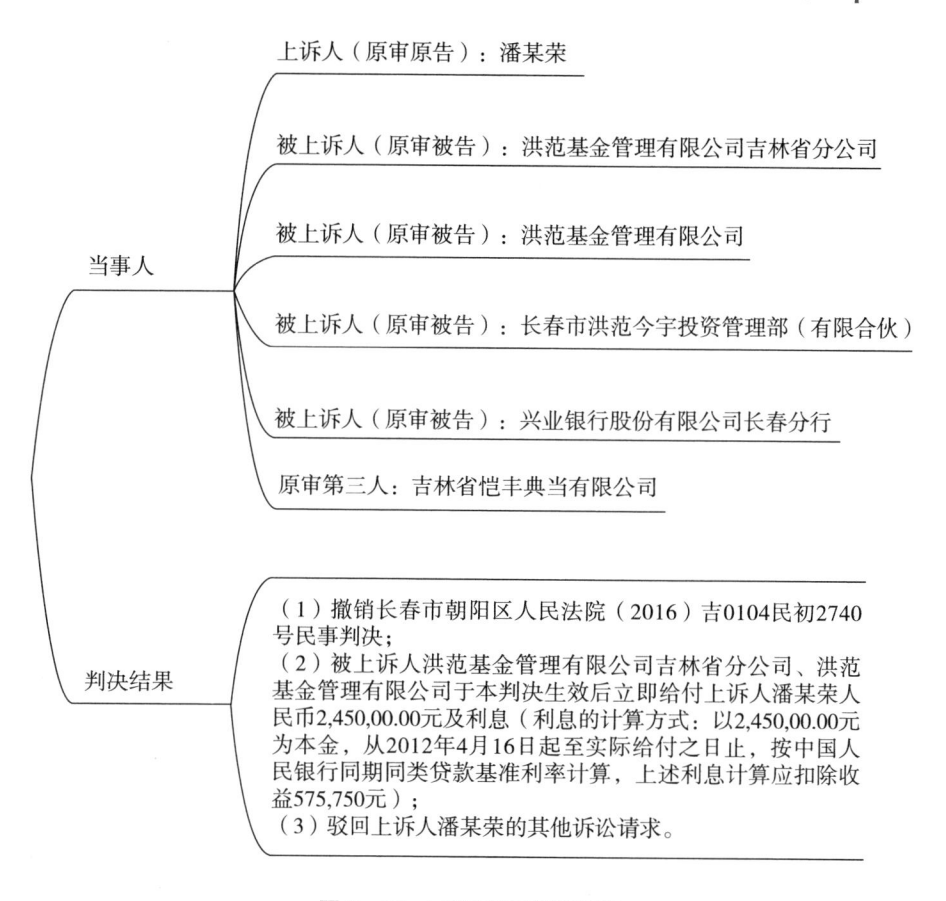

```
                ┌── 上诉人（原审原告）：潘某荣
                │
                ├── 被上诉人（原审被告）：洪范基金管理有限公司吉林省分公司
                │
   当事人 ──────┼── 被上诉人（原审被告）：洪范基金管理有限公司
                │
                ├── 被上诉人（原审被告）：长春市洪范今宇投资管理部（有限合伙）
                │
                ├── 被上诉人（原审被告）：兴业银行股份有限公司长春分行
                │
                └── 原审第三人：吉林省恺丰典当有限公司

   判决结果 ──── （1）撤销长春市朝阳区人民法院（2016）吉0104民初2740
                  号民事判决；
                  （2）被上诉人洪范基金管理有限公司吉林省分公司、洪范
                  基金管理有限公司于本判决生效后立即给付上诉人潘某荣人
                  民币2,450,00.00元及利息（利息的计算方式：以2,450,00.00元
                  为本金，从2012年4月16日起至实际给付之日止，按中国人
                  民银行同期同类贷款基准利率计算，上述利息计算应扣除收
                  益575,750元）；
                  （3）驳回上诉人潘某荣的其他诉讼请求。
```

图2-12 重审二审案情概览

本案经历的诉讼程序漫长，其中一个原因是法院对涉案的信托合同是否有效的认定不同，而作出了截然不同的裁判。

营业信托效力认定之影响因素包括：信托财产合法性、信托财产确定性、信托目的等，本案涉及的因素为受托人是否具备相关资质。

目前，营业信托受托人所依据的相关法律法规为：第一，《信托法》第4条规定："受托人采取信托机构形式从事信托活动，其组织和管理由国务院制定具体办法。"第二，《信托公司管理办法》第2条第1款规定："本办法所称信托公司，是指依照《中华人民共和国公司法》和本办法设立的主要经营信托业务的金融机构。"第7条规定："设立信托公司，应当经中国银行业监督管理委员会批准，并领取金融许可证。未经中国银行业监督管理委员会批准，任何单位和个人不得经营信托业务，任何经营单位不得在其名称中使用'信托公司'字样。法律法规另有规定的除外。"第三，《中国银保监会信托公司行政许可事项实施办法》第 2 条规定："本办法所称信托公司，是指依照《中华人民共和国公司法》、《中华人民共和国银行业监督管理法》和《信托公司管理办法》设立的主要经营信托业务的金融机构。"

从案例 2-3 可见，受托人是否具备营业信托资质是信托合同是否成立的重要条件，无论是委托人还是受托人都应该对营业信托资质做出合理、周全的审查，以免因信托合同无效而无法实际达到履行信托合同的目的。

(2) 营业信托合同由于违反《合同法》第 52 条之规定而无效。[1]

【案例 2-4】[2] 2002 年 10 月 23 日，委托人中静实业(集团有限公司)与受托人刘某毅签订了《信托合同》，该《信托合同》中约定："(1) 委托人有意收购目标公司股权，并最终成为控股股东；(2) 收购方式为受托人先以目标公司股东身份，通过行使优先购买权，向目标公司其余股东购买股权，在收购到委托人认为足额的股份后，根据其指示，行使股东权利；(3) 信托合同项下的信托财产即指委托人交付给受托人用于收购目标公司的资金。"2002 年 11 月，受托人受让了目标公司其余 21 名股东的股权，持有目标公司的股权比例从 1% 增加至 72.9%。后某股东认为受托人和委托人系恶意串通签订《信托合同》，损害其合法权益，故诉至法院。

法院经审理后认为，本案所涉的股权转让表面上看系发生在受托人与其他目标公司原股东之间，但是委托人通过私下与受托人签订系争《信托合同》的形式，规避了公司法规定的程序，以表面合法的形式直接或者间接剥夺了其他股东获知股权对外转让时行使阻却权、优先购买权等股东的基本权利；系争《信托合同》前言部分明确载明了"行使优先购买权""股东间协议转让股权"等法律专业术语，完全有理由相信委托人知晓有限责任公司对外转让的规定，其系有意违背公司法的关于股东向股东以外的人转让股权的

---

[1] 案件审理时适用《合同法》的规定。《合同法》规定的"以合法形式掩盖非法目的"的情形，不再作为认定合同无效的事由。相关规定可参见《民法典》第 146 条。《民法典》第 146 条规定："行为人与相对人以虚假的意思表示实施的民事法律行为无效。以虚假的意思表示隐藏的民事法律行为的效力，依照有关法律规定处理。"但《合同法》规定的"恶意串通，损害国家、集体或者第三人利益"得以保留，可参见《民法典》第 154 条。《民法典》第 154 条规定："行为人与相对人恶意串通，损害他人合法权益的民事法律行为无效。"

[2] 参见上海市普陀区人民法院民事判决书，(2015) 普民五(商)初字第 4964 号。

规定;……且系争《信托合同》明确受托人不得对外泄露合同内容。综上,法院认为,系争《信托合同》实质是为了达到委托人收购目标公司股权的目的而签订,委托人委托受托人出面以内部股东收购的形式,收购目标公司股权,双方串通实施该行为,直接导致的后果是以表面合法的形式规避法律,且剥夺了目标公司其他股东受让股权的机会,损害了其他股东的合法权利,违反了法律强制性规定,故应认定为无效。

尽管案例2-4不完全属于营业信托业务,但是仍具有一定的典型性。根据《公司法》第71条的规定,在股东向第三人转让股权时,赋予了其他股东同等条件下的优先购买权。在上述案例中,委托人与受托人利用了信托法律关系中受托人对交易相对方不负披露义务这一特征,恶意串通签订合同,所签订的信托合同被法院认定为属于"恶意串通,损害国家、集体或者第三人利益"及"以合法形式掩盖非法目的"而无效。因此,信托合同是否有效,除了要符合《信托法》的相关规定外,还应符合《民法典》的规定,鉴于此,特别提醒在实务操作中应谨慎采用,以避免纠纷的产生。

2. 受托人是否存在违反信托目的处分信托财产、违背管理职责、处理信托事务不当等情形的相关争议

【案例2-5】[1]委托人为江苏江山制药有限公司(以下简称江山制药公司),受托人为中泰信托有限责任公司(以下简称中泰信托公司)。委托人将自有的合法资金委托给受托人,由受托人以自己的名义发放给目标企业用于项目的房地产开发。《信托合同》明确约定,受托人应在土地抵押、在建工程抵押手续以及强制执行公证完成之后向目标企业发放贷款,委托人将8000万元支付到约定的银行账户。同日,目标公司向受托人出具借款借据,借款用途为房地产项目开发,借款金额为8000万元,利率为年利率12%,还款方式为按季付息,到期还本。但现有证据表明,受托人在未具备上述三个前提条件的情况下,将信托资金8000万元发放给目标企业,且目标企业也未按《房地产项目资金封闭运作管理协议书》及与受托人签订的《借款合同》的约定,将商品房预售款汇入监管账户,在归还委托人2000万元本金及部分利息后便无力偿还剩余款项及利息。因此,委托人起诉受托人要求其赔偿

---

[1] 参见江苏省泰州市中级人民法院民事判决书,(2014)泰中商初字第00173号。

6000万元本金损失及利息损失。法院经审理后认为受托人违反《信托合同》的约定，对款项的发放、监管、回收等未尽到合理、谨慎的义务，依约应向委托人承担违约责任，赔偿其损失。根据《信托合同》的约定，受托人违反信托目的处分信托财产或者因违背管理职责、处理信托事务不当致使信托财产受到损失的，委托人有权要求受托人恢复信托财产的原状或予以赔偿。受托人的行为已构成违约，委托人要求其支付目标企业所欠的信托资金本金6000万元的诉求，应予以支持。

法院经审理认为，信托是指委托人基于对受托人的信任，将其财产权委托给受托人，由受托人按照委托人的意愿，以自己的名义为受益人的利益或者特定目的，进行管理或者处分的行为。委托人将自有的合法资金委托给受托人，其作为委托方已经履行了自己的义务。受托方作为受托人，应当按照《信托合同》的约定履行信托资金的发放、监管等义务。根据《信托合同》的约定，受托人违反信托目的处分信托财产或者因违背管理职责、处理信托事务不当致使信托财产受到损失的，委托人有权要求受托人恢复信托财产的原状或予以赔偿。故法院支持原告的诉求。

对于如何认定通道业务中信托受托人的义务和责任承担，根据2019年11月8日最高人民法院发布的《全国法院民商事审判工作会议纪要》（以下简称《民商事审判纪要》）第93条的规定，通道业务是指"当事人在信托文件中约定，委托人自主决定信托设立、信托财产运用对象、信托财产管理运用处分方式等事宜，自行承担信托资产的风险管理责任和相应风险损失，受托人仅提供必要的事务协助或者服务，不承担主动管理职责"这一类业务。

在案例2-5中，中泰信托公司与江山制药公司签订的《信托合同》、与玉成公司签订的《房地产项目资金封闭运作管理协议书》及《借款合同》均系当事人真实意思表示，内容未违反我国法律和行政法规强制性规定，应当认定为合法有效，对各方当事人具有法律约束力，双方应当依约实际、完全地履行合同。在本案中，江山制药公司将自有的合法资金委托给中泰信托公司，由中泰信托公司以自己的名义发放给目标企业玉成公司用于御城项目的房地产开发，江山制药公司作为委托方已经履行了自己的义务。中泰信托公司作为受托人应当按照《信托合同》的约定，履行信托资金的发放、监管等义务。《信托合同》明确约定，中泰信托公司应在土地抵押、在建工程抵押手续以及强制执行公证完成之后向目标企业发放贷款。现有证据表明,中泰信托公司在未具备上述三个前提条件的情况下,将信托资金发放给目标企业,且目标企业也未按《房地产项目资金封闭运作管理协议书》及《借款合同》的约定,将商品房预售款汇入监管账户,在归还江山制药公司2000万元本金及部分利息后便无力偿还剩余款项及利息。对此,中泰信托公司违反《信托合同》的约定,对款项的发放、监管、回收等未尽到合理、谨慎的义务,依约应向江山制药公司承担违约责任,赔偿其损失。

对于通道业务受托人责任的承担,《民商事审判纪要》第93条规定:"至于委托人和受托人之间的权利义务关系,应当依据信托文件的约定加以确定。"判定通道业务受托人的责任,首先依据信托文件约定的委托人、受托人的权利和义务条款来确定,这体现了当事人的意思自治和合同自由。但是在受托人义务并未明确约定或双方存在争议的情形下,不能简单地排除受托人的法定义务。因此,依委托人指令或信托文件中的约定进行信托资金投资,在信托到期或终止时向受益人进行信托财产的现状返还、分配,此为受托人作为通道方进行事务性管理的两大主要内容。在担保物权尚未有效设立时,受托人违反信托文件的约定,提前向目标公司发放贷款显然违反其管理职责,应向委托人赔偿相应的损失。

【案例2-6】[1]2010年11月19日,田某强、长安信托国际股份有限公司(以下简称长安信托公司)签订《西安信托·定增宝基金一期集合资金信托合同》(以下简称《信托合同》),同日长安信托公司向田某强出具了《西安信托·定增宝基金一期集合资金信托计划说明书》,根据《信托合同》及说明书的约定,长安信托公司作为有限合伙人参与设立合伙企业,信托计划通过合伙企业参与国内证券市场非公开发行股票投资。该信托计划的受托人为长安信托公司,投资顾问及券商经纪人为中国国际金融有限公司,浙江商裕投资管理有限公司(以下简称商裕投资公司)作为普通合伙人组建专业的投资团队负责合伙企业的投资及管理。田某强参与该信托计划的认购,投资3,300,000元。定增宝信托计划的基本架构为:信托委托人(包括田某强)认购信托计划单位并交付信托资金于长安信托公司,由长安信托公司按照信

---

[1] 参见陕西省西安市雁塔区人民法院民事判决书,(2015)雁民初字第04318号;陕西省西安市中级人民法院民事判决书,(2016)陕01民终6896号。

托委托人的意愿,根据信托文件的规定作为有限合伙人,与普通合伙人商裕投资公司、有限合伙人浙江商裕控股集团投资有限公司(现已更名为浙江控股集团有限公司)共同出资设立浙江商裕开盛创业投资合伙企业(有限合伙)(以下简称商裕开创公司),通过该合伙企业从事证券市场上市公司定向增发投资业务。合伙企业是处理信托事务过程中制定投资方案的主体。信托计划成立之日,长安信托公司将被认购的信托计划资金全部划至商裕开创公司的银行账户,作为对合伙企业的出资(实际缴付),通过该合伙企业进行上市公司定向增发投资,为信托委托人获取投资收益。在投资决策上,合伙企业出具的投资建议书需要经长安信托公司审核同意后,长安信托公司的账户监管代表方可向保管银行发出划款指令,进行定向增发投资。根据信托文件和《合伙协议》的约定,商裕投资公司是合伙企业的执行事务合伙人,对外代表合伙企业执行合伙事务,负责合伙企业的日常管理和对外投资,主要进行定向增发投资;商裕投资公司负责组建专业的投资团队,并对投资团队的行为承担法律责任;投资团队负责投资项目的筛选、调研和具体实施等。故商裕投资公司的投资团队是选择投资项目、制定投资方案的具体操作者。长安信托公司已经在本次信托计划的《认购风险申明书》《信托计划说明书》《信托合同》上履行了符合信托法规规定的风险揭示及风险责任承担原则的揭示义务。根据《信托合同》第16条的约定,长安信托公司已经针对本次信托计划向投资人做出针对性的风险揭示。另查明,田某强曾多次向原中国银监会陕西监管局反映长安信托公司在执行信托计划过程中存在违约情形,原中国银监会陕西监管局针对该反映,分别于2013年3月11日、2013年12月5日、2014年4月22日、2014年8月6日书面回复田某强,均证明长安信托公司在执行信托计划过程中不存在违反信托合同、合伙协议约定及相关法规的情形。

一审法院认为田某强、长安信托公司之间签订的《西安信托·定增宝基金一期集合资金信托合同》系双方当事人真实意思表示,且并未违反法律、行政法规的强制性规定,合法有效,应予保护,双方均应按照约定履行义务。信托合同签订后,田某强依约履行了出资义务,法院予以确认。关于田某强请求长安信托公司赔偿投资本金损失343,365元一节,经查,在《信托合同》有效的情况下,长安信托公司已经根据合同履行了其公司义务,中国银监会陕西监管局已作出书面回复。长安信托公司在履行合同过程中并无违约行为，田某强的损失是由于整个信托计划的亏损所导致，因信托计划本身具有一定的投资风险，不承诺保本和最低收益，对投资者的风险识别、评估、承受能力要求较高，田某强作为委托人应对此有认知能力，应自行承担投资亏损，其该项请求法院不予支持。关于田某强请求赔偿预期收益2,244,000元一节，经查，信托计划本身具有一定的投资风险，不承诺保本和最低收益，且预期收益实际未发生亦无法预测，故该项请求法院不予支持。一审法院遂驳回原告田某强的诉讼请求。

二审法院认为本案系营业信托纠纷，信托资产具有独立性，委托人只有在违背管理职责或者处理信托事务不当，致使信托财产发生实际损失时，才以自有财产承担责任。本案中，涉案双方当事人签订的信托合同合法有效，长安信托公司作为信托人，因承诺信托收取了田某强的信托投资款，与田某强之间建立了信托法律关系。现涉案信托项目期满终止并实际清算，信托财产已分配完毕。在本案诉讼中，田某强虽提交了产品推介说明书、产品推介书、路演收益资料等证据，以证明长安信托公司存在虚假宣传的事实，但涉案双方以签订信托合同的形式设立信托，合同双方未在《信托合同》中将信托计划说明书与认购风险申明书之外的材料作为该合同附件，根据田某强提交的证据，不能认定长安信托存在虚假宣传的事实。田某强认为长安信托公司未诚实、信用、谨慎、有效地履行受托人职责，但根据信托合同及信托计划说明书约定，涉案信托计划通过合伙企业参与国内证券市场非公开发行股票投资，长安信托公司只是作为有限合伙人参与设立合伙企业，商裕投资公司作为普通合伙人组建专业的投资团队，负责合伙企业的投资及管理，长安信托公司并不直接负责合伙企业的投资及管理。田某强等投资人信托资金投入信托后，长安信托公司已如约以有限合伙人身份将信托资金用于与商裕投资公司发起设立有限合伙企业商裕开创公司，商裕开创公司的合伙事务由商裕投资公司具体负责管理，长安信托公司对上述行为进行了公告和说明。在本案诉讼中，田某强没有提交能够证明其在涉案信托存续期间就长安信托公司不当履行信义义务提出异议的相关证据，其提供的证据不能证明其所诉损失与长安信托公司违反信义义务行为之间的因果关系，而长安信托公司已提交的信托计划尽职调查报告、信息披露公告、受益人大会通知、清算报告等相关证据，能够证明其公司已按信托合同约定履行信托财产的投资管理、信托管理、风险揭示、信托清算等情况。同时，一审法院已经查明,田某强就长安信托公司在执行信托计划过程中存在违约违规情形的问题,曾多次向原中国银监会陕西监管局进行反映,原中国银监会陕西监管局做出的多次书面回复中均认定长安信托公司在执行信托计划过程中不存在违反信托合同、合伙协议约定及相关法规的情形。原中国银监会陕西监管局系对信托公司及其业务活动实施监督管理职责的部门,综合田某强自述及其在本案诉讼中所提交的证据,并不足以否定行业监管部门得出的上述结论。

在营业信托纠纷中,信托委托人一般会提出两项诉讼请求,一是返还投资本金,二是追索预期收益损失。关于第一项诉请,即主张信托受托人返还投资本金的事实依据,通过上述案例中法院的观点可以看出,信托委托人需要证明以下情形之一:信托合同无效;信托合同在签署时存在虚假宣传等欺诈、重大误解等法定情形,可以撤销;信托受托人在执行信托计划过程中违反信托合同约定或者未能诚实、信用、谨慎、有效地履行受托人职责等违约情形。关于信托合同的效力,《信托法》第11条规定,有下列情形之一的,信托无效:(1)信托目的违反法律、行政法规或者损害社会公共利益;(2)信托财产不能确定;(3)委托人以非法财产或者本法规定不得设立信托的财产设立信托;(4)专以诉讼或者讨债为目的设立信托;(5)受益人或者受益人范围不能确定;(6)法律、行政法规规定的其他情形。主张信托合同无效可以参照上述法定情形,但在实践中,营业信托纠纷中的信托受托人是专业的、持牌的信托机构,信托计划的相关文件及流程均由专业人员起草和把关,因此信托合同出现上述法定无效情形的可能性非常小。关于信托合同可被撤销的问题,在实践中,信托机构工作人员在招揽信托客户时往往会在产品推介会、产品推介说明书、路演收益资料上夸大或者承诺信托收益以促成交易,从上述案例二审法院的观点来看,即使上述资料存在虚假宣传的事实,但上述资料并未形成信托合同的附件,因此不足以证实信托公司存在虚假宣传。这里要提醒各位信托投资人,信托计划本身具有一定的投资风险,法律禁止信托机构承诺保本和最低收益,因此,任何承诺固定收益或者保证最低收益的信托产品都是不可信的,如果要作为日后维权的依据,必须要求信托机构将相关的推介资料作为信托计划的附件,才具备证据效力。关于证明信托受托人违约的情形,如信托委托人发现信托受托人在执行信托计划时违反信托合同约定或者不能诚实、信用、谨慎、有效地履行合同,要及时向信托受托人提出异议并保留提出异议以及能够证明信托受托人存在违约或者违规的相关证据。如果违约事实客观存在,建议通过向行业监管部门投诉信托机构违约或违规行为,由监管部门进行查处,保留证据。关于第二项诉请即追索预期收益,《信托公司集合资金信托计划管理办法》第 11 条规定,认购风险申明书至少应当包含以下内容:信托计划不承诺保本和最低收益,具有一定的投资风险,适合风险识别、评估、承受能力较强的合格投资者。因此信托计划本身具有一定的投资风险,不能承诺保本和最低收益,信托委托人如果以信托受托人在建立信托计划前承诺的收益计算方法向信托受托人追索收益,则不能得到法院支持。

3. 作为资金保管方的银行是否应承担相应责任的相关争议

【案例 2-7】[1]毛某明与陕西省国际信托股份有限公司(以下简称陕西国际信托公司)签订了一份《信托合同》,约定合同的当事人包括委托人毛某明、受益人(自益信托,委托人为唯一受益人)毛某明以及受托人陕西国际信托公司;其中第 2 条信托类型、受托人和保管人约定,本信托的信托资金保管人为中国建设银行股份有限公司深圳市分行(以下简称建行深圳分行);第 6 条信托利益约定,本信托计划成立之日起受益人取得相应的信托收益权,享有相应的信托利益……根据信托计划实际存续时间,委托人预期年化收益率和信托利益分配方式如下:(1)若本信托计划从正式成立之日起满 12 个月(含当日)终止的,A 类委托人和 B 类委托人的预期收益率分别为 7.2% 和 7.5%;(2)若本信托计划从正式成立之日起的第 13 个月至第 24 个月(含当日)终止的,A 类委托人和 B 类委托人在整个信托计划存续期间的年化预期收益率分别为 8.2% 和 8.5%;(3)若本信托计划从正式成立之日起的第 25 个月至第 30 个月(含当日)终止的,A 类委托人和 B 类委托人在整个信托计划存续期间的年化预期收益率分别为 10% 和 11%。2011 年 3 月 29 日,委托人通过建行深圳分行下属营业网点向受托人转账支付 100 万元,用于认购《信托合同》所约定的信托产品。后《信托合同》项下的信托计划于 2013 年 3 月 30 日提前终止。委托人、建行深圳分行双方确认,在信托计划存续期

---

[1] 广东省深圳市福田区人民法院民事判决书,(2015)深福法民二初第 4110 号;广东省深圳市中级人民法院民事判决书,(2015)深中法商终字第 2233 号。

间,受托人分别于 2012 年 4 月 5 日及 2013 年 4 月 1 日向委托人支付了信托利益 16.4 万元(8.2 万元×2),并返还了认购本金 100 万元。

委托人因预期收益率与合同约定不符,曾先后向原中国银监会陕西监管局及深圳监管局进行过信访投诉。陕西监管局在其《答复函》中称:(1)经核查,"陕国投长城集团股权收益权投资集合资金信托计划"成立于 2011 年 3 月 31 日,信托期限 24 个月,未发现该信托计划期限的确认存在差错;(2)经核查,陕西省国际信托股份有限公司已于 2011 年 3 月 31 日在网站上披露了上述信托计划的《成立公告》,当日向建行深圳分行发送了《信托计划成立通知书》,并于 2011 年 4 月 2 日向建行深圳分行发送了所有委托人的《信托单位认购确认书》,信托收益的确认在《信托合同》中无相关约定。后委托人因对受托人支付信托利益的合同义务持有异议,便起诉至法院要求建行深圳分行支付信托利益差额。

一审法院认为,《信托合同》已明确载明合同当事人为委托人与受托人,建行深圳分行在该次信托计划中为"信托资金保管人",并不负有向受益人支付信托利益,或承担信托计划投资风险的合同义务。委托人以建行深圳分行系受托人所选任的信托资金保管银行,以及受托人利用了建行深圳分行的客户资源进行信托计划推介两方面的事实,据此认定建行深圳分行亦负有向其补足信托利益差额的义务,缺乏合同依据及法律依据;且一审法院认为,委托人未能举证证明建行深圳分行曾对信托计划的成立日期作出误导性的陈述,或对信托计划的预期收益率作夸大性宣传。最终驳回了委托人的全部诉讼请求。委托人不服原审判决提起上诉/再审,二审法院/再审法院经审理认为,原审认定事实基本清楚,适用法律正确,处理妥当,并判决驳回上诉/再审,维持原判。

首先,从《合同法》的角度来看,根据合同的相对性原则,该案《信托合同》明确约定了合同当事人为委托人、受益人和受托人,而建行深圳分行仅是信托资金保管人,其身份在法律性质上类似于第三方资金监管机构。另外,根据《信托法》第 3 条的规定,信托当事人也仅包括委托人、受托人、受益人三类,因此委托人起诉要求建行深圳分行仅承担合同义务显然主体不适格。

其次,笔者认为,案例 2-7 中人民法院关于信托的成立时间的事实认定不当。根据《信托法》第8条第3款的规定,采取信托合同形式设立信托的,信托合同签订时,信托成立。第44条规定,受益人自信托生效之日起享有信托受益权。信托文件另有规定的,从其规定。该案一审、二审法院均未查明《信托合同》的签订时间,而是依据原中国银监会陕西监管局的《答复函》中回复的信托计划成立时间即2011年3月31日进行认定。因暂无法通过判决书确定本案《信托合同》的签订时间,因此,结合委托人在2011年3月29日转账支付100万元的事实,以及在签订合同后付款的常理,假设本案信托合同签订时间是当日,那么,依照法律本案信托合同的生效日是2011年3月29日,而不是2011年3月31日,也即,除非信托合同另有约定,受益人从信托生效之日起享有信托收益权,并从当日起算信托利益。

最后,从查明的事实来看,案例2-7中确实存在委托人类别(A类或者B类)界定不够明确的地方,最终经过协商,由受托人补偿因委托人类别差异导致的收益差额。这就警示我们的信托委托人和受托人均应当严格、细致、公平、合法地去设计、审查、签署和执行合同条款,从而避免合同约定不明而产生纠纷。

并且,此案例也在一定程度上表明,在司法实践中未与委托人建立合同关系或者信托关系,仅在信托计划中作为资金保管人的银行一般无需对委托人或受益人承担信托利益损失的赔偿责任。

4. 在信托计划受益人未明确表示是否同意延期的情况下,信托公司主动延期是否构成违约

【案例2-8】[1] 2013年12月18日,李某伟与新华信托股份有限公司(以下简称新华信托公司)签订《资金信托合同》,载明未经受益人同意,受托人可自行决定信托计划延期3个月,李某伟于同日填写了《客户风险等级评估表》和《新华信托·鹏程I号房地产投资基金集合资金信托计划认购风险申明书》,其后分别于2013年12月18日和24日向新华信托公司支付信托资金3600万元和3250万元,总计6850万元。2014年1月22日,新华信托公司发出《新华信托·鹏程I号房地产投资基金集合资金信托计划(第一期)成立生效通知书》,载明本信托计划第一期实际募集资金为10,250万

---

[1] 参见中华人民共和国最高人民法院民事判决书,(2018)最高法民终173号。

元,该期规模全部为次级受益人,符合信托计划书及信托合同规定的第一期成立条件,于2013年12月31日成立并生效,于2015年12月31日到期。由于信托计划投资的地产项目未能及时退出,新华信托公司决定延长信托计划至2016年3月31日,但在延期后,仍不能实现信托计划的退出,故受托人于2016年6月14日召集受益人召开受益人大会。优先级受益人同意延期,且同意延期至信托财产全部变现时止。但次级受益人李某伟对于是否延期及延期至何时未作出表态,仅是对于该项内容提出了异议并记录在案。后由于该信托计划迟迟未兑付,李某伟起诉至法院,要求确认新华信托公司存在违约行为,承担因其违约行为给李某伟造成的损失。

法院认为,在没有明确约定或者法律规定的情形下,不能将沉默推定为同意。在本案中,在次级受益人对是否延期未作表态的情况下,新华信托公司应当再次征求次级受益人的意见,要求其明确态度并说明后果,而不能径自推定为次级受益人同意延期。因此,新华信托公司的延期行为违反合同约定。

我国《信托法》第25条规定:"受托人应当遵守信托文件的规定,为受益人的最大利益处理信托事务。受托人管理信托财产,必须恪尽职守,履行诚实、信用、谨慎、有效管理的义务。"由此可见,忠实勤勉和谨慎义务是信托受托人的核心义务,信托公司在信托各个阶段均应切实履行忠实勤勉和谨慎义务,在投后管理阶段,信托受托人应依信托文件处理信托事务,切实履行信息披露义务、风险提示义务、及时平仓义务、分别管理义务、亲自管理义务以及清算义务。如在信托过程中出现信托产品延期兑付,建议信托公司可以根据不同情况采取不同的处理方式:

第一,如信托文件约定信托公司可根据项目情况延长信托计划,在该种情形下,信托公司可不召开受益人大会而直接延长信托计划,一般并不构成违约。在"司某东与国民信托有限公司信托纠纷"一案中,裁判机构采纳该观点。[1]

第二,如信托文件无约定,则信托公司应及时征求受益人意见,如受益人不同意延长期限,则信托公司应及时履行清算义务,否则将会承担违约责任。

---

[1] 参见北京市第二中级人民法院民事判决书,(2018)京02民终11326号。

5. 异地推介信托计划是否违反法律规定及法律后果

【案例2－9】[1]2011年10月26日,吉林信托公司为设立吉信·松花江[77]号山西富裕能源项目收益权集合资金信托计划,与中国建设银行股份有限公司山西省分行(以下简称建行山西分行)签订《代理资金信托计划资金代收付协议书》,约定吉林省信托有限责任公司(以下简称吉林信托公司)委托建行山西分行代理收取吉信·松花江[77]号集合资金信托计划资金,在信托计划存续期及信托计划到期时,负责收取代理信托计划的利益分配及本金。吉林信托公司以建行山西分行实际代理收取资金为基数,向建行山西分行支付代理手续费。《吉信·松花江[77]号山西福裕能源项目收益权集合资金信托计划保管合同》约定,吉林信托公司委托山西建行为信托项下信托资金的保管人,吉林信托公司在山西建行指定的营业机构为信托计划开立信托财产专户作为保管账户,信托的一切货币收支活动包括但不限于投资、支付受益人信托利益,均需通过该保管账户进行;山西建行保管费按信托计划资金总额0.1%的年费率收取,并约定了保管费的支付方式。

2011年10月26日,经建行山西分行工作人员推介,李某兰(曹某母亲)代曹某与吉林信托公司签署系列信托文件,包括《信托计划说明书》《风险申明书》《信托合同》。同日,李某兰代曹某签署《中国建设银行特殊业务申请书》,向吉林信托公司在建设银行开立的信托专户转入认购资金人民币5000万元。

2011年11月17日,吉林信托公司向吉林银监局上报了《吉信·松花江[77]号资金信托计划成立报告》。2011年11月17日至2012年3月12日,吉林信托公司分六笔向山西富裕能源有限公司转款97,270万元,用于支付《信托合同》及《项目收益权转让及受让合同》约定的项目收益权转让价款。2012年11月20日,吉林信托公司向曹某分配第一年收益6,015,068.49元。2013年11月29日,山西省柳林县人民法院召开新闻发布会,宣布受理山西联盛能源有限公司及其下辖公司等12家企业重整申请。

2013年12月12日,吉林信托公司向法院提起诉讼,后法院判令山西联盛煤化工投资有限公司、山西联盛能源有限公司给付吉林信托公司借款本

---

[1] 参见吉林省长春市南关区人民法院民事判决书,(2018)吉0102民初2940号;吉林省长春市中级人民法院民事裁定书,(2018)吉01民辖终199号。

金人民币9.727亿元及借款利息,相关方承担连带给付责任。2016年7月8日,法院裁定山西联盛能源有限公司等32家联盛企业合并重整,并确立了A、B两种重整计划方案。2018年5月22日,吉林信托公司代表信托计划选择了B方案,与重整后新设立的山西晋柳能源有限公司及原债务人山西联盛煤化工投资有限公司、山西联盛能源有限公司、山西福龙煤化有限公司、山西福裕选煤有限公司、山西福裕焦化有限公司、山西福裕化工有限公司签订《山西联盛能源有限公司等三十二家公司合并重整留债协议》,与山西晋柳能源有限公司、柳林县晋柳一号投资企业(有限合伙)签订《债权转让协议》,与柳林县晋柳一号投资企业(有限合伙)签订《增资协议》,山西晋柳能源有限公司向吉林信托公司出具了留债部分的债权凭证。根据重整计划的安排,将信托计划原债权人民币1,264,827,335.93元中的91.18%转为对柳林县晋柳一号投资企业(有限合伙)的出资,剩余8.82%留作对山西晋柳能源有限公司的债权,留债部分从2020年4月21日起计算利息,利率为中国人民银行五年以上同期人民币贷款基准利率,由山西晋柳能源有限公司分七年偿还。

由于信托计划不能按时兑付,曹某向一审法院提出诉讼,要求吉林信托公司、建行山西分行连带赔偿曹某人民币5000万元及相应利息到实际付清之日,并承担全部诉讼费用。

一审法院认为,依据《信托公司集合资金信托计划管理办法》第7条第2款规定,异地推介信托计划应当向相关监管机构报告。异地推介信托计划未向当地监管机构报告,其产生的法律后果系行业监管机构对信托公司的行政监管处理,与信托公司未履行法律规定及合同约定义务产生的民事责任并无必然因果关系,仍应审查信托计划设立时是否存在前述应当承担民事责任的事由。最终结合查明的事实认定吉林信托公司对本信托项目的审批手续、真实性、风险等履行了审慎、合理审查义务,较为客观地反映了信托计划的实际情况,并履行了信托业务行业主管部门审批手续,故不足以认定其存在故意或过失隐瞒、虚构事实等行为。最终一审法院驳回了曹某的全部诉讼请求,曹某不服一审判决后上诉。

二审法院认为,根据《信托公司集合资金信托管理办法》第7条的规定,吉林信托公司在异地推介信托产品时应当向相关主管部门报告。曹某以吉林信托公司未向山西省银监局报告为由主张赔偿责任,但吉林信托公司是否向山西省银监局报告并非其与曹某签订案涉信托文件时应当说明的合同义务。一审判决从行政管理与合同履行的区分角度作出的论述,于法有据,二审法院予以维持。

案例2-9的一个特殊之处就在于信托公司异地推介信托的问题,这在现实中相对较为常见,因此比较有参考意义。

案例2-9中受托人吉林信托公司确实存在设立异地推介信托计划,但未向监管机构报告的违规行为。但这一违规行为是否必然且直接造成了委托人利益的受损呢?从现有查明的事实来看,答案是否定的。并且,《信托公司集合资金信托管理办法》第48条规定,信托公司推介信托计划违反本办法有关规定的,由原中国银监会责令停止,返还所募资金并加计银行同期存款利息,并处20万元以上50万元以下罚款;构成犯罪的,依法追究刑事责任。也即,委托人应当在信托推介过程中,或者信托成立时,乃至信托资金投放前向原中国银监会投诉或举报,并由其依法责令停止并返还所募资金。此外,《信托公司集合资金信托管理办法》仅在第50条有明确规定信托公司的赔偿责任,即信托公司不依本办法进行信息披露或者披露的信息有虚假记载、误导性陈述或者重大遗漏的,由原中国银监会责令改正,并处20万元以上50万元以下罚款;给受益人造成损害的,依法承担赔偿责任。而根据一审、二审法院查明和确认的事实不足以认定受托人吉林信托公司存在上述情形,因此委托人以违规异地推介信托计划为由要求受托人承担赔偿责任,显然得不到法律的支持。

结合案例2-9判决书中记载的部分案件情况,笔者建议委托人或者投资人在投资类似信托计划时,切不可轻信业务推介人员的甜言蜜语,也不可迷信追求所谓的低风险高收益,尤其是在涉及大额资金投资时,最好聘请专业的人员做进一步的尽职调查,做好投资前的风险防范。

6.信托合同以外的第三人是否受信托当事人之间《信托合同》有关约定的约束

【案例2-10】[1]2010年7月15日,中信信托有限责任公司(以下简称

---

[1] 参见北京市第三中级人民法院民事判决书,(2018)京03民初481号;北京市高级人民法院民事判决书,(2020)京民终33号。

中信信托公司)与青岛舒斯贝尔房地产开发有限公司(以下简称青岛舒斯贝尔公司)等签订《投资协议》,约定中信信托公司拟设立信托计划,信托计划中,优先级受益权预计规模为人民币5亿元,次级受益权预计规模为人民币2.1亿元,青岛舒斯贝尔公司是次级投资者之一,该公司拟以项目公司50%股权(未实缴)认购信托计划,次级受益权份额人民币1.1亿元;青岛舒斯贝尔公司在转移信托项目公司股权后,仍然负有资本补足义务。中信信托公司以信托计划所募集资金投资于项目公司拟开发建设的黄岛凤凰湾项目,包括黄岛凤凰湾(住宅)、黄岛凤凰湾(商业)。

中信信托公司成为项目公司的股东后,如果因任何原因导致相关主管部门要求中信信托公司缴足所持有的项目公司股权所对应的应付注册资本,则青岛舒斯贝尔公司有义务按照中信信托公司通知的时间将相当于中信信托公司所持有的项目公司股权所对应的应付注册资本的金额支付给中信信托公司。否则,中信信托公司有权立即终止投资计划,要求项目公司及乾正置业公司支付初始投资及投资收益,并要求青岛舒斯贝尔公司赔偿中信信托公司因此遭受的全部损失。

2010年7月19日,中信信托公司与青岛舒斯贝尔公司签订《信托合同》,该合同约定:委托人基于对受托人的信任,同意将其合法拥有的财产或权利委托给受托人设立信托计划,由受托人依据本合同的约定,以自己的名义,为受益人的利益管理、运用和处分信托财产。次级委托人应按照本合同、《股权转让合同》及《债权转让合同》的规定将标的股权、标的债权信托给受托人并过户至受托人名下。中信信托公司与青岛舒斯贝尔公司信托流程可参见图2-13。

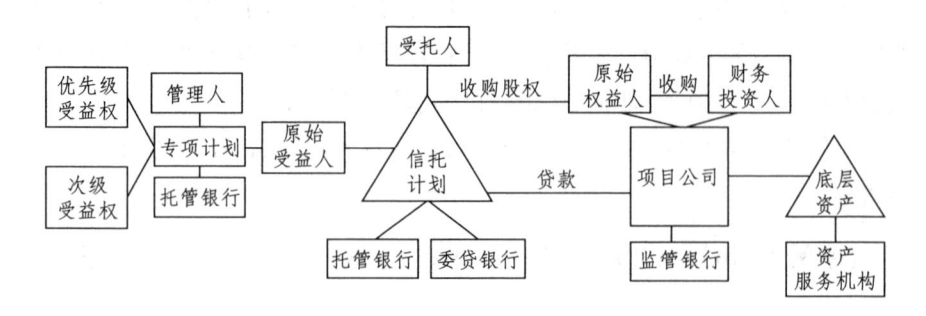

图2-13 中信信托公司与青岛舒斯贝尔公司信托流程

在信托计划执行过程中,因项目公司的违约导致中信信托公司终止投资计划的实施,中信信托公司申请强制执行项目公司的抵押财产。在抵押财产处置过程中,抵押财产买受人青岛海融公司垫付了抵押财产过户的相关税费,故青岛海通公司起诉青岛舒斯贝尔公司在未出资的本息范围内对项目公司不能清偿部分承担补充赔偿责任、中信信托公司对青岛舒斯贝尔公司应承担的补充清偿责任承担连带责任。中信信托公司主张其不是公司法意义上的股东,故不应承担责任。

法院经审理认为,《信托法》第37条第1款规定:"受托人因处理信托事务所支出的费用、对第三人所负债务,以信托财产承担。受托人以其固有财产先行支付的,对信托财产享有优先受偿的权利。"根据该条规定,可以认为,第三人不受信托当事人之间《信托合同》有关约定的约束,不受信托财产和固有财产责任划分的约束,信托人应当以其名下的所有财产对第三人承担责任。因此,在本案中,不论案涉股权是信托资产,还是中信信托公司的固有财产,都不影响中信信托公司承担未全部出资的股东责任,《信托合同》对第三人没有约束力。

案例2-10是一个比较典型的在营业信托中受托人与信托合同以外的第三人是否受信托当事人之间《信托合同》有关约定约束的争议。在二审中,受托人中信信托公司提出,其是基于信托法律关系受托持有青岛舒斯贝尔公司股权,而非公司法意义上的股权转让。根据《信托法》第10条的规定,对于信托财产,有关法律、行政法规规定应当办理登记手续的,应当依法办理信托登记。公司股权属于应当办理信托登记的信托财产。由于我国尚未建立信托登记配套制度,中信信托公司只能与青岛舒斯贝尔公司签署《股权转让合同》并办理工商变更登记,以实现信托的设立以及信托财产的交付和公示。

但正是因为中信信托公司办理了工商变更登记,对于《信托合同》之外的第三人来讲,该第三人仅能通过公示的工商登记信息得出本案的受托人中信信托公司为涉案项目公司认缴股份50%(相当于认缴出资3500万美元)的股东,在涉及债权债务关系时,若该项目公司不能清偿债务(本案项目公司最后为被吊销状态),第三人作为债权人是可以向股东追偿的。

该案件从表面上看是信托合同以外的第三人不受信托当事人之间《信

托合同》有关约定的约束,实际上是信托公示的问题。由于目前我国未有信托登记配套制度,导致受托人中信信托在工商登记公示中被登记为项目公司股东,本案中是保护基于工商登记公示公信原则的第三人善意追索权,处理公司股东之间就认缴但未出资而产生的债务。

同时,也是基于这一原因,目前在国内家族信托等信托的设立中股权信托的设立受到限制,受托人不能被正确地登记或公示为受托人,仅能根据现有规定登记为股东,承担未来股东可能面临的法律风险。为解决该问题,建议尽早完善信托登记配套制度。如果在全国范围内完善该信托登记制度可能产生的影响较大,可在某自贸区或经济特区中先行试点信托登记制度,以便于信托快速向前发展。

7. 在信托合同约定预期收益的情况下,该条款是否有效,是否最终会导致合同无效

【案例2-11】[1] 2015年,中信信托公司拟发行"中信【安盈安州27号】证券投资集合资金信托计划"(以下简称27号信托计划),信托计划存续期限为12个月,准备募集资金3000万元以上。在该信托计划下,信托受益权分为A、B两类,且B类受益权对应的信托单位份额占信托计划总信托单位份额的比例为20%。2015年5月,彭某认购了27号信托计划产品,成为B类受益人,并于2015年5月8日向中信信托公司在招商银行开立的信托资金专户转入认购资金300万元。根据信托合同等相关性协议约定,A类受益人固定信托收益计算方法为:在本信托计划运行期间,在估值过程中应付A类受益人固定信托收益按6.5%的预期年化收益率从信托计划生效日开始按日计提,并于A类受益人收益分配时一并支付。2015年12月11日,中信信托公司开始清算27号信托计划产品,中信信托公司通过专户向彭某分配信托利益260,670.58元。彭某投资300万元,清算后仅剩260,670.58元,认为中信信托公司对此损失应当承担赔偿责任。其中理由之一为:27号信托计划涉嫌对A类受益人保本保收益,严重侵害彭某在内的B类受益人利益,信托合同中有关保底条款无效。

法院经审理认为:根据《关于加强信托公司结构化信托业务监管有关问

---

[1] 参见北京市朝阳区人民法院民事判决书,(2016)京0105民初11766号;北京市第三中级人民法院民事判决书,(2018)京03民终13862号。

题的通知》的规定,结构化信托业务是指信托公司根据投资者不同的风险偏好对信托受益权进行分层配置,按照分层配置中的优先与劣后安排进行收益分配,使具有不同风险承担能力和意愿的投资者通过投资不同层级的受益权来获取不同的收益并承担相应风险的集合资金信托业务。据此,信托计划可区分为优先委托人和劣后委托人,并将受益权相应配置为优先受益权和劣后受益权。本案信托计划分为A类受益人和B类受益人,并对两类受益人的收益权分配顺序及收益进行约定,性质上属于结构化信托业务的分层配置方式。

根据《信托公司集合资金信托计划管理办法》第8条的规定,信托公司推介信托计划时,不得以任何方式承诺信托资金不受损失,或者以任何方式承诺信托资金的最低收益;第11条规定,认购风险申明书至少应包括信托计划不承诺保本和最低收益,具有一定的投资风险,适合风险识别、评估、承受能力较强的合格投资者等。依此规定,信托公司在信托计划中不得对投资者设定保底条款,承诺保本保收益。在本案中,判断信托计划所涉A类受益人固定收益的约定条款是否构成保底条款,应从条款本身及合同其他内容综合判断。从《信托计划说明书》A、B类受益人的权利、收益分配计算方式和分配顺序的说明等条款可以看出,该信托计划虽对A类受益人固定信托收益明确约定了预期年化收益率,但并不承诺保证A类受益人能够按照该收益率取得收益,也不保证A类受益人信托资金本金不受损失;且对该固定收益率以及优先顺序的约定仅是对两类受益人收益率高低及分配顺序的不同安排,并不能保证在实际运行中A类受益人固定收益的确定收取及本金不受损失。此外,《信托合同》也明确写明受托人对管理、运用和处分信托财产的盈亏不作任何承诺,故从约定内容来看,并不能证明涉案信托计划对A类受益人设定了保底条款。彭某关于信托计划对A类受益人设定保底条款,该条款无效的意见,法院不予采纳。

在营业信托纠纷中,信托合同是当事人之间法律关系的基础,也是法院在审理案件时首先需要认定的问题。《信托合同》的设立形式必须符合《信托法》等相关法律法规关于信托合同关系应具备的一般要件,且不存在其他《信托法》第11条信托无效的情形。同时,《信托公司集合资金信托管理办法》第8条规定,"信托公司推介信托计划时,不得有以下行为:(一)以任何方式承诺信托资金不受损失,或者以任何方式承诺信托资金的最低收益",也就是说信托公司在信托计划中不得对投资者设定保底条款,承诺保本保收益。在司法实践中,如何判断信托合同的约定是否属于保底条款,即是否约定了保本保收益,需要结合信托合同的约定进行具体分析,如案例2-10中的结构化信托计划虽对A类受益人的固定信托收益明确约定了预期年化收益率,但并没有承诺保证A类受益人能够按照该收益率取得收益,也不保证A类受益人的信托资金本金不受损失,故该约定就不属于《信托公司集合资金信托管理办法》第8条约定的禁止的情形,信托合同有效。另外,也可结合委托人签署的其他文件,如《认购风险申明书》《委托人(受益人)风险适应性调查表》等,来综合判断信托合同的约定是否属于保底条款。

三、公益信托

截至本书出版时,我国公益信托的裁判案例较少,故未对其进行数据整理。笔者仅针对较少的公益信托案例进行了分析,与前文的民事信托与营业信托相同,信托合同的效力问题是公益信托纠纷最大的争议焦点。

【案例2-12】[1]2018年5月30日,泌阳县扶贫开发有限公司(以下简称泌阳扶贫公司)与泌阳县中康太阳能电力开发有限公司(以下简称泌阳中康公司)签订《泌阳县中康20兆瓦分布式光伏发电项目合作协议书》,协议约定,泌阳扶贫公司出资14,474,829.945元购买泌阳中康公司50%的股权,每年6月30日前,泌阳中康公司向泌阳扶贫公司支付收益资金2,400,000元,连续支付20年,该收益资金用于支付给800个贫困户。苏州中康电力开发有限公司(以下简称苏州中康公司)作为发起人承担连带责任,在该协议上盖章确认。协议签订后,泌阳扶贫公司按照约定履行出资义务,泌阳中康公司支付2018年2,400,000元收益资金,但未支付2019年的2,400,000元收益资金,泌阳扶贫公司为此起诉至泌阳县人民法院,请求判令:(1)被告泌阳中康公司支付2019年扶贫收益资金2,400,000元,被告苏州中康公司负连带责任;(2)诉讼费用由被告承担。该案案由为公益信托纠纷。被告泌阳中康公司、苏州中康公司辩称:(1)本案的案由不属于公益信托,应当是一般的合同纠纷;(2)本

---

[1] 参见河南省泌阳县人民法院民事判决书,(2020)豫1726民初1121号;河南省驻马店市中级人民法院民事判决书,(2020)豫17民终4022号。

案所涉合同应当确认无效;(3)收益2,400,000元不符合实际情况,应当扣减。

同时,被告泌阳中康公司向法院提出反诉请求,请求判令:(1)确认泌阳中康公司与泌阳扶贫公司在2018年5月30日签订的《泌阳县中康20兆瓦分布式光伏发电项目合作协议书》无效;(2)反诉费用由泌阳扶贫公司承担。被告泌阳中康公司主张根据案涉合同约定及合同的实际履行情况,泌阳扶贫公司既不参加经营,也不承担经营风险,无论项目盈亏均按期收取固定利润,名为联营实为借贷,企业间的借贷行为违反国家有关金融法规,就此签订的合同应属无效合同。

2020年9月1日,泌阳扶贫公司提出撤诉申请,请求撤回对泌阳中康公司、苏州中康公司的起诉,泌阳县人民法院于2020年9月14日作出民事裁定书,准许泌阳扶贫公司撤回起诉,反诉部分继续审理。

一审法院认为,原告泌阳扶贫公司与被告泌阳中康公司、苏州中康公司于2018年5月30日签订《泌阳县中康20兆瓦分布式光伏发电项目合作协议书》,各方主体均具有民事行为能力,该协议系各方的真实意思表示,不违反法律、行政法规的强制性规定,不违背公序良俗,属于有效合同,因此,被告泌阳中康公司关于确认其与原告泌阳扶贫公司2018年5月30日签订的《泌阳县中康20兆瓦分布式光伏发电项目合作协议书》无效的反诉请求,于法无据,法院不予支持。综上所述,被告泌阳中康公司的反诉请求,理由不成立,法院不予支持。故法院判决:驳回被告泌阳中康公司的反诉请求。反诉案件受理费50元(已减半收取),由被告泌阳中康公司负担。

二审法院认为,本案本诉部分及反诉部分均涉及泌阳中康公司与泌阳县扶贫公司签订《泌阳县中康20兆瓦分布式光伏发电项目合作协议书》的合同效力问题,一审法院经审查已经对案涉合同的效力予以确认。故上诉人称一审法院未审理其反诉部分的理由不足,不予支持。案涉合同签订的主体均具有民事行为能力,该协议系各方的真实意思表示,不违反法律、行政法规的强制性规定,不违背公序良俗,一审法院认定本案合同属于有效合同正确。泌阳中康公司称本案当事人的法律关系名为联营实为借贷,并未提供相应证据予以证明,应承担举证不能的法律后果。

案例2-12涉及公益信托合同的认定及公益信托合同的效力问题。所谓公益信托,是指以公共利益为目的而设立的信托,公益的意义在于为不特定的社会公众利益服务。根据《信托法》第60条的规定,围绕以下公益目的设立的信托,属于公益信托:(1)救济贫困;(2)救助灾民;(3)扶助残疾人;(4)发展教育、科技、文化、艺术、体育事业;(5)发展医疗卫生事业;(6)发展环境保护事业,维护生态环境;(7)发展其他社会公益事业。国家鼓励发展公益信托。公益信托的设立和确定其受托人,应当经有关公益事业的管理机构批准,未经公益事业管理机构的批准,不得以公益信托的名义进行活动。公益信托的信托财产及其收益,不得用于非公益目的。公益信托应当设置信托监察人。

如果公益信托是通过签订信托合同的方式设立,则公益信托纠纷属于合同纠纷。设立公益信托合同并使之合法有效,需要满足以下几个条件:明确设定信托的意思表示;明确的信托财产;委托人公益性的宗旨;受益群体具有公众性及完全绝对的公益性质。在案例2-12中,《泌阳县中康20兆瓦分布式光伏发电项目合作协议书》约定该收益资金用于支付给800个贫困户,法院认定在签订《泌阳县中康20兆瓦分布式光伏发电项目合作协议书》时,各方主体均具有民事行为能力,该协议书为各方的真实意思表示,不违反法律、行政法规的强制性规定,不违背公序良俗,故该协议属于有效合同。泌阳中康公司主张实为借贷,并未提供相应证据予以证明。本案公益信托法律关系依法成立,涉案《泌阳县中康20兆瓦分布式光伏发电项目合作协议书》合法有效。

第二章
揭开保险的"面纱"

◆ 第一节 保险概述

人类的历史就是一部与风险做斗争的历史,风险是保险的基础,保险的运作原理即是投保人向保险人支付一定的保险费,建立庞大的保险基金,在投保人(被保险人)遭受损失时,由保险人以保险基金给予补偿,从而达到风险分散和风险转移的结果。[1] 我们首先来了解我国保险的分类,并从被家族财富传承运用最多的人寿保险、年金险的基础知识入手,一步步进行阐述。

一、我国的保险设计与分类

我国《保险法》第2条规定:"本法所称保险,是指投保人根据合同约定,向保险人支付保险费,保险人对于合同约定的可能发生的事故因其发生所造成的财产损失承担赔偿保险金责任,或者当被保险人死亡、伤残、疾病或者达到合同约定的年龄、期限等条件时承担给付保险金责任的商业保险行为。"我国《保险法》将保险分为人身保险和财产保险两大类,其中《人身保险公司保险条款和保险费率管理办法》对人身保险进行了详细分类与定义,关于人身保险和人寿保险的分类、定义与依据的具体内容参见表2-4、2-5。

---

[1] 参见马宁主编:《保险法理论与实务》,中国政法大学出版社2010年版,第4页。

表 2-4　人身保险的分类、定义与依据

类别	定义	依据
人寿保险	以人的寿命为保险标的的人身保险	《人身保险公司保险条款和保险费率管理办法》第7条、第8条
年金保险	以被保险人生存为给付保险金条件，并按约定的时间间隔分期给付生存保险金的人身保险	《人身保险公司保险条款和保险费率管理办法》第9条
健康保险	以因健康原因导致损失为给付保险金条件的人身保险	《人身保险公司保险条款和保险费率管理办法》第11条
意外伤害保险	以被保险人因意外事故而导致身故、残疾或者发生保险合同约定的其他事故为给付保险金条件的人身保险	《人身保险公司保险条款和保险费率管理办法》第12条

表 2-5　人寿保险的分类、定义与依据

类别	定义	依据
定期寿险	以被保险人死亡为给付保险金条件，且保险期间为固定年限的人寿保险	《人身保险公司保险条款和保险费率管理办法》第8条
终身寿险	以被保险人死亡为给付保险金条件，且保险期间为终身的人寿保险	《人身保险公司保险条款和保险费率管理办法》第8条
两全保险	既包含以被保险人死亡为给付保险金条件，又包含以被保险人生存为给付保险金条件的人寿保险	《人身保险公司保险条款和保险费率管理办法》第8条

从上述分类后的各种人身保险所承保的风险来看，以上人身保险既囊括了人生老病死不同场景的内容，也揭示了人们在完成基础保障的财产配置后，对未来财富规划的长远需求。而保险之所以可以成为财富管理的重要工具之一，是因为其在法律框架内可对客户各种可预见的风险提前通过保险架构的设计进行转移，完成税收筹划、资产隔离，进而达到传承家族财富的功能。

二、人寿保险

我国《保险法》第 12 条第 3 款规定："人身保险是以人的寿命和身体为保险标的的保险。"也就是说,人寿保险是以人的生命和身体健康为保险标的,保险人对被保险人在保险期内死亡或期满生存按约定给付保险金的保险。市场上的人寿保险主要分为两大类:一是偏向保障功能的普通型保险,包括定期人寿保险、终身人寿保险、年金险和两全险;二是偏向投资功能的新型保险,包括分红险、万能险和投连险。

(一)人寿保险的特点

人寿保险因其保险标的是人的生命,因而具有无限保险利益、保险金额定额给付、保险人不能代位追偿的特点。

1. 以人的生命作为保险标的,具有特殊性

人的生命只有一次,具有不可替代性,且其价值不可用金钱来衡量,因此,相较于其他任何保险标的而言,人寿保险的标的极具特殊性。

鉴于人寿保险的特殊性,其保险金额通常是由投保人与保险人共同确定,双方在约定金额时,主要考虑被保险人对人寿保险的需求程度,以及投保人缴纳保费的能力,通常金额不会太高。

2. 合同效力不受保险利益变化的影响

区别于财产保险中的保险利益,人身保险的保险利益是投保人和被保险人之间的人身依附关系或者信赖关系。为了防止诱发道德风险,进而危及被保险人生命或身体的安全,人身保险的保险利益必须在保险合同订立时存在,而保险事故发生时是否具有保险利益则无关紧要。也就是说,在发生索赔时,即使投保人对被保险人失去保险利益,也不影响保险合同的效力。

3. 保险金额确定与给付的特殊性

我国《保险法》第 46 条规定:"被保险人因第三者的行为而发生死亡、伤残或者疾病等保险事故的,保险人向被保险人或者受益人给付保险金后,不享有向第三者追偿的权利,但被保险人或者受益人仍有权向第三者请求赔偿。"

正如前文所述,人寿保险的标的非常特殊,是以被保险人的生命为标的,而在生命遭受侵害后所产生的对第三人的赔偿请求权具有专属身份性,只能由具有一定身份关系的人行使,不得让渡于其他人代位行使。除此之外,保险事故发生后,保险人给付保险金是履行合同义务,不是填补投保人或受益人的损失,该给付行为不具有补偿性。因此,人寿保险不能像财产保险那样进行代位追偿。

(二)人寿保险的功能

保险的基本功能在于保障安全、控制风险,具有经济补偿功能。而人寿保险根据它自身的特点及法律赋予的保障,具备生前赠与、遗嘱规划等功能,属于一种风险管理的解决方案。通过赠与、婚前婚内等协议及遗嘱等形式,可以有效发挥人寿保险的定向传承、现金流管理、私密保护等功能。若将人寿保险和信托等金融工具结合,可以发挥其杠杆效应、税收筹划及资产隔离等优势。

1. 定向传承功能

保险的核心功能并非保值和增值,而是能在确定的时间向确定的人进行确定的给付。父母在生前以自己为投保人和被保险人,购买一份大额保单,指定了自己的特定子女为保险受益人,那么当保险事故发生后,受益人获得保险理赔时,就完成了财富定向传承的目的。

2. 现金流管理功能

人寿保险特别是大额年金保险能够持续不断地提供现金流,而源源不断的现金流是对抗不确定性风险最大的保障,需要的时候可以作为子女的教育费用或者老人的养老费用,不用的时候则可以通过万能账户来复利储存。

此外,人寿保险的保单还具有保单贷款与质押的功能,在合适的时机下,可以用最便利的方法,通过最低的贷款利率借贷来盘活所需要的资金,充分发挥保险的价值。

3. 私密保护功能

根据《保险法》的规定,保险合同是投保人与保险人约定保险权利义务关系的协议,被保险人与受益人并非合同的当事人,投保人可以根据自己的意愿,指定被保险人和受益人。投保人亦可以随时根据受益人的情况变更受益人(经被保险人同意)及受益份额,在保险事故发生时,受益人根据保险合同约定领取相应份额的保险金即可,避免引发继承纠纷。因此,保险合同又具有隐私保护的功能,既可以充分尊重财富传承人的意志,又可以实现隐秘传承。

三、年金险

年金保险一般是指以被保险人生存为给付保险金的条件,并按约定的时间间隔分期进行保险金给付的一种人身保险类型。[1] 保险费可以分期缴纳或趸交。按照给付保险金的不同期限,年金保险一般分为三种:(1)终身年金保险,亦称"养老年金保险"或"养老金保险"。除了自然人个人投保年金保险之外,部分企事业单位为了吸引人才,也会考虑以单位为投保人,以在职员工为被保险人,由单位支付或者单位和员工按比例支付保险费,投保团体年金保险。保险责任的具体范围可涵盖养老年金、身故或全残保险金、离职年金,具体内容根据保险产品的不同而有所区别。人力资源和社会保障部、财政部联合印发的《企业年金办法》对企业年金的费用来源,年金方案的设立、变更及终止以及管理监督等方面作出了具体的规定。(2)定期年金保险,给付保险金仍然以被保险人生存为必要条件,但是如果被保险人死亡或者约定的保险期限届满,则保险合同终止。(3)联合年金保险,一般是指以两人或两人以上的家庭成员为保险对象,投保人或被保险人交付保险费后,保险人以被保险人共同生存为条件给付保险金,若其中一人死亡,保险合同终止(联合生存年金),或者当最后一个被保险人死亡,保险合同才终止的保险(联合和最后生存年金保险)。[2]

(一)年金险的特征

1.保本保息

年金险的本金和收益均在保险合同中有明确约定。根据《关于完善人身保险业责任准备金评估利率形成机制及调整责任准备金评估利率有关事项的通知》(银保监办发〔2019〕182号)的相关规定,2013年8月5日及以后签发的普通型人身保险保单评估利率上限为年复利3.5%和预定利率的较小者。因此,目前市场上的年金险产品年复利不得高于3.5%,但是保险合同期限内可以锁定利率而且用复利计算收益。此后,随着中国人民银行、中国银保监会、中国证监会、国家外汇管理局于2018年4月27日联合印发的

---

[1] 参见《人身保险公司保险条款和保险费率管理办法》(2015年修订)第9条。
[2] 参见何盛明主编:《财经大辞典》(上卷),中国财政经济出版社1990年版。

《关于规范金融机构资产管理业务的指导意见》(银发〔2008〕106号)[1]的出台,金融机构不得再开展承诺保本保收益的资产管理业务。年金险也因具有保本保息,安全性和确定性的优势,而受到稳健型投资者的欢迎。

2. 强制储蓄

年金,英文翻译为 Annuity,顾名思义指周期相对固定、金额大致相同的长期定向资金。现如今琳琅满目的产品,方便快捷的购物方式,以及超前消费已成为时尚,月光族们越来越难储蓄资金。如选择投保一份年金险,减少日常开支来定期支付保费,也不失为捂紧钱袋子而进行强制储蓄的好方法。

(二) 年金险在财富传承和资产隔离方面的作用

年金险的财富传承一般是指高净值人士作为投保人,以自己的子女为被保险人和受益人,通过购买年金险的方式,将自己的财富传承给子女。由于年金险可以分期给付保险金,因此能在一定程度上避免子女拿到大额财产后挥霍的局面。另外,若子女婚姻发生变故,配偶一方也仅能就婚姻关系存续期间已经领取的保险金主张分割。

年金险在资产隔离方面的作用,一般是指以高净值人士的债务风险较低的直系亲属作为投保人,高净值人士自己作为被保险人,将一部分家庭资金投保年金险,以避免不确定的债务所带来的财务风险。

◆ 第二节 保险在财富传承中的案例解析

一、保险司法数据概览

根据中国银保监会公布的2021年保险业经营数据,当年度财产险保费收入共计11,671亿元,以寿险、健康险、人身意外伤害险共同组成的人身险累计保费收入33,229亿元。[2] 区别于保险发展早期以财产险为主、人身险

---

[1] 2020年7月31日,经国务院同意,人民银行会同发展和改革委员会、财政部、银保监会、证监会、国家外汇管理局等部门,充分考虑疫情影响实际,在资管新规框架下,经审慎研究决定,延长《关于规范金融机构资产管理业务的指导意见》(银发〔2018〕106号)过渡期至2021年年底。

[2] 参见《2021年12月保险业经营情况表》,载中国银行保险监督管理委员会网2022年10月26日,https://www.cbirc.gov.cn/cn/view/pages/ItemDetail.html?docId=1078789&itemId=954。

为辅的业态,在人的价值越来越高的现代社会,人身险转而成了保险业的主流。而在人身保险领域,寿险及年金险又以其储蓄兼增值的特征为有通过保险进行财富管理需求的人群所青睐。为了解人寿保险及年金保险相关纠纷在司法实践中的全貌,笔者分别以人寿保险、年金保险为关键词在 Alpha 案例库进行索引,并将检索结果精确到 2011—2020 年的民事判决文书,人寿保险类共得 165,420 个结果,年金保险类共得 3477 个结果,从各年度的分布数据来看,此类纠纷均呈现逐年递增的趋势。在上述两个检索结果当中,以婚姻家庭、继承为一级案由的案件数量分别为 7845 件和 640 件,在近 10 年的人寿保险、年金险相关纠纷中,婚姻家庭、继承纠纷中所占比例分别为 5.31%、18.63%。人寿保险和年金保险纠纷 2011—2020 年案由分布具体见图 2-14、2-15。

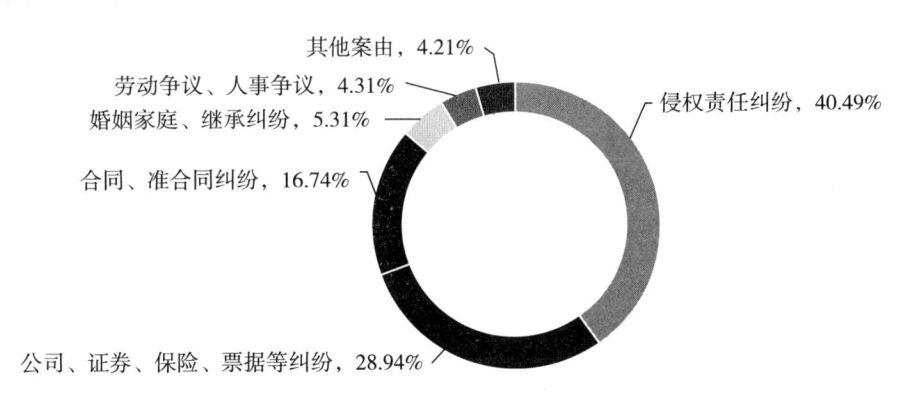

图 2-14　人寿保险纠纷 2011—2020 年案由分布

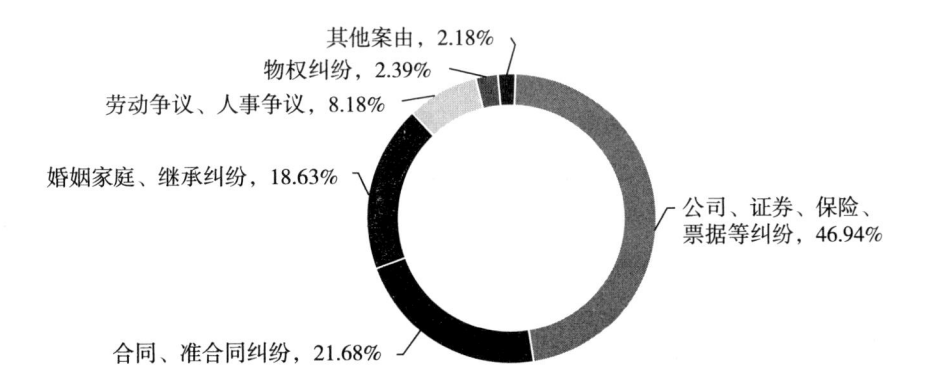

图 2-15　年金保险纠纷 2011—2020 年案由分布

北上广三地的纠纷量占人寿保险婚姻家庭、继承纠纷量的31.48%，占年金保险同案由纠纷量的43.65%，该数据揭示经济发达的一线城市在婚姻关系存续期间或为家庭生活考虑而配置保险的人群数量凸显，纠纷频发。

再就人寿保险中婚姻家庭、继承纠纷下的案由分布情况而言，在人寿保险所检索的结果当中，二级案由婚姻家庭纠纷以6362件占总纠纷量的81%，二级案由继承纠纷以1483件占总纠纷的19%；在年金保险所检索的结果当中，二级案由婚姻家庭纠纷以494件占总纠纷量的77%，继承纠纷以146件占总纠纷的23%，而就三级案由而言，皆以离婚纠纷、离婚后财产纠纷、抚养纠纷、法定继承纠纷最为凸显。该数据也折射出保险在家庭财富规划中已经占有不小的比例。涉人寿保险和年金保险婚姻家庭、继承纠纷中三级案由分布情况见图2-16、2-17。

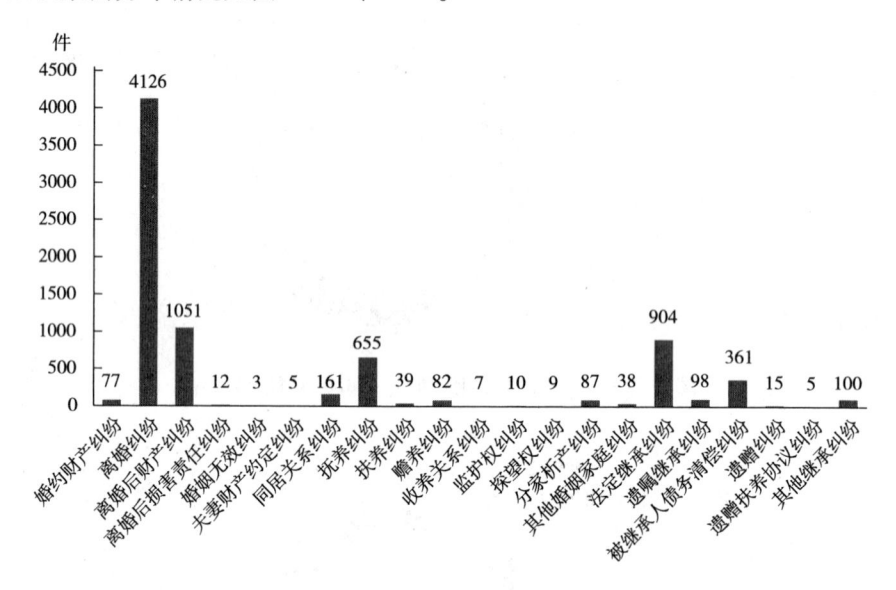

图2-16 涉人寿保险婚姻家庭、继承纠纷中三级案由分布情况

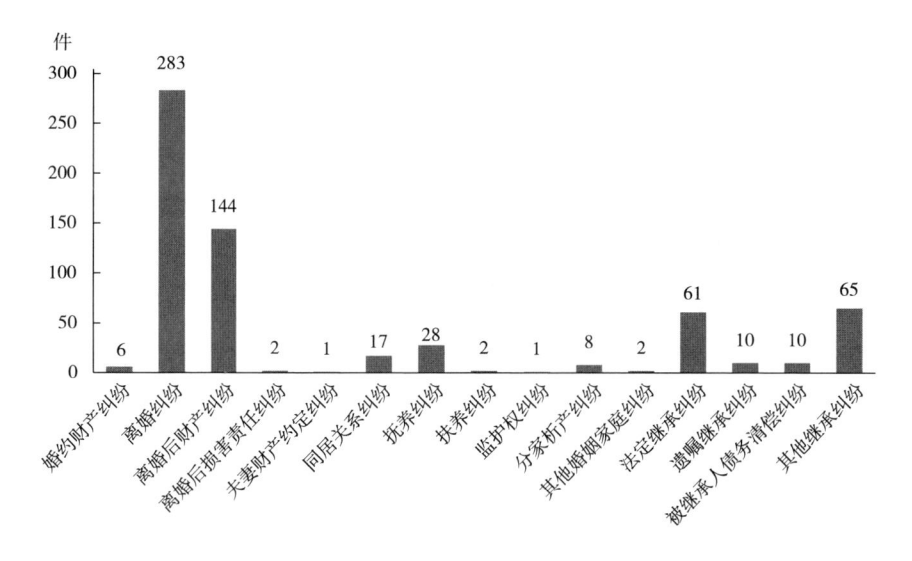

图 2-17　涉年金保险婚姻家庭、继承纠纷中三级案由分布情况

根据上述分析数据可知,人寿险、年金险等人身险已经作为一种家族财富安排工具为大众所接受并运用,且递增趋势明显。随着经济发展和私人财富的增长,百万、千万的大额保单配置亦频频出现,只是上文数据来自已公布的裁判文书,而涉及资产形态复杂、标的额较大的家事纠纷通常以协议或调解处理,故无法对该类数据做出相应分析。但正如本篇第二章节中所展现出的人寿险、年金险独有的特性,大额保单的配置将会越来越被高净值客户所青睐。

二、婚姻家庭、继承纠纷中涉保险案例的常见裁判观点

（一）夫妻一方以夫妻共同财产购买保险,离婚时保险利益未实现的,保险由投保人继续享有,但需分割保险现金价值的一半给配偶一方

【案例 2-13】车某与孙某于 2008 年 5 月 22 日登记结婚,并于 2009 年 12 月 15 日育有一子。2010 年、2012 年,孙某分别以自己为投保人和受益人购买了两份具有分红性质的人寿保险。后双方因感情破裂,车某于 2015 年向法院提起离婚诉讼,并要求平均分割财产,包括孙某投保的保险。法院经审理认为,当事人为自己购买保险的行为,系夫妻关系存续期间的投资,其所得收益属于夫妻共同财产,考虑到保险利益将来才能实现,故该份保险继

续由投保人享有为宜,但投保人应当给配偶分割一半的保险现金价值。

购买具有分红性质的人寿保险,本身也是一种投资行为。根据《民法典》第1062条的规定,夫妻在婚姻关系存续期间所得的"生产、经营、投资的收益"为夫妻的共同财产,归夫妻共同所有。因此,当事人在婚姻存续期间以夫妻共同财产购买保险,即视为一种对未来分红收益所做的投资,其收益属于夫妻共同财产。但鉴于保单的收益是一种附时间条件限制的可期待性财产权益,在未达到保险合同约定的投保时间,该收益便无法实现。对此,司法实践中在处理这类尚未到期的具有收益性质的保险时,会结合《保险法》相关规定,在不影响保单存续的前提下,仅就离婚时的保险现金价值进行分割。这样处理既兼顾了保险利益的最大化,也保障了夫妻财产能够得到相对平等地处理。

(二)在离婚纠纷中,一方当事人以另一方当事人为被保险人、婚生子女为受益人所投保的保险,该保险现金价值不予分割

【案例2-14】李某1与王某1于1990年10月5日登记结婚,婚后于1996年生育一女王某2。在共同生活中,双方因家庭琐事经常发生矛盾并分居,2004年,李某1第四次起诉至法院要求与王某1离婚,法院判决双方离婚。2012年,王某1与李某1分别作为12号院的部分房屋的被拆迁人,各自取得置换安置房几套及补偿款金额不等。期后,李某1向一审法院起诉请求分割有关拆迁补偿等夫妻共同财产,其中,包含诉求判决中保人寿保险有限公司康宁终身保险合同一份——这一夫妻共同财产归其所有。有关保险的事实为:1997年9月12日,李某1在中保人寿保险有限公司以王某1为被保险人,为其投保福安保险一份,受益人为王某2,同日,李某1在中保人寿保险有限公司以王某1为被保险人,为其投保康宁终身保险一份,受益人为王某2。缴费期均为10年。本案诉讼时,李某1均已将两份保险合同的保费缴清,李某1合计支付保费70,000元。

经法院审理,针对在婚姻存续期间内,一方当事人以另一方当事人为被保险人、婚生子女为受益人购买的涉案两份保险,是否应作为夫妻共同财产予以分割的问题,法院认为,由于上述两份保险合同的受益人均为双方共同的子女,而非双方中的任意一方,故上述保险合同不应作为夫妻共同财产进行分割,对双方要求分割的诉讼请求,法院不予支持。

案例 2-14 是在婚姻期间,夫妻一方为另一方投保人身险,离婚后保单及保单现金价值如何处理的一种最为典型的情况。该案双方在婚姻期间用夫妻共同财产购买涉案两份保险,2004 年离婚时,涉案保险合同仍处于保险期内。根据《民法典》第 1062 条的规定(《婚姻法》第 17 条),以及最高人民法院于 2015 年年底出台的《第八次全国法院民事商事审判工作会议(民事部分)纪要》在"关于夫妻共同财产认定问题"中第 4 点的规定,即"婚姻关系存续期间以夫妻共同财产投保,投保人和被保险人同为夫妻一方,离婚时处于保险期内,投保人不愿意继续投保的,保险人退还的保险单现金价值部分应按照夫妻共同财产处理;离婚时投保人选择继续投保的,投保人应当支付保险单现金价值的一半给另一方",可见不管李某 1 是否继续投保,离婚时的保险单价值的一半属于王某 1。但根据判决书可知,在王某 1 没有针对保险单价值的一半提出明确诉求,以及两份保险合同的受益人均为女儿王某 2 的情况下,法院驳回李某 1 有关其中一份保险合同归其所有的诉求,而未做进一步处理的做法,是合理的。

(三)在继承案件中,以夫妻共同财产缴纳保费但投保人、被保险人为夫妻一方的,其保单现金价值仍可作为夫妻共同财产,分割后进入继承程序

【案例 2-15】缪某 1 系被继承人缪某 4 与其原配偶顾某的独生女。2008 年 5 月 31 日,缪某 4 与龚某登记结婚,婚后未生育子女。缪某 4 于 2007 年 12 月 1 日自书遗嘱一份,载明:"我本人在继承父母亲的其他遗产中以及本人过世后的全部财产由我女儿缪某 1 一人继承,其他任何人不得干涉。如果本人突发病逝,父母处应由我继承的其他遗产,将由我女儿缪某 1 顶替继承,其他任何人不得干涉。"2016 年 4 月 28 日,龚某以廖某 4 的名义为投保人、被保险人购买长生人寿保险有限公司承保的"福享年年"年金保险,第二年度保险现金价值人民币 1,061,805 元。后缪某 4 于 2016 年 10 月 9 日去世,缪某 1 与龚某因析产、遗嘱继承引发纠纷诉至法院。

法院经审理认为,夫妻在婚姻关系存续期间所得财产应当归夫妻共同所有,故缪某 4 与龚某在婚姻关系存续期间所得财产应当归夫妻二人共同所有。根据《继承法》的规定,继承开始后,按照法定继承办理;有遗嘱的,按照

遗嘱继承或者遗赠办理。[1] 根据遗嘱内容,缪某4去世后其全部财产由缪某1一人继承,故缪某4与龚某在婚姻关系存续期间所得财产的一半应由缪某1继承。鉴于保险费是由缪某4与龚某的夫妻共同财产所缴纳,保险现金价值可作为夫妻共同财产予以分割,故保险现金价值的一半属于缪某4的遗产,鉴于该保险尚未兑付,且被保险人为龚某,故法院判决由龚某向缪某1给付保险现金价值的一半。

只要投保的保险费来源于夫妻共同财产,基于《民法典》第1062条、第1153条规定,[2] 即使投保人、被保险人、受益人均只是夫妻一方,也不能避免保险现金价值被分割和继承。

(四)在继承案件中,被继承人生前投保,受益人特定化的,该保单现金价值不作为遗产进行分割

【案例2-16】被继承人孟某9与董某系夫妻关系,二人共育有三子,分别为长子孟某10、次子孟某1、三子孟某2。董某于2004年8月19日死亡,孟某9在董某死亡后未再婚。2008年1月14日,孟某9作为投保人在中国太平洋人寿保险股份有限公司北京分公司为被保险人孟某2购买了金丰利保险,投保时间2008年1月14日至2028年1月31日。2011年1月27日,孟某9作为投保人在中国平安人寿股份有限公司为被保险人孟某3(孟某2之女)购买了平安智盈人生终身寿险。后孟某9于2015年8月17日死亡,孟某1因继承纠纷向法院提起诉讼,要求继承被继承人孟某9名下保单的保险现金价值。法院经审理认为,本案所涉保险系孟某9作为投保人在生前于2008年1月14日、2011年1月27日购买,保险合同约定被保险人分别为孟某2、孟某3,孟某9上述投保行为系其生前对于个人财产所做处分,在其去

---

[1] 法院在审理时适用《继承法》的有关规定。相关规定可参见《民法典》第1123条。《民法典》第1123条规定:"继承开始后,按照法定继承办理;有遗嘱的,按照遗嘱继承或者遗赠办理;有遗赠扶养协议的,按照协议办理。"

[2]《民法典》第1062条规定:"夫妻在婚姻关系存续期间所得的下列财产,为夫妻的共同财产,归夫妻共同所有:(一)工资、奖金、劳务报酬;(二)生产、经营、投资的收益;(三)知识产权的收益;(四)继承或者受赠的财产,但是本法第一千零六十三条第三项规定的除外;(五)其他应当归共同所有的财产。夫妻对共同财产,有平等的处理权。"《民法典》第1153条规定:"夫妻共同所有的财产,除有约定的外,遗产分割时,应当先将共同所有的财产的一半分出为配偶所有,其余的为被继承人的遗产。遗产在家庭共有财产之中的,遗产分割时,应当先分出他人的财产。"

世时该处分行为已经完成,不属于"公民死亡时遗留的个人合法财产",即不属于遗产,孟某 1 要求继承于法无据。

保单中被保险人和受益人如为子女或后辈的,则该保险金及收益即属于被保险人和受益人,不再是投保人的财产。投保人死亡的,该保单现金价值亦不属于其遗产,不被其他继承人所继承。

父母作为投保人,子女或孙子女作为被保险人或受益人,这类保单的设计是当下很多人在财富规划中常用的一种方式,既能在生前将部分财富传承给子女后辈,又能预防子女未来婚变所导致的财产流失。同时,在投保人死亡后,该保险金也不会被用于清偿投保人生前的债务,保障子女后辈在家庭发生变故后仍能保持正常的生活。

保险如何设计配置,直接影响财富安排或传承的目的能否实现。我们可以从上述司法裁判观点中透析一些设计规则,根据不同的法律关系来搭建保险配置方案,避免"保险不保险",真正实现保险在家族财富传承中的应有作用。

◆ 第三节　保险在财富传承中的场景运用

也许在大家眼中,保险只是规避和转嫁意外风险的基本工具,但保险自身所蕴含的魅力与功能,远不止于此。保险不仅在一定条件下实现家庭和企业资产隔离,更可成为定向私密传承的利器。很多国家和地区的高净值人士,都会将人寿保险作为财富传承的基础工具进行配置。具体来说,保险在家族财富传承中主要有以下几大场景应用。

一、债务相对隔离[1]

企业主极易因家庭和企业资产混同,而导致"企业、家庭皆破碎"的惨剧。对这类家庭来说,债务风险隔离是一个最基本的需求,而保单在一定程度上具备债务隔离的功能。

---

[1]　参见陈汉:《财富传承大计中,除了保险还需要什么?》,载知乎网 2018 年 4 月 21 日,https://zhuanlan.zhihu.com/p/35961347。

严格地说,并不是所有的保险都有债务隔离功能,或者说保险并不能隔离所有(人)的债务。鉴于在现行立法与司法实践中将投保人视为保单现金价值的持有人,因此实现债务隔离的第一个要求,就是避免将容易负债的家庭成员设定为保单的投保人,这样才有可能实现保单与债务的隔离。

对于民营企业家而言,家族企业往往是家族资产的重要来源。但另外一个残酷的事实是家族企业往往也是家庭债务的主要来源。例如,股东连带担保是一种常见的家族企业债务模式。一位民营企业家,同样是购买保险,但在不同的情况下购买相同的保险,对家庭财富的保全与传承的效果却"差之千里"。下面举企业家王先生的不同场景予以说明。

【场景1】 企业家王先生突然去世

假如民营企业家王先生不幸突然去世。公司核心股东与管理人的突然离世,让原本还能维持的现金流产生了问题,债权人要求提前还清债务。

1. 未指定保险受益人

如果投保人、被保险人都是王先生自己,并且其身故保险金受益人未明确,那么在王先生身故后,其身故保险金将作为王先生的遗产,其继承人在继承遗产(包括保险金)之前必须先清偿其生前债务。所以这样的保单结构无法实现保险金与被保险人债务隔离的效果。

2. 保险受益人为配偶

如果投保人、被保险人都是王先生自己,身故保险金受益人指定为王先生的配偶。当王先生不幸身故后,身故保险金由配偶取得,这笔钱从法律上看不属于王先生的遗产,因此无须用于清偿王先生生前的个人债务。但是,婚姻存续期内一方的债务在特定条件下属于夫妻共同债务,妻子拿到这笔钱后需偿还自身债务与夫妻共同债务。所以这样的保单结构实现保险金与被保险人债务隔离的效果并不明显。

3. 保险金受益人为其女儿

如果投保人、被保险人都是王先生自己,身故保险金受益人指定为其女儿,那么,在王先生去世后,保险受益人依据保险合同获得的保险金则属于其个人财产,即身故保险金将归女儿个人所有。

若女儿放弃继承父亲遗产,则也无须清偿父亲的债务,更不用介入与父亲生前债权人的各种可能的诉讼中。同时,依据《民法典》所确定的限定继承规则,如果女儿继承父亲遗产,只需要在她从父亲那边所继承的遗产价值范围之内承担父亲生前的债务。因此继承遗产最坏的结局是继承的财产都偿还了,但不需要拿其他资产继续去偿还。而女儿所获得的身故保险金,并不属于遗产,因此依然是"纯受益"的一笔钱,能够100%保留下来。

王先生投保人身险后其身故保险金归属情况可参见图2-18。

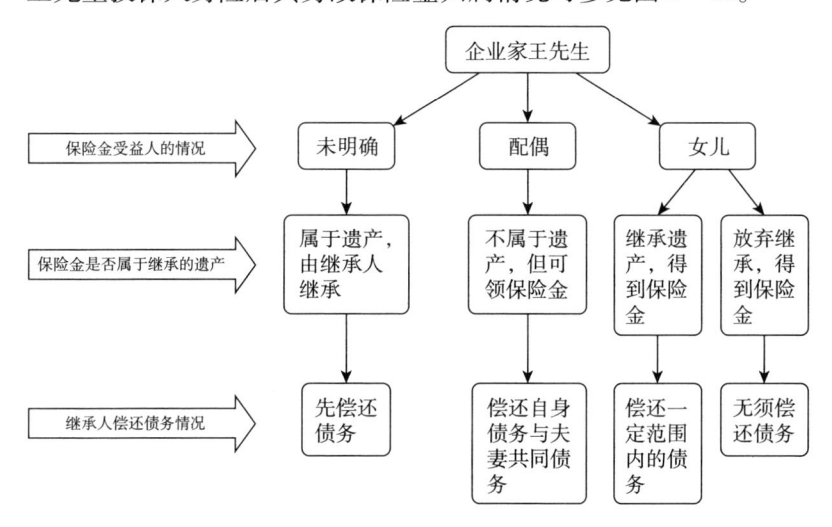

图2-18 王先生投保人身险后其身故保险金归属情况

上述所举案例都较极端。事实上现在绝大多数保险产品的设计,既考虑了极端情况的赔付,也设置了在一切顺利的情况下这笔钱也就是最终保费支出可以"回归"的路径。假如王先生35岁时购买了某款保险产品,年缴费100万元,分五年期交,共计500万元。如果之后的生活与事业顺利,到85岁之时保险理赔金为2500万元。这2500万元可以供夫妻两人养老,也可以部分自己用、部分分配给第二代与第三代。

【场景2】 企业家王先生突患重疾

企业家王先生发生了重疾,需要停工休假治疗。完成治疗的两个必备因素包括费用与时间。王先生历年的积累也足够支付数百万的治疗费用,但是一旦支出这笔费用,对其家庭资产状况的打击无疑是沉重的。首先,在治疗期间,王先生无法继续工作,因此不能给家庭带来持续现金流。其次,治疗费用轻则消耗家庭的流动资金,重则需要变卖部分资产。因此,当王先生经过精心治疗康复之后,想在事业上重新启航,也会面临企业流动资金不足或者企业已经部分甚至全部变卖的被动局面。

假设企业家王先生投保了充足的重疾险,那么治疗的费用由保险赔付,至少不需要消耗家庭或者企业的流动资金,更不需要变卖资产。康复之后,王先生在事业上重新启航也将有充足的资金保障。

在王先生突患重疾的情况下,购买与不购买保险的不同效果见图2-19。

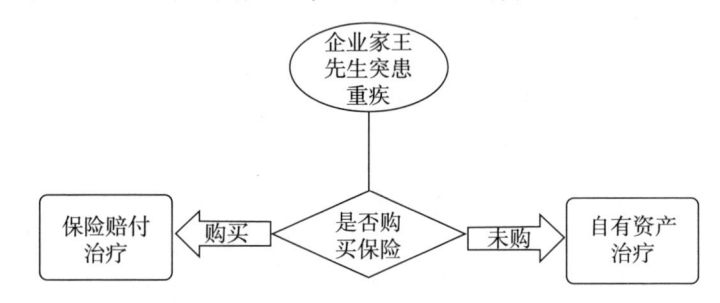

图2-19　王先生突患重疾购买与不购买保险效果对比

所以,在不影响家庭生活的情形下,提前支付一笔投保费用,并规划好保单的结构与类型,对冲各种不确定性是完全在掌握之中的。例如,收入结构单一,主要依赖某一位家庭成员亲力亲为的工作作为主要收入来源的家庭,应该为此家庭成员投保意外险、医疗险、重疾险、定期寿险等,确保万一少了此家庭成员,家庭也能有充足的现金。如果家庭的债务风险高,可能存在连带债务,那么应当技术性地安排好投保人与受益人(选择无负债风险的投保人与受益人),确保万一发生风险,保险能帮债务人之外的其他家庭成员规避债务风险。

二、隔离婚变风险

近些年我们看到了太多因婚变而为家庭带来财产损失的案例,尤其在离婚率不断攀升的今天,为了避免因婚姻变故带来的财产损失,可以考虑利用保险尽可能隔离婚变带来的财富风险。

【场景3】　单身高净值人士王先生购买婚前大额保单隔离财富风险

单身高净值人士王先生近期欲与年轻貌美的郭女士订婚。王先生一方面很期待和郭女士组成家庭,共享幸福生活;另一方面却担心自己多年累积下来的财富会因日后婚变被郭女士分走。王先生若签订婚前财产协议,难免会影响双方感情。于是,综合利弊,王先生为自己在婚前一次性购买大额保单,选择自己为投保人和被保险人,而父母则为受益人。这样做,一来无须郭女士签署和知情,二来该保费来源是王先生的婚前财产,郭女士在离婚时无权分割该部分财产。再有,一旦王先生发生意外,该保险金可以作为父母的养老费用,保障父母老有所养。

三、家族财富传承

高净值人群的财富保全与传承安排,本质上是一个漫长且需要持续调整修正的过程,超高净值人士的财富保金与传承尤为如此,因为家庭成员和财富状况在长达几年甚至几十年的过程中必定会发生变化。财富传承也是一个多选题,不同的人生阶段需要选择各种不同的法律与金融工具,做出最适合该阶段家庭状况的财富安排。那么,保险在财富保全与传承中该如何落地?

世界各国对保险公司特别是人寿保险公司的监管非常严格,根据我国《保险法》第 89 条、第 92 条的规定,经营有人寿保险业务的保险公司,除因合并、分立或者被依法撤销外,不得解散。经营有人寿保险业务的保险公司被依法撤销或者被依法宣告破产的,其持有的人寿保险合同及责任准备金,必须转让给其他经营有人寿保险业务的保险公司;不能同其他保险公司达成转让协议的,由国务院保险监督管理机构指定经营有人寿保险业务的保险公司接受转让。在我国,人寿保险公司即使破产也不会实质影响保险合同各权利主体等的权益。因此,只要持有的保单是合法有效的,相应的权益一定会受法律保护,进而最大限度地保证投保人和被保险人的利益。所以,通过保险的方式传承家族财富可以保障财产的安全性。

高净值人士可选的家族财富传承工具较为丰富,常见的有遗嘱、赠与、家族信托和家族基金会等。但在以上工具中,各项工具均有各自的优势和短板。大额保单在保险产品中作为确定性较强的一种金融工具,其不仅具备可保持获取现金流的功能,而且还具有保值和增值的效果,在家族财富传承中具有诸多独有优势。

(1)具有较高的杠杆作用。投保人可用较低成本购买到较高的人身额度。以 50 岁男士为例,国内寿险的赔付杠杆可达两倍,而美国的终身寿险,甚至可以达到六倍的杠杆。

(2)通过合理设计,可以实现定向财富传承。例如,以父母一方为投保人,子女为被保险人而投保的年金险合同,生存受益人设定为子女,则该保单属于该子女个人所有,与其配偶无关。

(3)保险公司运营稳健,只要投保人没有提前退保,基本不会出现本金的损失,可以创造一个伴随孩子一生的现金流,同时因为保险公司的监管极其严格,对其破产有完备的预案措施,可最大限度保证投保人和被保险人的利益。

四、税收筹划

我国《保险法》第 42 条规定,指定受益人的保单不能被算作被保险人的遗产。另据《个人所得税法》第 4 条的规定,保险赔款免征收个人所得税。

因此,从现行有效的法律规定来看,在明确指定受益人的情况下,寿险理赔金不会计入遗产,保险赔款也无须缴纳个人所得税,且目前在我国尚无"遗产税"征收,故在税收筹划方面,保险有着天然优势。

五、保险对移民的应用

准备海外移民,尤其是投资移民的家庭来说,保险也能做到很好的财富保全,这得益于它的"税收筹划"功能。

以美国为例,遗产税是一个需要着重考量的移民因素,对尚未取得美国国籍的移民人士来说,遗产税的扣除额远远低于美国本土人士。但这绝不意味着该类人士不需要做遗产筹划,反而更应该进行筹划。筹划不可或缺的两个工具,一个是信托,另一个就是保险。

通常来说,遗产税的终极筹划需要两步操作。在移民前,购买符合美国国家税务局规定的税收优惠保单,这种保单在受益人获得理赔的时候,理赔所得的钱是不用缴纳所得税的,但保单的理赔金额会计入遗产总额。所以还需要同时设立一个不可撤销的信托,将此类保单放入该信托,就可以完成相对安全的"资产隔离"操作了。当然,美国的所得税、遗产税制度都非常复杂,在移民之前务必要咨询专业的律师或者税务师,根据家庭成员与资产状况提前准备合适的保险。

保险在家族财富管理和传承中有其不可替代的作用，通过律师的专业设计，与协议、遗嘱、信托等其他工具的有效运用，不仅能构建起家族资产的防火墙、保障家族财富的安全定向传承，还能实现更为丰富和多元化的场景用途。

第三章
意想不到的基金会

根据《基金会管理条例》第 2 条的规定,基金会是指利用自然人、法人或者其他组织捐赠的财产,以从事公益事业为目的,按照本条例的规定成立的非营利性法人。根据该条例,基金会属于《民法典》第 87 条规定的非营利性法人,主要以公益事业为目的来开展扶贫济困扶老等公益活动。

◆ 第一节　基金会概述

一、基金会的特征

基金会是社会组织(慈善组织)的一种形式,与作为国家权力机关的执行机关的政府以及以营利为目的的公司有本质上的区别,也与社会团体、社会服务机构、事业单位等非营利性法人略有差异。相较于前述政府、公司以及其他非营利性法人,基金会的公益性、非营利性、非政府性特征更为明显,主要体现为:

(一)公益性

基金会的财产主要源于自然人、法人或者其他组织的捐赠,财产捐赠到基金会的账户即为公共财产,不再属于捐赠人的财产,基金会有权对该捐赠财产进行管理使用。这就决定了基金会根据其业务范围开展的活动必须具有公益性,不得利用公共财产为自己谋取私利。

（二）非营利性

根据法律规定，基金会的财产应当根据法律及章程规定、捐赠协议的约定全部用于慈善目的，不得在发起人、捐赠人以及慈善组织成员中分配。这要求基金会的发起人、捐赠人不得从基金会的财产中获取任何利益，与以营利为目的的公司对股东的要求是截然不同的。

（三）非政府性

基金会是依据《慈善法》《基金会管理条例》等法律规定通过理事会、监事会等内部机构进行决策、管理的独立法人，承担着政府职能以外的社会责任。

二、我国基金会的分类及基金会发展情况

（一）基金会的分类

基金会的分类情况可见图 2-20。

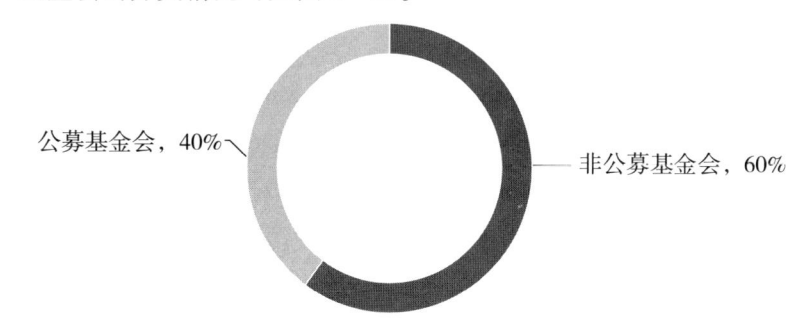

图 2-20 基金会的分类情况

注：上述比例根据 2015 年至 2019 年公募基金会与非公募基金会的成立数量估算。

自 2004 年《基金会管理条例》颁布以来，我国的基金会分为两种类型，即面向公众募捐的基金会（公募基金会）和不得面向公众募捐的基金会（非公募基金会）。顾名思义，是否具有合法面向公众开展募捐活动的资格，是区分二者的方式。《慈善组织公开募捐管理办法》第 3 条规定，依法取得公开募捐资格的慈善组织可以面向公众开展募捐。不具有公开募捐资格的组织和个人不得开展公开募捐。

此外，深圳作为改革开放的前沿城市还成立了具有特色的社区基金会。为此，深圳市政府还专门出台了《深圳市社区基金会培育发展工作暂行办

法》。根据该规定,社区基金会是指按照《基金会管理条例》的规定依法登记,利用自然人、法人和其他组织捐赠的财产,为本社区公益慈善事业提供资金资助或从事本社区慈善公益服务的非营利性法人,属于非公募基金会。

(二)基金会的发展情况

基金会2016—2021年数量概览可见图2-21。

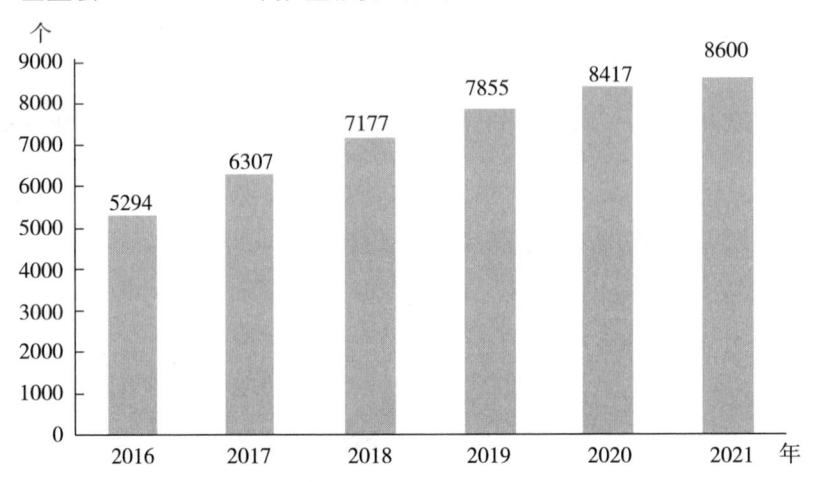

图 2 – 21 2016—2021 年基金会数量概览

截至2021年第三季度末,社会组织的总数量已超过90万家,而从上图可以看出,基金会的数量仍未过万,由此也可以从侧面说明基金会在注册登记上较社会团体、社会服务机构更为严格、要求更高,通过基金会来完成家族财富的传承也更有保障和社会影响力。

◆ 第二节 基金会在家庭财富传承中的作用

关于家族财富传承,目前很多人都局限在家族财富传承的固有定义上,即如何保存或者积累物质财富这个层面上。但实际上,广义的家族财富除了物质的传承,还包括精神上的传承、家族社会资本的传承,而且该类传承逐渐成为家族财富传承中的重要组成部分。而社会资本的传承也是近些年来企业无法回避的问题,如腾讯基金会自成立以来,以强大的互联网技术为依托,不断探索如何将互联网与公益更好地结合,促进了我国公益事业的不断发展和公益模式的变革,也让需要帮助的人受益。同时,借助基金会的公益活动还宣传了企业的品牌,让企业在国内外享有一定的美誉,从而助力其商业的发展。

在我国,基金会得以作为家庭财富传承的工具,体现在如下几个方面。

一、基金会享受相关税收优惠

基金会是非营利性的,家族企业向基金会捐赠款项可以按照现有的政策和法律法规享受相应的税收优惠,因此,成立基金会可以在某种程度上实现节税或税务筹划的目的。

《基金会管理条例》第 26 条规定:"基金会及其捐赠人、受益人依照法律、行政法规的规定享受税收优惠。"目前,基金会可以直接或间接享受以下税收优惠:其一,基金会的非营利收入被免征企业所得税(《企业所得税法》第 26 条第 4 项、《企业所得税法实施条例》第 85 条)。其二,企业和个人对基金会的公益性捐赠支出,被准予在企业应纳税所得额中扣除,或者在个人所得税税前扣除(《企业所得税法》第 9 条、《个人所得税法》第 6 条第 3 款、《个人所得税法实施条例》第 19 条、《财政部、税务总局、民政部关于公益性捐赠税前扣除有关事项的公告》第 1 条)。其三,境外对基金会捐赠的物资,被免征或减征进口关税和进口环节的增值税(《公益事业捐赠法》第 26 条、《慈善捐赠物资免征进口税收暂行办法》第 2 条)。[1]

目前,在基金会享受税收优惠的体制上,立法机关颁行了以下规范性文件:《财政部、税务总局关于非营利组织免税资格认定管理有关问题的通知》(财税〔2018〕13 号,以下简称《免税资格通知》)、《财政部、税务总局、民政部关于公益性捐赠税前扣除有关事项的公告》(财政部、税务总局、民政部公告 2020 年第 27 号)、《海关进出口货物减免税管理办法》(中华人民共和国海关总署令第 245 号),等等。

在我国,基金会取得免税资格的实质条件基本上是主要、无私地从事公益活动。《免税资格通知》第 1 条规定:"依据本通知认定的符合条件的非营利组织,必须同时满足以下条件:(一)依照国家有关法律法规设立或登记的事业单位、社会团体、基金会、社会服务机构、宗教活动场所、宗教院校以及

---

[1] 张学军:《基金会享受税收优惠的体制重建研究》,载《当代法学》2015 年第 4 期。

财政部、税务总局认定的其他非营利组织;(二)从事公益性或者非营利性活动;(三)取得的收入除用于与该组织有关的、合理的支出外,全部用于登记核定或者章程规定的公益性或者非营利性事业;(四)财产及其孳息不用于分配,但不包括合理的工资薪金支出;(五)按照登记核定或者章程规定,该组织注销后的剩余财产用于公益性或者非营利性目的,或者由登记管理机关采取转赠给与该组织性质、宗旨相同的组织等处置方式,并向社会公告;(六)投入人对投入该组织的财产不保留或者享有任何财产权利,本款所称投入人是指除各级人民政府及其部门外的法人、自然人和其他组织;(七)工作人员工资福利开支控制在规定的比例内,不变相分配该组织的财产,其中:工作人员平均工资薪金水平不得超过税务登记所在地的地市级(含地市级)以上地区的同行业同类组织平均工资水平的两倍,工作人员福利按照国家有关规定执行;(八)对取得的应纳税收入及其有关的成本、费用、损失应与免税收入及其有关的成本、费用、损失分别核算。"此外,《基金会年度检查办法》第7条第1款第3项、第4项规定,"(三)具有《条例》第四十二条规定的应当给予行政处罚的情形之一的;(四)违反《条例》第四十三条第二款规定,基金会理事、监事及专职工作人员私分、侵占、挪用基金会财产的",登记管理机关应当视情节轻重分别作出年检基本合格、年检不合格的结论。《基金会管理条例》第42条第1款第4项规定,"未按照本条例的规定完成公益事业支出额度的",由登记管理机关给予警告、责令停止活动,情节严重的,可以撤销登记。

　　基金会取得税前扣除资格的实质条件基本上也是主要、无私地从事公益活动。《财政部、税务总局、民政部关于公益性捐赠税前扣除有关事项的公告》第4条规定:"在民政部门依法登记的慈善组织和其他社会组织(以下统称社会组织),取得公益性捐赠税前扣除资格应当同时符合以下规定:(一)符合企业所得税法实施条例第五十二条第一项到第八项规定的条件。(二)每年应当在3月31日前按要求向登记管理机关报送经审计的上年度专项信息报告。报告应当包括财务收支和资产负债总体情况、开展募捐和接受捐赠情况、公益慈善事业支出及管理费用情况(包括本条第三项、第四项规定的比例情况)等内容。首次确认公益性捐赠税前扣除资格的,应当报送经审计的前两个年度的专项信息报告。(三)具有公开募捐资格的社会组织,前两年度每年用于公益慈善事业的支出占上年总收入的比例均不得低于70%。计算该支出比例时,可以用前三年收入平均数代替上年总收入。不具有公开募捐资格的社会组织,前两年度每年用于公益慈善事业的支出占上年末净资产的比例均不得低于8%。计算该比例时,可以用前三年年末净资产平均数代替上年末净资产……"《企业所得税法实施条例》第52条第1项到第8项规定,"本条例第五十一条所称公益性社会组织,是指同时符合下列条件的慈善组织以及其他社会组织:(一)依法登记,具有法人资格;(二)以发展公益事业为宗旨,且不以营利为目的;(三)全部资产及其增值为该法人所有;(四)收益和营运结余主要用于符合该法人设立目的的事业;(五)终止后的剩余财产不归属任何个人或者营利组织;(六)不经营与其设立目的无关的业务;(七)有健全的财务会计制度;(八)捐赠者不以任何形式参与该法人财产的分配"。

二、基金会对家族成员关系的协调作用

基金会除了对外可以实现企业或个人财富传承之目的,对内还可以避免因财富传承导致的家族成员之间的矛盾激化。实际上,家族成员之间的谦让和谐幸福才是传承中最为重要的环节,能够促使家族财富更好地进行传承。如前文所述,基金会是非营利性质的,没有股东,发起成立的资金视为捐赠,不能在发起人或者理事之间进行分配;除了法律规定的例外情形,也不能撤销捐赠行为,且捐赠的款项也不能指定与自己有利害关系的人作为受益人。正是由于基金会的这种特殊性,在一定程度上可能更能够满足创富者以基金会的形式完成财富的不特定传承。这种纯公益的特性,可以对抗来自家族成员内部的不和谐,把家族的财产捐赠给基金会,让更多的家族成员参与到公益慈善事业中来,实现自身的社会价值,从而更理性地面对家族财富的问题,如洛克菲勒家族基金会等便具有此等性质。

三、基金会对家族精神文化的传承作用

当前,我们也可以很明显地看到,越来越多的企业或者个人从兼顾家族财富及企业品牌宣传的角度出发,发起设立基金会(家族慈善基金会),这种设立基金会的目的也从以前单一随性的捐款转向明确的规划捐赠,以使基金会能够长远地发展。此类基金会,不仅是一个专门以扶贫、济困、扶老、救孤、恤病、助残、优抚、救助自然灾害和事故灾难以及公共卫生事件等突发事件造成的损害等公益为目的开展的公益慈善活动的实体机构,还是一个家族精神文化、理念以及家族教育体现的舞台。把基金会和家族的事业结合起来,可以让家族的理念、文化与社会产生碰撞和互动,增强家族成员的凝聚力以及慈善事业参与感。同时,也可以借助安排家族成员进入基金会工作的机会,锻炼家族人员对于复杂事务的管理能力,培养专业的财产管理和事务管理能力,确保基金会的运行能够反映家族慈善的意愿,有效地实现家族传承。

◇ 第三节　基金会的运用

一、设立

根据《基金会管理条例》的规定,设立建立基金会,必须具备下列条件:

(1)为特定的公益目的而设立。

(2)全国性公募基金会的原始基金不低于800万元人民币,地方性公募基金会的原始基金不低于400万元人民币,非公募基金会的原始基金不低于200万元人民币;原始基金必须为到账货币资金。

(3)有规范的名称、章程、组织机构以及与其开展活动相适应的专职工作人员。

(4)有固定的住所。

(5)能够独立承担民事责任。

二、申请成立基金会应当提交以下材料

(1)基金会法人登记申请表;

(2)成立登记申请书;

(3)业务主管单位的批准文件(由业务主管单位出具);

(4)章程草案;

(5)住所使用权证明;

(6)捐资承诺书;

(7)发起人名单及基本情况表;

(8)理事监事名单及基本情况表;

(9)拟任法定代表人登记表;

(10)秘书长专职承诺书(按照示范文本自拟)。

三、基金会变更(备案)事项

(1)基金会的名称、法定代表人、业务主管单位、住所、业务范围等事项变更,或者基金会分支机构、基金会代表机构的名称、住所、业务范围、负责人等事项需要变更的,应当依法向登记管理机关申请变更登记。

(2)基金会新增或离任的副理事长、秘书长、理事、监事均应办理变更备案手续。

(3)基金会换届,应履行新一届所有理事长、副理事长、秘书长、理事、监事的备案手续。

(4)基金会将需要变更的登记事项或备案事项,向登记管理机关申请变更登记或变更备案,如有业务主管单位的,应当先经业务主管单位同意。登记管理机关对基金会提交的有关材料审核后,作出准予变更或不准变更的决定。

(5)基金会变更法定代表人,应当先对法定代表人进行离任审计。

(6)基金会修改章程,应当征得其业务主管单位的同意,并报登记管理机关核准。

四、基金会的注销

(1)基金会、境外基金会代表机构如出现按照章程规定终止、无法按照章程规定的宗旨继续从事公益活动或由于其他原因终止的情形,应当向登记管理机关申请注销登记。

(2)注销前应当按照规定履行内部程序后进行清算,会计师事务所出具清算审计报告。如果有业务主管单位,还需要经业务主管同意注销登记的批复。

五、设立基金会的注意事项(以在深圳市为例)

(一)基金会可行性报告

主要介绍申请者的经济实力以及对基金会后续资金捐赠能力的情况

(可附上相关的佐证材料),介绍申请者以及理事成员的公益慈善经历,组织或是参与过的一些公益项目,设立基金会的目的。此外,还可以提及理事会成员的一些信息,如工作经历、背景、学历以及与其他成员之间的关系。

(二)填写名称预核准注册信息

可以事先对基金会的名称进行检查是否符合《基金会名称管理规定》的要求。

(三)开设临时账户

根据要求提供开户相关材料,获取临时账号后,转资金时应当备注注册资金,凭资信证明可不需要会计师事务所出具的验资报告。

(四)基金会设立登记网上办理流程

申请人向广东政务服务网提出申请的时候,须按照要求提交,如不符合申请资格或材料不齐全、不符合法定形式的,虽然办事人员会告知需要补足的资料,但申办时间会变长。

(五)基金会设立登记申请材料清单(以深圳市为例)

(1)程序性的内容可以根据网上的要求提交申请表、理事会会议纪要、捐资证明、场地使用证明等其他材料。

(2)理事会会议纪要中所有与会理事、监事须签名。

(3)如场地为租赁的,则需提供房屋租赁凭证,如场地为自有房产,则需提供房产证,同时还需要注意场地使用证明上的地址信息要与产权证明或租赁合同、租赁凭证、租赁合同等材料上的地址信息保持一致。

(4)登记注册的原始资金证明需要由有资质的会计师事务所出具《验资报告》,或由指定的银行出具资信证明。《验资报告》依据《民间非营利组织会计制度》制作,需要确认无"公司""股东""投资"等不符合基金会性质的表述。

(5)捐资证明有两种情形,一种是捐赠人与申请一致的情形,另一种是捐赠人与申请人不一致的情形,在提供该份材料的时候,以上内容需要予以区分。

特别篇

带有温度的法律服务

1. 抚平家暴、婚变人士的伤痕

一、遭遇家暴、婚变人群概述

据调查,离婚六大主要原因中,第一为出轨,第二为家庭暴力,然后才是性格不合、婆媳不睦、不良嗜好与购房需要。可见,遭遇出轨、婚外情以及家庭暴力是婚姻的最大"杀手"。这类人群的夫妻双方都可能成为不幸婚姻的牺牲品,如何及时止损,保住婚姻财产,保护好婚生子的权利,又不至于让非婚生子监护缺失等都需要得到法律支持与专业人士的帮助。

二、遭遇家暴、婚变人群的需求

遭遇婚变的原因很多,但遭遇婚变的人群想要解决自己面临的窘境与问题,最先想到的一定是求助法律人士,希望可以通过法律途径解决问题。在协议无法解决问题的情况下,必须要选择诉诸法律,也就是提起诉讼,那么这类人群中高发的纠纷类型就是离婚纠纷、抚养权纠纷、同居析产纠纷、离婚后财产分割纠纷等。诉讼能解决的问题包括两个方向,一个方向是人身关系的解除或确定,如解除婚姻关系、同居关系、亲子关系等;另一个方向则是财产关系的处理,即共同财产分割,因为人身关系而产生的抚养费、赡养费、扶养费的支付等。

三、为遭遇家暴、婚变人群提供法律服务的应用场景

既然这类人群是法律服务高需求人群,那么场景与案例便不会少。在此笔者首先举出一个有关家暴的典型案例来分析。

李某和张某在婚后初期夫妻感情较好,但共同生活一段时间后,双方性格差异太大,常因家庭琐事发生矛盾。分居生活一段时间后,张某向法院起诉要求离婚。但在法院审理李某与张某离婚纠纷的过程中,李某多次到张某父母家闹,抢夺小孩,发短信骚扰张某,在庭审后跟踪张某,其行为严重影响了张某及家人的生活和工作。张某随后向法院申请人身保护令,请求禁止李某骚扰、跟踪张某及其家人,抢夺小孩。

人民法院经审查认为,申请人张某的申请符合《反家庭暴力法》第27条规定的发出人身保护令的条件,故裁定禁止被申请人李某利用骚扰、跟踪等手段,妨碍申请人张某及其儿子、父母的正常生活;禁止被申请人李某抢夺其儿子李某林。如被申请人李某违反上述禁令,法院将根据《反家庭暴力法》第34条之规定,视情节轻重处以罚款、拘留;构成犯罪的,依法追究刑事责任。

人身保护令的有效期最长为6个月。保护令失效前,法院可以根据申请人的申请撤销、变更或者延长。家暴者如果违反人身保护令,有可能被法院处以1000元以下罚款、15日以下拘留。情节严重构成犯罪的,可依法追究刑事责任。[1]

可见申请人身保护令是遭遇家暴人士选择的最传统的诉讼法律服务中不可缺少的法律服务,而同时本案中的张某可以同步起诉离婚,即便是对方不同意离婚,也可能基于存在家暴被法院判决离婚。

那么遭遇出轨的当事人又该如何运用法律武器来保护自己呢?首先,最常见的是夫妻中一方将财产赠与婚外第三人,这类情况则涉嫌侵害了共同财产,可以起诉要求返还。其次,如果遇到非婚生子的抚养问题,可以协议解决的话,还应当签署好承担违约责任的有效协议,确定好非婚生子女的抚养问题和将来可能发生的继承问题。最后,如果协议无法解决,也许会进入应诉阶段,以确定好孩子的抚养问题,保护好婚生子的基本权益。这类人群如果遭遇出轨,便会影响双方的感情,认为感情已经破裂,当然免不了要起诉离婚或者可能面临离婚后的财产分割,以确定保护好属于自己的个人财产。

从另一个角度来分析,出现了婚外情的家庭中的出轨方,其也有自己的权益需要维护,这类人必备的法律工具就是离婚协议、同居析产协议、遗嘱等。对于有婚生子又有非婚生子的人士,特别注意要避免将来自己的血脉之间的纠纷与互相伤害,也建议定期做好财富规划与遗嘱安排,基于已经有过的夫妻关系、亲子关系等做好财产安排,才不至于因此贴上"渣"的标签。在情感的道德上其

---

[1] 参见《宿迁市中级人民法院发布八起涉家暴典型案例》,载北大法宝网2016年11月25日,https://pkulaw.com/pal/a3ecfd5d734f711da9a9d344a42bc446e4f7e4db3a8e3165bdfb.html。

可能得到不忠的评价,但对于子女、父母不至于得到不负责任、不孝的评价。

那么除了用诉讼的途径来保护当事人的人身安全和财产安全之外,还有哪些工具可以用于这类人群呢?当然有一定财富的人可以根据本书第一篇和第二篇选择任何自己认为可以达到自己传承目的的工具来使用,也可以将自己的财产情况和婚姻情感情况盘点好后,约家事律师做一对一的个案服务,在此为这类人士仅提出一个可能被运用的初步方案以供选择。

四、法律服务产品的流程及内容

遭遇婚变人士使用法律服务产品的流程及内容可见图3-1。

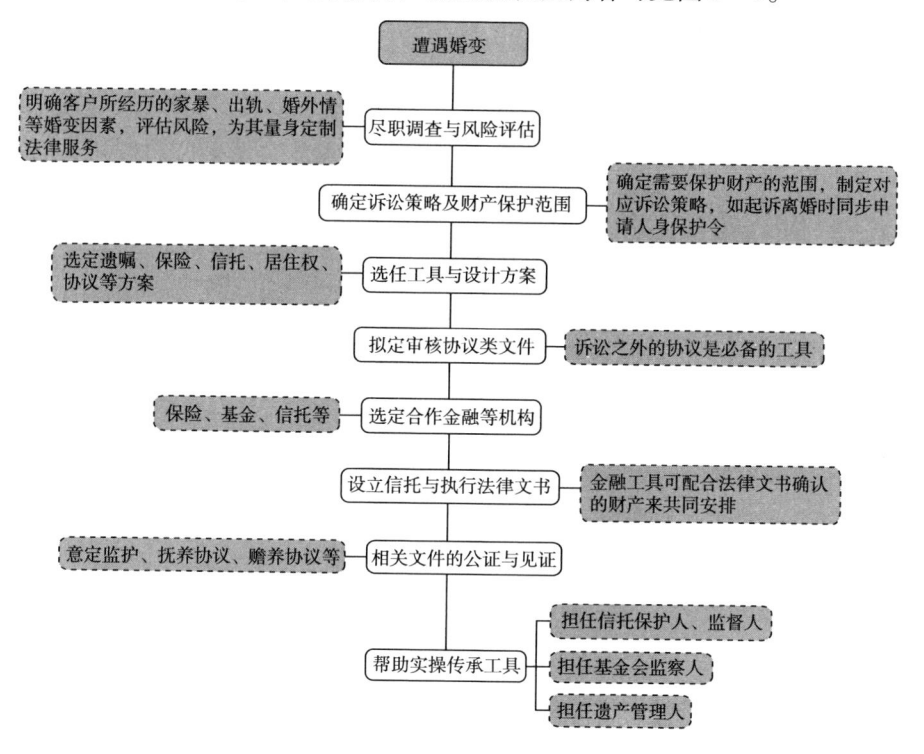

```
                    ┌──────────┐
                    │ 遭遇婚变  │
                    └────┬─────┘
                         ↓
┌──────────────────┐  ┌──────────────────┐
│明确客户所经历的家暴│  │                  │
│、出轨、婚外情等婚 │──│尽职调查与风险评估│
│变因素,评估风险,为│  │                  │
│其量身定制法律服务 │  └────┬─────────────┘
└──────────────────┘       ↓
                    ┌──────────────────┐  ┌──────────────────┐
                    │确定诉讼策略及财产│  │确定需要保护财产的│
                    │保护范围          │──│范围,制定对应诉讼│
                    └────┬─────────────┘  │策略,如起诉离婚时│
                         ↓                │同步申请人身保护令│
┌──────────────────┐  ┌──────────────────┐└──────────────────┘
│选定遗嘱、保险、信│  │                  │
│托、居住权、协议等│──│选任工具与设计方案│
│方案              │  │                  │
└──────────────────┘  └────┬─────────────┘
                         ↓
                    ┌──────────────────┐  ┌──────────────────┐
                    │拟定审核协议类文件│──│诉讼之外的协议是必│
                    └────┬─────────────┘  │备的工具          │
                         ↓                └──────────────────┘
┌──────────────────┐  ┌──────────────────┐
│保险、基金、信托等│──│选定合作金融等机构│
└──────────────────┘  └────┬─────────────┘
                         ↓
                    ┌──────────────────┐  ┌──────────────────┐
                    │设立信托与执行法律│──│金融工具可配合法律│
                    │文书              │  │文书确认的财产来共│
                    └────┬─────────────┘  │同安排            │
                         ↓                └──────────────────┘
┌──────────────────┐  ┌──────────────────┐
│意定监护、抚养协议│──│相关文件的公证与见│
│、赡养协议等      │  │证                │
└──────────────────┘  └────┬─────────────┘
                         ↓
                    ┌──────────────────┐  ┌──────────────────┐
                    │                  │──│担任信托保护人、监│
                    │                  │  │督人              │
                    │                  │  └──────────────────┘
                    │帮助实操传承工具  │  ┌──────────────────┐
                    │                  │──│担任基金会监察人  │
                    │                  │  └──────────────────┘
                    │                  │  ┌──────────────────┐
                    │                  │──│担任遗产管理人    │
                    └──────────────────┘  └──────────────────┘
```

图3-1 遭遇婚变人士使用法律服务产品的流程及内容

五、法律服务产品运用说明

本书中没有单列出家事诉讼类法律服务来做分析,是因为本书重点在于财富的传承。家事诉讼作为一个当然的传承工具不可剔除,特别针对本部分涉及的人群,诉讼不可或缺。而同时这类人群需要得到的帮助不仅来自法律专业人士,可能还有心理咨询专业人士、财务咨询专业人士等。

因此这类人群的法律服务产品,首先要做的是深度的咨询,包括心理咨询与法律咨询,无论是被出轨方、被家暴方,还是家暴方与出轨方,过错都源于一段失败的关系,也就是夫妻关系。法律专业人士要做的就是帮助解决现在所遇到的问题,而在婚变的法律关系里,除了要解决婚姻关系是否解除、如何解除,还要解决亲子关系产生的抚养问题,父母子女之间的赡养问题,还有夫妻关系之间的扶养等问题。其解决之道包括两部分,一方面通过协商协议确定好规则后平息因为关系出现的矛盾,另一方面通过诉讼让司法机关判定如何来解决纠纷。因此,首先要做的就是协商方案或者诉讼。

但如果诉讼可以解决一切困扰,就不会出现非诉的法律服务,因此本书才着重介绍了各类非诉的法律服务工具,即第一篇第二篇的内容。大量案例的呈现,也是希望通过诉讼的风险,让大家有预防的意识,用好本书介绍的工具,最终达到无讼的目的。其中有纯法律工具的协议类法律工具,也有运用金融工具解决问题的法律服务方案。不同的配置都可能影响最终的可控风险范围和财富分配,这一方面需要了解有相关需求客户的当下意愿,还要结合其实际需求,在避免发生纠纷的情况下做出最合适的配置。

2.给重组家庭、忘年婚恋人士以支持

一、重组家庭、忘年婚恋等人士概述

重组家庭是基于再婚而产生的,其家庭成员之间的关系不是基于血缘关系而是基于姻亲关系引起的,它包括直系姻亲关系和法律拟制直系血亲关系。这类人群通常有复杂的婚姻史,年龄差异较大,或者国度差异较大,因此可能会出现跨时期的家庭财产分割问题与跨国度的财产处理等诸多法律问题。

二、重组家庭、忘年婚恋等人群需求

随着离婚率的居高不下,重组家庭越来越多。随着婚恋观念的开放,尤其是在现代自由思想的影响下,无论是单亲妈妈还是爸爸,都可以重新爱与被爱,但自己和前夫或者前妻的孩子是无法割舍的,只要重组家庭,无论孩子跟谁,都要面临重组家庭的那些关系。如果是和未婚的异性重组家庭,那么财产关系尚且清晰;如果结合的对象同样也是单亲爸爸或妈妈,重组家庭后的财产往往出现混同,婚前财产与婚后财产无法分割。

老年人士因配偶去世而重组家庭,同样涉及原配偶离世的财产分割继承,以及新配偶加入带来的财产变动问题,一旦处理不好,极易引起子女反对和各类家庭矛盾。

此外,在重组家庭中,双方都希望给各自的孩子多留财产。如果没有提早做规划的话,被对方和对方的孩子分割财产后,自己的孩子可能所剩无几。

夫妻是同一天结婚,但不一定同一天去世。尚在人世的一方不见得会合理地将财产分给继子女,继子女的权益怎么保证?共同子女的岁数肯定比继子女小,那当夫妻两人逝世后,继子女是否会公平对待他?

重组家庭最尴尬的是又遇婚姻破裂或者因之前的婚姻家庭关系未处理好而引发纠纷，影响现有家庭的幸福，当然涉及诉讼的案由通常为离婚诉讼、抚养权纠纷、继承纠纷等。

三、为重组家庭、忘年婚恋等人群提供法律服务的应用场景

王先生今年54岁，有两段婚姻。第一任妻子与王先生在早年离婚，双方婚内育有两个女儿。大女儿由前妻抚养，小女儿由王先生抚养，大女儿已婚。

王先生与第二任妻子许女士于2010年结婚，双方尚未生育子女。王先生和许女士的父母均已去世。许女士与前夫育有一子，现年16岁，再婚后一直与许女士、王先生共同生活。

王先生的财富传承愿望是将自己的财产大部分留给最疼爱的小女儿，剩下的留给大女儿。如果王先生事先不作任何规划，那么百年之后必将面临以下难题：

首先，父母子女关系包括婚生、非婚生、收养和有扶养关系的继父母子女关系，无论是许女士和儿子，还是两个女儿，均系法定第一顺序继承人，均享有平等的继承权，应平等继承，如果按照法定继承自然违背了李先生的意愿。

其次，小女儿年幼，大女儿多年未联系且已婚。王先生如不幸发生意外，其财富的实际控制权必将掌握在许女士手中，作为非亲生女儿，一旦和许女士发生纠纷，不仅耗费大量时间精力，而且伤害家庭感情，得不偿失。此外，小女儿已到了适婚年龄，大女儿也已婚配，已婚子女所继承到的财产为夫妻共同财产。如果婚姻关系发生变动，则意味着女婿很可能分走一半财产，这也是王先生不想看到的。

四、法律服务产品的流程及内容

重组家庭使用法律服务产品的流程及内容见图3-2。

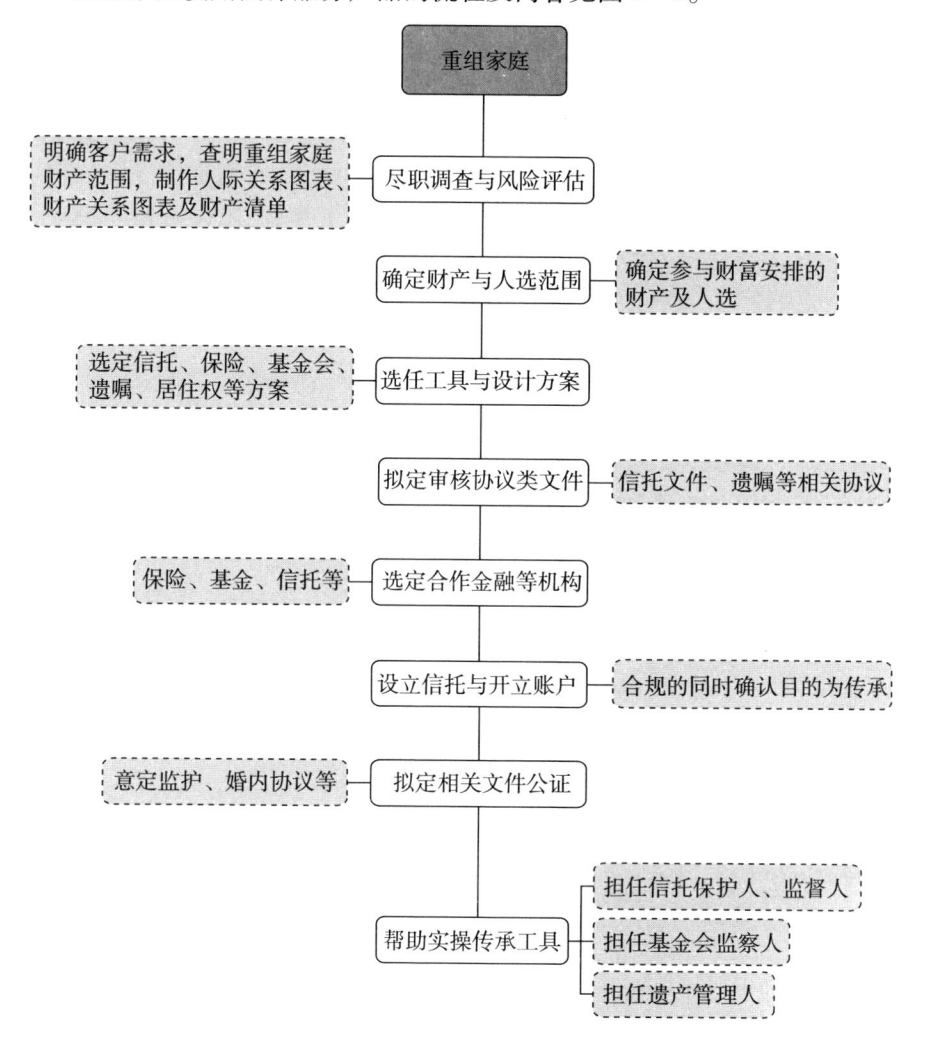

```
                          ┌──────────┐
                          │ 重组家庭  │
                          └────┬─────┘
                               │
┌────────────────────┐    ┌───┴──────────┐
│明确客户需求,查明重组家庭│    │尽职调查与风险评估│
│财产范围,制作人际关系图表、├───┤              │
│财产关系图表及财产清单   │    └───┬──────────┘
└────────────────────┘        │
                               │
                          ┌───┴──────────┐    ┌──────────────┐
                          │确定财产与人选范围├───┤确定参与财富安排的│
                          └───┬──────────┘    │财产及人选     │
                              │                └──────────────┘
┌────────────────────┐        │
│选定信托、保险、基金会、 │    ┌───┴──────────┐
│遗嘱、居住权等方案     ├───┤选任工具与设计方案│
└────────────────────┘    └───┬──────────┘
                              │
                          ┌───┴──────────┐    ┌──────────────┐
                          │拟定审核协议类文件├───┤信托文件、遗嘱等相关协议│
                          └───┬──────────┘    └──────────────┘
                              │
┌────────────────────┐    ┌───┴──────────┐
│保险、基金、信托等    ├───┤选定合作金融等机构│
└────────────────────┘    └───┬──────────┘
                              │
                          ┌───┴──────────┐    ┌──────────────┐
                          │设立信托与开立账户├───┤合规的同时确认目的为传承│
                          └───┬──────────┘    └──────────────┘
                              │
┌────────────────────┐    ┌───┴──────────┐
│意定监护、婚内协议等  ├───┤拟定相关文件公证│
└────────────────────┘    └───┬──────────┘
                              │                ┌──────────────┐
                              │              ┌─┤担任信托保护人、监督人│
                          ┌───┴──────────┐    │ └──────────────┘
                          │帮助实操传承工具├───┤ ┌──────────────┐
                          └──────────────┘    ├─┤担任基金会监察人│
                                              │ └──────────────┘
                                              │ ┌──────────────┐
                                              └─┤担任遗产管理人 │
                                                └──────────────┘
```

图3-2 重组家庭使用法律服务产品的流程及内容

五、法律服务产品运用说明

在本书的第一篇第二章中,笔者已经详细介绍了使用作为家庭财富传承的重要工具——遗嘱所应注意的事项。《民法典》出台后,在遗嘱的形式上，包括自书、代书、录音录像、打印、公证等多种形式；在遗嘱的效力上，公证遗嘱也不再具有最高优先级，而是以最后一份遗嘱为准，充分尊重当事人的意愿。此外，亦可使用本书前面所详述的婚前/婚内财产协议，在家庭重组之初，就由双方当事人签订相关协议，以定分止争。此外，除了婚姻重组家庭在财富传承方面容易出现矛盾，婚姻夫妻失和的家庭、单亲家庭、继承人之间有内部矛盾的家庭、有巨额财富的家庭、家庭成员中有精神疾病患者的家庭、继承人众多的家庭、其他特殊家庭等实际上都有面临上述困境的风险。凡事"预则立，不预则废"，提早做好财富传承规划，不仅会留给子女一份财富，还会留给子女一份和谐美满的家庭关系。

3. 照亮单身独居人士的心

一、单身独居人士概述

单身是指一个人成年以后仍然是一个人生活而没有配偶,可以是从来没结婚的,也可以是已经离异的,还可以指丧偶的。

二、单身独居人士服务财富传承需求

单身人士由于人际关系相对简单,因此其需求更多地集中于财产安全隔离、财富灵活传承、养老等统筹规划、预防在先的法律服务。

(一)未婚青年

在高净值人士中,未婚青年很多,有的事业有成,收入和积蓄都不少,在《我的前半生》里,"唐晶"和"贺涵"就属于这类。有的家底丰厚,家庭背景很好,如"富二代"或"创二代"。

由于没有家庭压力和负担,未婚群体在消费过程中完全以自我为核心,消费动机基本都以自我需求为导向。

他们的财富风险主要集中在三个方面:

(1)婚前、婚后资产的混同风险;

(2)婚后获得的期权奖励、受赠或继承所得的财产的归属问题等;

(3)本身的疾病身故风险及因此导致无法履行对父母的赡养义务等。

对于上述风险,可以通过多重法律工具来规避:

(1)婚前或婚内财产协议可以帮助明确财产归属,但并非每一桩婚姻都适合;

(2)在单方赠与协议或遗嘱中明确财产归夫妻一方所有,可实现家族资产不外流;

(3)保单是天然的"良药"。例如,为实现婚姻资产隔离,可在婚前趸交大额保险。若是以自己为被保险人、父母为受益人的保单,还能实现父母晚年的生活保障,失独老人的失独之痛,也多少能因此减轻些。

(二)离异人士

在笔者进行财富规划的当事人中,离异人士尤其是再婚之后的离异人士占有不小的比例。他们往往已经拥有了不少的财富,但是他们在前一桩婚姻中可能育有子女,再婚后也可能有继子女或共同生育子女。复杂的家庭状况使财富问题更加突出。

他们的财富风险表现在:

(1)再婚导致的资产混同问题;

(2)多名子女的抚养教育问题;

(3)不同子女的财富传承问题。

对这类人群以上的财富风险,保单其实就可以发挥作用,将风险一网打尽。

在婚前投保或婚后用个人财产投保的保单,保单属于投保人资产,可以实现资产隔离;为子女投保年金险,可以保证孩子的教育资金充裕;而大额传承险,正是为解决传承问题而生。至于传承给哪个或哪几个孩子,完全可以通过指定不同顺位的多位受益人实现。当然,保险金信托也是很不错的选择之一。

三、为单身独居人士法律服务应用场景

周女士今年50岁,经历数十年打拼终于把一个小作坊变成颇具规模的现代化公司。因为早年忙于事业,疏于教导,现今刚成年的儿子养成了用钱大手大脚的习惯,梦想能够环游世界,发行专辑,创办乐队。

因周女士长期独自从事高负荷、高压力的工作,身体状况欠佳。考虑儿子眼下的情况,周女士认为其并不具有守业拓业的能力,更不希望他知晓自己名下的大量财产后,挥霍财产和青春。周女士希望能尽快给儿子留下一个稳妥的财务安排,激励儿子做出一番事业,或是能为儿子的梦想做合理引导并提供帮助,至少要保障儿子养家育子和老年的基本生活。

四、法律服务产品的流程及内容

单身人士的法律服务产品的流程及内容见图3-3。

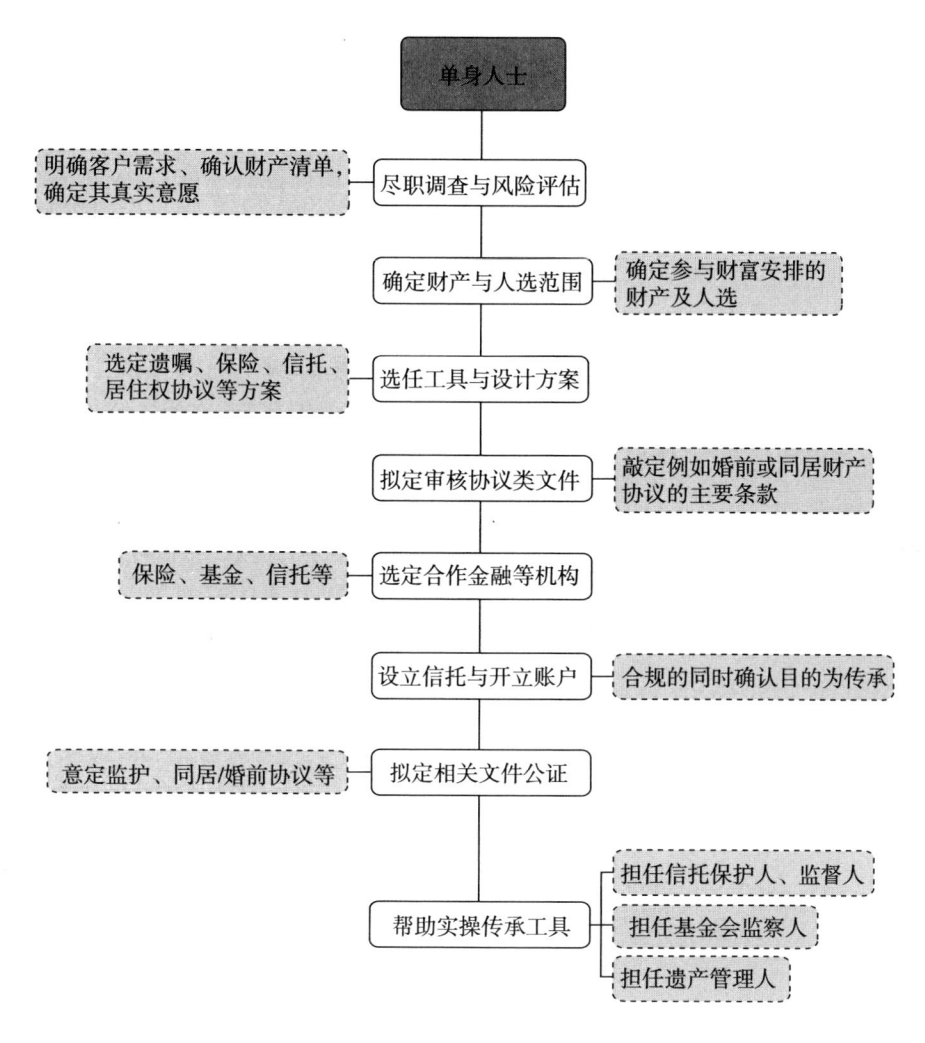

```
                    ┌──────────┐
                    │ 单身人士 │
                    └────┬─────┘
                         │
┌──────────────────┐  ┌──┴──────────────┐
│明确客户需求、确认│──│尽职调查与风险评估│
│财产清单,确定其真│  └──┬──────────────┘
│实意愿            │     │
└──────────────────┘  ┌──┴──────────────┐  ┌──────────────┐
                      │确定财产与人选范围│──│确定参与财富安│
                      └──┬──────────────┘  │排的财产及人选│
                         │                 └──────────────┘
┌──────────────────┐  ┌──┴──────────────┐
│选定遗嘱、保险、信│──│选任工具与设计方案│
│托、居住权协议等方│  └──┬──────────────┘
│案                │     │
└──────────────────┘  ┌──┴──────────────┐  ┌──────────────┐
                      │拟定审核协议类文件│──│敲定例如婚前或│
                      └──┬──────────────┘  │同居财产协议的│
                         │                 │主要条款      │
                         │                 └──────────────┘
┌──────────────────┐  ┌──┴──────────────┐
│保险、基金、信托等│──│选定合作金融等机构│
└──────────────────┘  └──┬──────────────┘
                         │
                      ┌──┴──────────────┐  ┌──────────────┐
                      │设立信托与开立账户│──│合规的同时确认│
                      └──┬──────────────┘  │目的为传承    │
                         │                 └──────────────┘
┌──────────────────┐  ┌──┴──────────────┐
│意定监护、同居/婚 │──│拟定相关文件公证  │
│前协议等          │  └──┬──────────────┘
└──────────────────┘     │
                         │                 ┌──────────────┐
                      ┌──┴──────────────┐  │担任信托保护人│
                      │                 │──│、监督人      │
                      │帮助实操传承工具 │  ├──────────────┤
                      │                 │──│担任基金会监察│
                      │                 │  │人            │
                      │                 │  ├──────────────┤
                      │                 │──│担任遗产管理人│
                      └─────────────────┘  └──────────────┘
```

图 3-3 单身人士的法律服务产品的流程及内容

提供完善的信托方案如下:儿子如果独立创建乐队并发行唱片,将奖励 100 万元以表支持;儿子如果创业,可领取 200 万元作为创业启动资金;儿子年满 55 岁后,每年可领取 20 万元用以养老;儿子 70 岁后,可一次性领取全部剩余资产。

同时,针对儿子即将面临的婚姻问题,可约定领取比例,如儿子、儿媳的分配比例为 6∶4;儿子每年可以从保险金信托计划中领取 30 万元作为日常生活费用;儿媳如生育一胎,可领取 100 万元礼金,如生育二胎可另外领取 100 万元礼金;在婚姻持续 3 年后,儿子儿媳可一次性获得 100 万元婚姻祝福金等。

五、法律服务产品运用说明

对于单身人士而言,单身只是漫长人生中一段时间的生活状态,单身人士亦有可能结束单身生活。因此,该类单身人士同样面临再婚、家族财富传承的问题,在双方财产差距过大的情形下,婚前/婚内财产协议则成为保护财富传承和婚姻幸福最重要的工具。在本书第一篇中详述了协议应当注意的问题,重点在于需严格把握协议条款的有效性,针对个别如"约定一方婚前财产婚后归另一方所有的"情形,需审慎对待,严控风险,在有条件的情况下尽量采取公证、提前过户等方式确保日后无利益纠纷。同时,须注意各地法院的裁判规则和既往案例。当然,2019年10月28日起施行的《最高人民法院关于建立法律适用分歧解决机制的实施办法》为解决各地同案不同判的情况进行了规范。此外,信托、保险可作为家族财富迈向规范、稳定传承的重要工具,在做好婚前的财产隔离工作的同时,也可通过信托、保险的方式来保证婚后生活质量,避免因孩子年幼产生财产被侵夺的隐患。

4.空巢老人得到晚年康养

一、空巢老人概述

空巢老人,一般是指子女离家后的中老年人。随着社会老龄化程度的加深,空巢老人越来越多,已经成为一个不容忽视的社会问题。当子女由于工作、学习、结婚等原因而离家后,独守"空巢"的中老年夫妇因此而产生的心理失调症状,称为家庭"空巢"综合征。

二、老人养老暨财富传承服务需求的开发

随着我国经济的发展,老龄化问题日益突出,其中"空巢老人"现象尤其引人关注。2012年10月29日,首届全国智能化养老战略研讨会中指出,空巢老人比例很大,到2050年,我国临终无子女的老年人将达到7900万左右,独居和空巢老年人将占54%以上,空巢老人的养老问题也再次引发关注。对于独居和空巢老年人而言,理财加养老是不容忽视的刚性需求。

三、为空巢老人等人群法律服务应用场景

(1)胡女士今年62岁,是湖北某市一所公立高中的退休语文教师。自从她的独生女儿出嫁后,家里便只剩胡老师和老伴独自居住。近几年来,夫妇两人陆续退休,丈夫又因癌症不幸去世,胡女士因生活不便请了保姆,同时也在为自己的晚年养老问题考虑。

(2)赵阿姨来自江西,丈夫早在十多年前去世了,膝下只有一个女儿,但女儿因违法犯罪被法院判处无期徒刑,目前正在监狱服刑。赵阿姨多年前曾经在海南生活,机缘巧合之下认识了陆女士一家。由于陆女士家中贫困,其父母无法承担陆女士的养育问题,赵阿姨出于好心,便将当时不到一岁的陆女士带在身边养育,陆女士14年后回到海南的父母身边读书。多年来,赵

阿姨和陆女士也一直保持联系。由于在江西老家无人照顾,赵阿姨决定到海南养老,并经常居住在陆女士家。前不久,赵阿姨因突发高血压晕倒入院,陆女士虽然一直在身边陪护,但因不是近亲属无法在医疗文件上签名。虽然之后赵阿姨恢复了健康,但随着年龄增长,类似的事情还会发生,陆女士无法代理她办理相关手续。对于她们而言,办理意定监护手续迫在眉睫。

四、法律服务产品的流程及内容

1. 几类常见情形

空巢老人签订遗赠扶养协议情形——遗赠扶养协议的法律效力高于法定继承和遗嘱继承,通过与第三人或集体组织签订遗赠扶养协议,由第三人或集体组织承担空巢老人的生老死葬义务,空巢老人的部分财产按约定在死后归扶养人所有。此外,空巢老人所有的房产亦可通过签署居住权合同、设立一定期限的居住权来确保自身居住及受扶养的权利得到保障。

空巢老人的保姆占房情形——"遗产房产赠保姆"的案例如今已经频频发生,大部分是因为老人在子女身上得不到精神上的关怀以及生活上的照顾而导致,但也确实存在部分老人因为受到保姆照顾,希望将财产留给保姆的情形。在此情况下,需要考量财产的合法性、意思表示的真实性等,从形式和内容方面对遗嘱或遗赠扶养协议进行考量,而这也是空巢老人需要注意,以免日后引起纠纷的关键点。

空巢老人的子女财富传承需求——情形基本等同于前述"单身独居人士服务财富传承要求",集中于财产安全隔离、财富灵活传承等。

子女不孝、隔代定向传承——可采用制定合法有效的遗嘱、设立遗嘱执行人、遗产管理人等方式确保遗嘱合法生效并顺利执行。同时,亦可采取信托加保险的方式,约定当隔代孙子女达到一定的年龄条件、学位条件等后进行一定数额的资助,确保孙子女的顺利成长。

2. 具体服务流程参考

空巢老人的法律服务产品的流程及内容参见图 3-4。

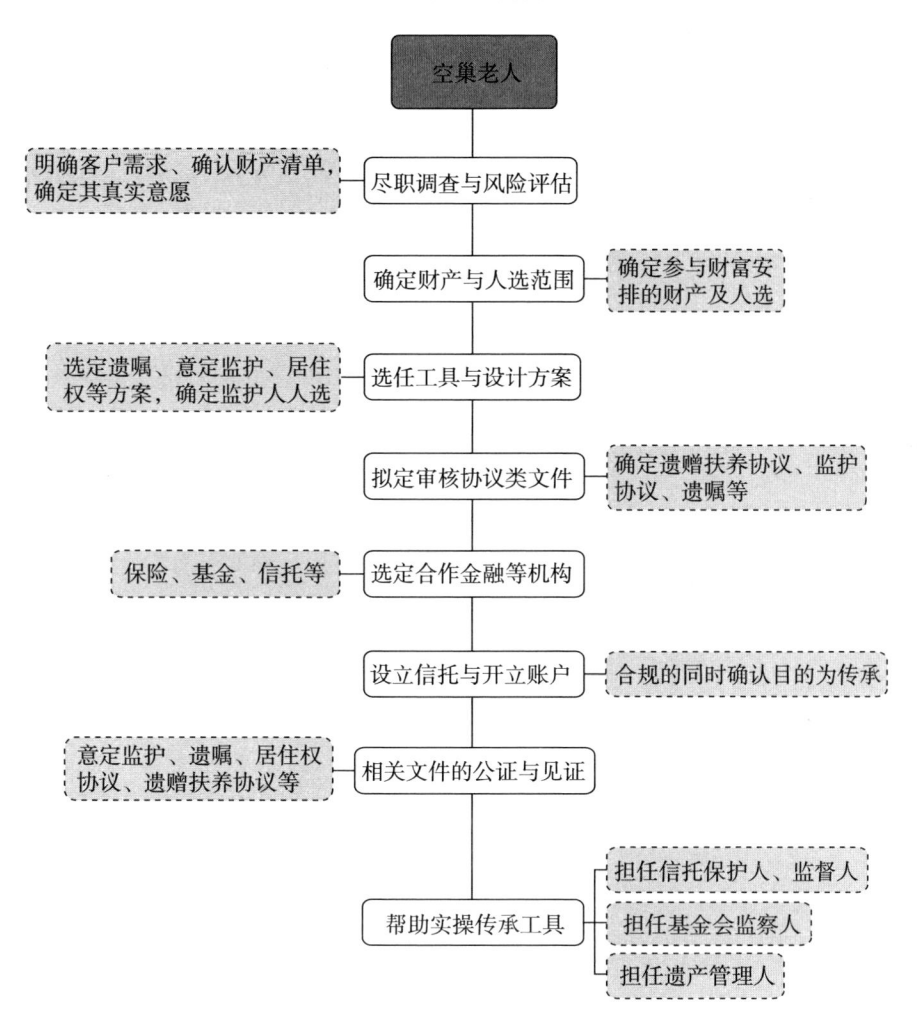

```
                         ┌──────────┐
                         │ 空巢老人 │
                         └────┬─────┘
                              ↓
┌─────────────────────┐  ┌──────────────────┐
│明确客户需求、确认财产清单,├─│尽职调查与风险评估│
│确定其真实意愿       │  └────┬─────────────┘
└─────────────────────┘       ↓
                         ┌──────────────────┐  ┌──────────────────┐
                         │确定财产与人选范围├──│确定参与财富安   │
                         └────┬─────────────┘  │排的财产及人选   │
                              ↓                └──────────────────┘
┌─────────────────────┐  ┌──────────────────┐
│选定遗嘱、意定监护、居住├─│选任工具与设计方案│
│权等方案,确定监护人人选│  └────┬─────────────┘
└─────────────────────┘       ↓
                         ┌──────────────────┐  ┌──────────────────┐
                         │拟定审核协议类文件├──│确定遗赠扶养协议、监护│
                         └────┬─────────────┘  │协议、遗嘱等     │
                              ↓                └──────────────────┘
┌─────────────────────┐  ┌──────────────────┐
│保险、基金、信托等   ├─│选定合作金融等机构│
└─────────────────────┘  └────┬─────────────┘
                              ↓
                         ┌──────────────────┐  ┌──────────────────┐
                         │设立信托与开立账户├──│合规的同时确认目的为传承│
                         └────┬─────────────┘  └──────────────────┘
                              ↓
┌─────────────────────┐  ┌──────────────────┐
│意定监护、遗嘱、居住权├─│相关文件的公证与见证│
│协议、遗赠扶养协议等 │  └────┬─────────────┘
└─────────────────────┘       ↓
                         ┌──────────────────┐  ┌──────────────────┐
                         │                  ├──│担任信托保护人、监督人│
                         │帮助实操传承工具  ├──│担任基金会监察人 │
                         │                  ├──│担任遗产管理人   │
                         └──────────────────┘  └──────────────────┘
```

图 3-4 空巢老人的法律服务产品的流程及内容

五、法律服务产品运用说明

对于空巢老人而言,遗赠扶养协议在保障其晚年生活方面具有不可或缺的地位。作为双务有偿法律行为,扶养人必须履行对遗赠人的生养死葬义务,才有权在遗赠人死后获得其遗产。同时,遗赠扶养协议订立后双方可以解除遗赠扶养关系,由于遗赠扶养人的原因导致协议解除的,不能享有受遗赠的权利,其支付的供养费用一般不予补偿;由于遗赠人的原因导致协议解除的,应当偿还遗赠扶养人已支付的供养费用。

当然,在养老方面,空巢老人除了采取遗赠扶养协议之外,仍然可以选择设立遗嘱、设立居住权等方式确保自己晚年的生活保障,保险亦不可或缺。对于老人而言,通过指定受益人,购买意外险、重疾险、寿险、医疗险等险种,亦是养老和财富传承的有效方法,关于将保险作为财富传承工具的详细介绍在本书的第二篇第二章。

5. 为丁克和失独家庭解后顾之忧

一、丁克和失独人群概述

丁克家庭一般指不生孩子的工薪阶层夫妻,夫妻"双收入、无子女"。依据夫妻双方的个体差异,丁克家庭分主动自觉型和被动消极型。前者指夫妻双方有生育能力,但自愿不生育的家庭;后者指夫妻一方或双方不具有生育能力而造成没有子女的家庭。失独家庭指独生子女死亡,其父母不再生育、不能再生育和不愿意收养子女的家庭。失独者年龄大都在 50 岁以上,经历了"老来丧子"的人生大悲之后,已失去再生育能力。

二、丁克和失独家庭财富传承的服务需求

丁克和失独家庭与空巢老人有相似的地方,两者都因各种原因导致子女未能在身边赡养,不得不面临老无所养或独自终老的养老困境。此外,对于丁克和失独家庭而言,其第一顺位法定继承人可能均已不在人世,部分失独家庭着手收养孩子,其房产等财产的继承问题同样需要得到解决。

因为离异和丧偶,如今的单身老人、失独家庭越来越多,他们面临的财富风险不少。

高净值人士的财富风险还远远不止这些,还包括:

(1)再婚资产的混同问题;

(2)晚年生活的保障问题;

(3)孤老的财富传承问题。

对这类人群的财富风险,可以用以下法律工具进行规划:

(1)通过财产协议、保单规划等可以实现婚前、婚后资产隔离,此处不再阐述。

(2)通过保单规划可以对抗意外、重疾及死亡风险,还可实现财富传承。

(3)遗嘱在孤老传承时十分重要,否则财产可能因无人继承而被收归国有。

(4)可以指定意定监护人,防止失智后公司经营、医疗救助等问题无人打理。

三、为丁克和失独家庭人群提供法律服务的应用场景

兰女士虽然在上海拥有数套房产和一定的现金储蓄,但早年丧子,前几年丈夫又不幸离世,老家虽有亲戚,但已多年不联系,仅有的一个亲弟弟早已组建家庭,又不在一个城市,导致身边并无亲近人照顾。兰女士不得已请了保姆,又担心自己日后行动不便或神志不清,产生财产被侵夺的隐患。对于兰女士而言,急需确定的、具有法律约束力的第三方或第三人来完成或监督、执行其养老和财富传承计划。

四、法律服务产品的流程及内容

丁克和失独家庭的法律服务产品的流程及内容见图3-5。

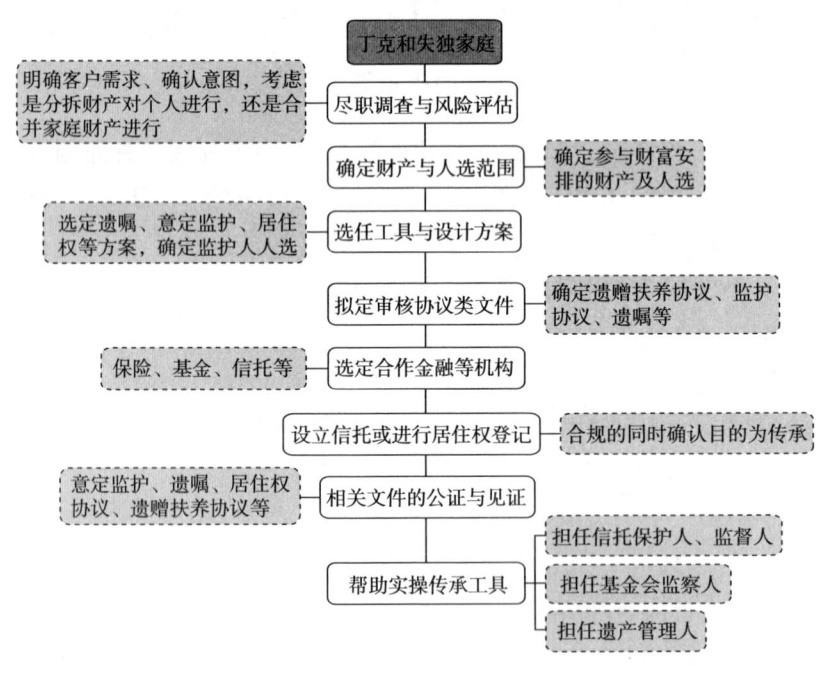

图3-5 丁克和失独家庭的法律服务产品的流程及内容

五、法律服务产品运用说明

对于失独或丁克家庭而言,由于其最为亲近的第一顺位法定继承人往往不在人世,随着年龄的增长,对于确定的、具有法律约束力且能够信任的第三方或第三人作为其晚年生活的监督和执行的保障的需求显得尤为迫切,已成为其最主要的诉求。

好在作为第二顺位法定继承人的兄弟姐妹、祖父母、外祖父母往往在世,因为亲情关系和法定继承关系的存在,常常是更为理想的监护人和遗赠扶养人,但也因此必须以法律的形式进行确定和保护,避免出现亲戚反目、争夺财产的局面。

在本书的第一篇第五章中,已对意定监护从法律分析和拟定建议两方面进行了阐述。意定监护制度旨在当委托人失能时,通过委托意定监护人来保护其人身权利、财产权利及其他权益。其中,人身权利包含人身自由、人格尊严、生命健康权、身体权、姓名权、肖像权、名誉权、荣誉权、隐私权等;财产权利则包含物权、债权、知识产权、投资性权利以及其对数据和网络虚拟财产所享有的权利。通过意定监护制度可以确保委托人晚年的健康生活和幸福的权利。

6. 赋强同居不婚人士之间的信任

一、同居不婚人士概述

同居养老的帖子在网上并不少见,而现实中确实有一类人群选择不婚,但会找一个同居人一起住,作为非法律上的伴侣。他们选择不婚也许有很多方面的原因,如无法办理合法婚姻登记等,如同性恋人群在很多国家还无法进行合法婚姻登记。这类人群的特殊性导致他们也有不同的财富财产服务需求。

二、对同居不婚等人群财富传承服务需求的开发

民政部公布的《2021年民政事业发展统计公报》显示,2021年,全国婚姻登记机构和场所共计4372个,其中婚姻登记机构1069个,全年依法办理结婚登记764.3万对,比上年下降6.1%。结婚率为5.4‰,比上年下降0.4个千分点。依法办理离婚手续的283.9万对,比上年下降34.6%。据此前民政部发布的信息,上海、浙江、天津等经济发达地区的结婚率普遍较低。而且,不同地区结婚推迟的原因各不相同。结婚率最低的5个省市分别是上海、浙江、天津、江西和山东。而对于同居关系中的财产处理,双方往往没有清晰的意识和概念,加之没有法律认可的婚姻关系的保障,由于双方的财产极易混同,不透明的财产归属和模糊的法律界定,为双方个人、双方家庭乃至亲属、前任产生纠纷而埋下隐患。

三、为同居不婚等人群提供法律服务的应用场景

郑女士虽然尚未与张先生结婚,但二人感情深厚,已共同生活十余年。随着时间的推移,二人的财产产生混同,分不清哪些财产是独立享有的,哪些是双方共同经营或者置办的。若其中一方去世,其家人很可能会索要本人的财产,另一方则很难说清楚到底哪些财产是自己的,哪些财产是对方的,从而导致双方家庭纠纷和矛盾,这也是郑女士一直顾虑的。

目前郑女士与张先生同居,如郑女士有意外,其财产可能被张先生实际掌握,郑女士的父母或儿子小郑可能无法知晓其全部财产,甚至说不清郑女士究竟拥有多少属于她个人的财产,这一点郑女士根本就没想到。

若郑女士与张先生结婚,鉴于小张还未成年,属于法律上有权继承财产的继子女。同时,张先生作为配偶也有继承权。如郑女士发生意外,张先生父子两人都有郑女士财产的继承权,这也许符合郑女士的想法,但符合郑女士父母的想法吗?这一点郑女士并没有考虑到。

如郑女士不与张先生结婚,万一郑女士有意外,则对于张先生是否有权分得财产的问题仍可能产生争议。这些未来在法律上充满不确定性的焦点不仅会导致财产流向的不确定,而且很可能引起各种纠纷,这也是郑女士所担心的。

同居不婚人群有时候不仅仅出现在异性中,很多同性伴侣在同性婚姻未合法化的地区同样会选择这样的形式,法律风险类似。

四、法律服务产品的流程及内容

同居不婚家庭的法律服务产品的流程及内容具体可见图3-6。

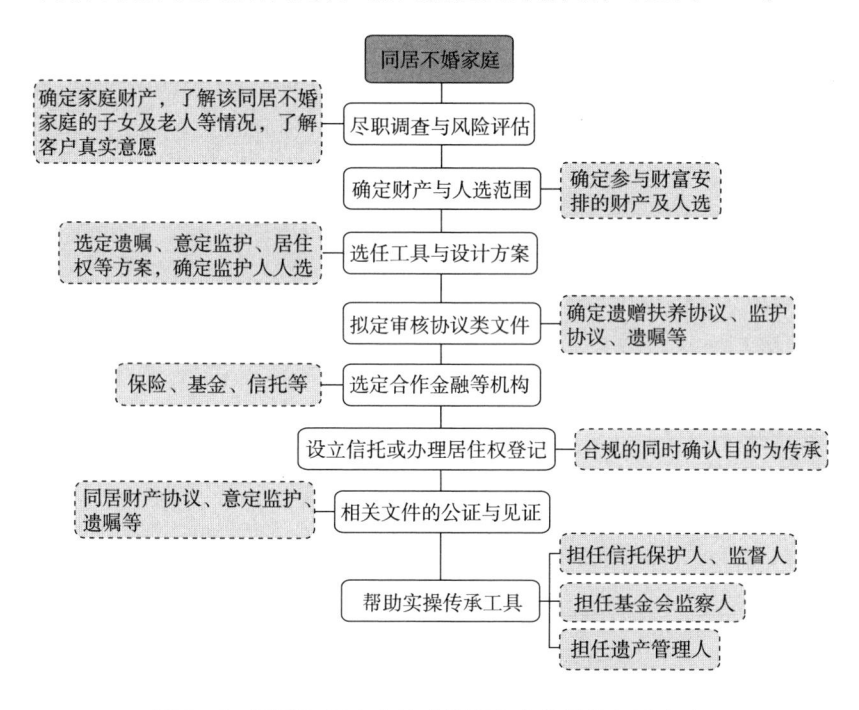

图3-6 同居不婚家庭的法律服务产品的流程及内容

这类人群的服务核心是拟定好同居财产协议,且同居财产协议不是一次性拟定即可,和遗嘱一样,需要定期进行年检,在有财产增加或变动的情况下也要主动联络客户进行修订,同时可以根据客户需求做出见证或公证的效力赋强。

五、法律服务产品运用说明

对于同居人群,其迫切的需求在于当法律并未明确伴侣享有继承权时,如何在其逝世后将部分财产合法顺利地赠与伴侣,同时不引起其他纠纷。各种财富传承工具均有各自的优势和短板,对于同居人士而言,最直接的方式为设立遗嘱或遗赠扶养协议,且须及时进行财产转移或公证,在进行遗嘱或协议拟定时,要避免在合同中出现感情性的描述,尤其是对于同性恋同居人群而言,需要确保不会出现因违背公序良俗而无效的情形。此外,亦可通过前文的信托加保险的方式,根据个人特点实施不同的财富传承方案。

7. 打造百年家族企业

一、家族企业概述

改革开放40多年来,家族企业发展迅速,成为我国民营经济的主体,在当今社会经济发展中发挥着重要作用。如今,第一代家族企业的企业家即将进入退休阶段,面临公司控制权向下一代继承人转移的问题。中国民营经济的进一步发展也需要新一代的继续努力。因此,如何实现企业经营权的顺利转移,通过接班人来增强家族企业的经营能力,突破家族企业成长的"瓶颈",成为亟待解决的关键问题。

二、家族企业的家族财富传承的服务需求

家族企业的继承是家族企业长远发展的关键,当前许多家族企业也正面临将企业控制权转移到下一代继承人手中的问题。

在中国,家族企业的生存期很短。自古以来,民间就流传着"富不过三代"的俗语,造成这种现象的一个重要原因是家族企业的传承问题没有得到很好地解决。权力和财富的代际传递失败,最终导致企业解体或消亡。在现代,继承问题不仅仅是新老企业主的更替,它更涉及家族企业管理的方方面面。

常说"富不过三代",所以在历年家族企业涉诉案件中最常见的案由为合同纠纷和婚姻家庭、继承纠纷。那么为了避免这类纠纷内耗家族财富,需要提前做好安排和风险控制,制定未雨绸缪的法律风险规划。通常在有一定规模的家族中会早做规划,毕竟家族企业想要传承的不仅仅有财富,还有企业的品牌文化以及创业精神。

三、为家族企业提供法律服务的应用场景

（一）小马奔腾的财富传承纠纷

2014年，小马奔腾创始人兼董事长李明因突发心肌梗死，经医治无效去世。自此一场豪门恩怨、家族纷争大战正式上演，其姐姐与遗孀金燕为了争夺公司主导权而反目成仇，最终金燕被赶出局。但因连续不断的姑嫂相争，造成了董事长出局、高管离职、编剧出走等动荡后果，从2014年开始，小马奔腾就官司不断，除了公司内部股权纠纷和建银文化对赌协议纠纷外，还有其他同行业的官司，涉案缘由包括交易合同、著作权纠纷等，小马奔腾可谓是面临内忧外患。面对内外双重夹击，小马奔腾估值从36亿元骤降至3.8亿元，而创始人的妻子金燕被判承担2亿元债务。

意外随时可能来临。作为家族财富掌舵人，小马奔腾的实际控制人李明如果提前做好财富规划，如订立遗嘱并定期修订、设立信托，在公司的股权制度设置上就股东配偶权益做一些相关的安排等，早一些由专业人士介入并及早做出规划，可以减少不必要的资产纷争，保护家族财富传承的顺利过渡。

（二）李锦记家族的财富传承案例

1888年的某一天，在珠海南水镇开了间小茶肆的李锦棠意外地将一锅蚝给熬干了，只剩锅底一层深褐色的汤汁，却香气扑鼻。今天深受人们喜爱的蚝油，就这样诞生了。李锦棠开始专门熬制蚝油作为调味品售卖，挂出了"李锦记"的招牌，李锦记诞生。

1971年前后，李氏家族发生了第一次内乱。当年李锦棠去世时，将股份分给了三个儿子，分别是老大李兆荣、老二李兆登、老三李兆南。后来李兆南的儿子李文达建议改变公司策略，做一些低价产品，以扩大在香港及其他中低端市场的销量。这一策略却遭到了大伯、二伯和堂兄弟们的反对。双方因意见不合，矛盾日益激化。1971年，大伯、二伯合谋，意欲联手收购李兆南的股份，一场激烈的家族大战由此爆发。双方争执不下之时，大伯、二伯最终决定放弃，移民离开。1972年，李文达协助父亲最终以460万港元收购了其他人的股份，并接任了公司第三代掌门人。

这次骨肉相残，让李文达痛苦不堪。但在这之后，过去只有达官贵人才吃得起的蚝油，很快在美国、欧洲、东南亚等地进入千家万户和普通餐馆，成

为大众生活的必需品。李锦记逐渐成为全球知名的华人品牌。

但是,仅仅十年后,在1980年,企业又因家族矛盾产生变故。李文达的弟弟因病长期不能参与公司管理,弟弟一家人担心李文达会侵占其应有股份,要求李文达成立股份有限公司并清算股权,并提出将自己的股权卖给李文达,退出李锦记。但是弟弟要价太高,双方纷争不断,最后闹上法庭。

1986年,李文达以8000万港元将弟弟40%的股权全部买了过来。当时李锦记数千万的厂房资金尚无着落,又增加了8000万港元的负担,公司顿时成了负资产。李文达面对内忧外患,又伤亲情又忧企业,整日焦虑万分。好在李文达的几个子女都从国外回到公司,他们很快帮助公司渡过了难关。

经历两次家族之乱,李文达几乎心力交瘁。他非常忌讳五个儿女同他谈打算离开公司另立门户之类的想法,五个子女也小心翼翼地不去谈这个话题。他们每个人都在李锦记尽心尽力地工作。

直到2000年,老五李惠森向父亲摊牌,他要离开李锦记自立门户。李惠森是五个子女中最具创业精神的一个,很年轻时就在父亲的支持下成功开办了连锁快餐"健一小厨",并成为子公司南方李锦记的董事长兼总裁,在整个集团中举足轻重。李文达坚决不同意。他最担心的就是几个子女分道扬镳,将来很容易为了各自利益而产生罅隙。当年家族两代都因为个人利益闹得反目成仇,再不往来。李文达对此铭心刻骨,他不希望悲剧在自己的儿女之间再次重演。

难道家族企业的命运必定这样轮回吗?李惠森最终没有自立门户,因为他接受了父亲"家族利益大于企业利益"的观点。

经过对世界各地家族企业的考察,李锦记家族制定了《李锦记家族宪法》,成立了家族委员会。"家族宪章"充分保障了家族的纯洁性和利益,最大限度地杜绝了将来内斗的发生,防患于未然。家族委员会则确立了家族集体领导的模式,不再指定家族企业的接班人,重大的事务全部由家族委员会集体讨论决定。家族委员会由李文达夫妇和五个子女构成,共7人,委员会主席一职轮流担任,主席要按照家族事业的现行状况选择议题,安排日程。家族委员会会议每三个月举行一次,会期四天,第一天到第三天讨论家族内部的事情,最后一天交流彼此家庭近况等问题。家族委员会会议之后召开董事会,会期只有三天,这是为了确保家族委员会凌驾于董事会之上的最重要的决策。董事会机构单独设置,会上不讨论家族事项,只讨论并决定有关企业发展的重大事项。

(三) 梁先生的财富传承案例

梁先生45岁,是一个企业主,妻子是一名家庭主妇,两人生有一个18岁的儿子。梁先生的资产有企业股权(价值3亿元)、房子(价值8000万元)、金融资产(价值3000万元)和境外资产(100万美元)。建议梁先生可以3000万元金融资产设立一个境内信托,100万美元设立一个境外信托,并送儿子到国外读大学和研究生,以境外信托的投资收益来支付其学费与生活费。境内信托的受益人是妻子,部分投资收益支付境内的家庭支出,剩余的部分则可用于交保费(建议投保终身寿险,保额500万元,并设立保险金信托)。儿子学成回国后,可安排他接班,可每年将5%—10%的股权转移给儿子。但是,做好上述安排后,梁先生还是要预立遗嘱,一旦英年早逝,安排信托与保险以外的遗产分配方案(如将股权和房子分别交给儿子和妻子处理)。

(四) 蒋先生的财富传承案例

蒋先生是一位成功的传统制造业企业主,每年企业能带来数千万的利润。其唯一的儿子已经结婚,并生了一个小孙子。自家企业的股权,老两口与儿子各占1/3,此外家中三四套别墅也放在了儿子名下。然而学设计出身的儿子对自家企业经营一窍不通,房产也无心管理,从这个状况来看,儿子完全缺乏将资产打理好的能力。且儿媳家的生意日渐艰难,银行贷款很难批下来。儿媳欲借3000万元高利贷来盘活企业,老两口对此非常焦虑,担心自己传给儿子的资产将来要为儿媳抵债,那么未来的生活就无法得到保证。

蒋先生经咨询后决定将儿子资产放入家族信托,成功隔离债务风险,就算儿媳的企业发生债务纠纷,也危及不到儿子的资产;信托框架中专门针对小孙子的收益制作了分配条款,保证其未来优渥的生活。此外,蒋先生也意识到企业传承难度很大,因此他正在逐步退出企业,将金融传承作为主要的传承手段。

四、法律服务产品的流程及内容

家族企业财富传承的法律服务产品的流程及内容见图3-7。

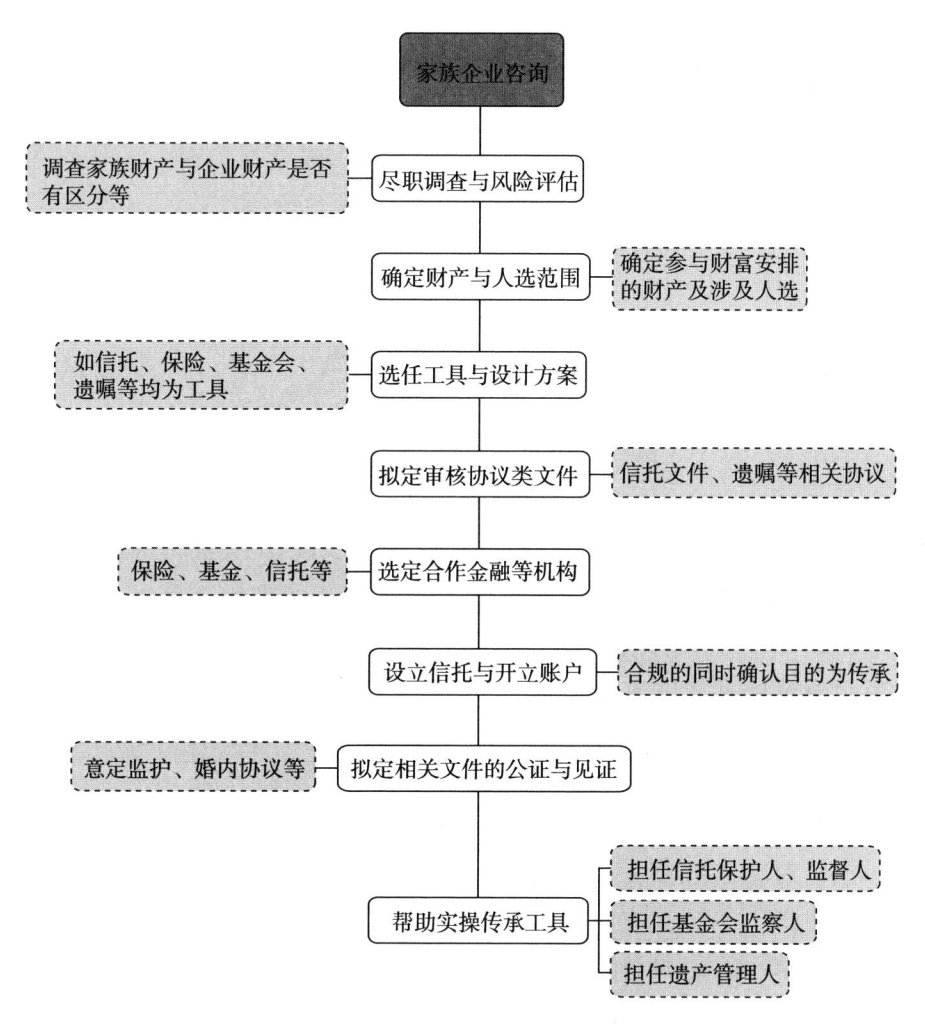

```
                    ┌──────────────┐
                    │  家族企业咨询  │
                    └──────┬───────┘
                           │
┌────────────────────┐   ┌─┴──────────────┐
│调查家族财产与企业财产│───│尽职调查与风险评估│
│是否有区分等         │   └─┬──────────────┘
└────────────────────┘     │
                           │   ┌──────────────────┐
                    ┌──────┴─────┐│确定参与财富安排 │
                    │确定财产与人│─│的财产及涉及人选 │
                    │选范围      │ └──────────────────┘
                    └──────┬─────┘
┌────────────────────┐     │
│如信托、保险、基金会、│─────│
│遗嘱等均为工具       │   ┌─┴──────────────┐
└────────────────────┘   │选任工具与设计方案│
                         └─┬──────────────┘
                           │   ┌──────────────────┐
                    ┌──────┴─────┐│信托文件、遗嘱等 │
                    │拟定审核协议│─│相关协议          │
                    │类文件      │ └──────────────────┘
                    └──────┬─────┘
┌────────────────┐         │
│保险、基金、信托等│────────│
└────────────────┘     ┌───┴─────────────┐
                       │选定合作金融等机构│
                       └───┬─────────────┘
                           │   ┌──────────────────┐
                    ┌──────┴─────┐│合规的同时确认目 │
                    │设立信托与开│─│的为传承          │
                    │立账户      │ └──────────────────┘
                    └──────┬─────┘
┌────────────────┐         │
│意定监护、婚内协 │─────────│
│议等             │   ┌─────┴──────────┐
└────────────────┘   │拟定相关文件的公 │
                     │证与见证         │
                     └─────┬──────────┘
                           │   ┌──────────────────┐
                           │   │担任信托保护人、 │
                    ┌──────┴───┐ │监督人            │
                    │帮助实操传│─├──────────────────┤
                    │承工具    │ │担任基金会监察人 │
                    └──────────┘ ├──────────────────┤
                                 │担任遗产管理人   │
                                 └──────────────────┘
```

图3-7 家族企业财富传承的法律服务产品的流程及内容

五、法律服务产品运用说明

本部分产品中包含的传承工具如何使用,除了本书第一篇、第二篇对具体工具的介绍外,就此类人群的服务具体作几点提示与说明。作为富一代的企业家,其实都是很节省的人,习惯性地考虑企业的开支和成本,因此不愿意增加不必要的成本,这也可能是小马奔腾创始人、李锦记创始人等富一代的企业家的通病。在实践中,很少有一个客户第一次来找律师就说要做全套的财富规划,一定是先有某一方面的法律服务需求来找律师处理,然后在律师为其做法律服务时，发现还有很多法律风险隐患，才会觉得原来需要有进一步的法律服务。

另外，第一代创业致富的企业家也并非所有人都能提前考虑身后事，都能提前选定企业接班人选，且龙有九子，各有不同，对于创一代也是如此，他们可能希望为后代做出更适合他们的安排，但又不宜提前退位传位，其实做一个合适的传承安排，并早做规划、定期微调是很有必要的。李锦记家族的财富传承是一个很典型的案例，创始人李锦棠去世后，将股份分给了三个儿子，每人 1/3，那么假设三个儿子各自成家，育子两人，那么 1/3 的股份就又要被稀释为 1/6，股权过于分散和平均无疑会给企业的成长埋下隐患。老三李兆南的儿子李文达根据对市场的考察建议，实施扩大香港及其他中低端市场的销量这一策略，遭到其他股东即大伯、二伯的反对，自此发生隔阂、产生矛盾，引发后续一系列纠纷。老三李兆南后来收购了大伯、二伯的股份，保证了股权的集中，但等李兆南百年之后，到了李兆南的两个儿子这一代时，却又一次产生纠纷，企业经营再次受到影响，李兆南的儿子李文达再一次斥巨资 8000 万港元收购弟弟的股份，保证股权集中和公司顺利运营。但到了李文达的五个孩子这一代，尽管李文达处处维护家庭关系，但其兄弟姐妹之间依然不可避免地发生诸多矛盾。

此外，我国某些地区传统的"长子继承"规则对次子及女性参与家族企业经营管理活动具有明显的影响，尤其是女性在参与家族企业继承时面临的阻碍更多。

对于家族企业，打破魔咒的关键在于通过财富传承工具达成对家族利益、企业利益、运营管理、继承规则的共识，将整个家族成员有机地结合在一起，既有利益捆绑，也有亲情交融。"继承规则"作为家族企业最重要的文化构成，它影响家族企业所有的利益相关者，贯穿于家族企业决策的全过程。女性接管家族企业是对传统男家长制家族文化的一种挑战，更需要完善的传承方案，有针对性地运用传承工具，并与金融工具相结合。

后记

2020年8月,深圳市律师协会通过简历筛选、笔试、面试选拔出我们共计50名学员组成第十三期青年律师研修班;9月,我们破冰交流,建立了亲密的学员情谊和师生情谊;12月,我们排除万难来到上海交通大学凯原法学院,进行了为期一周的封闭培训。本书从初稿、初审、修订到最终审核出版,历经两年多,如果说生命对于每个人都是只有一次的馈赠,那么研修班则是入行以来我们获得的最难忘的馈赠。

岁月虽短暂,但仍能让我们好好感受生活的进程。回忆当初被告知有这个写作任务时,领作业的学员们大概没几个能有信心真的写出来,但第十三期青年律师研修班是一个潜力无限的集体,每个小组都拿出了完成博士毕业论文的干劲,研读经典专著,查阅数万字案例,经历多轮修订,终于完成了研修成果。

感谢深圳市律师协会张斌会长及前任林昌炽会长,感谢第十届与第十一届律师协会的魏汉蛟、杨逍、尹成刚、王伟、何志军、方惠、杨新和熊倩各位律师,感谢律师协会青年律师研修班对接人王颖、杨柳。感谢为我们授课的游植龙律师、李魏律师、陈汉教授、赵青老师、张钧律师、郭璇玲律师、杜芹律师、林冰律师、陈科军律师、杨小强老师、郑成良教授、彭诚信教授、庄加园教授、李贝教授、贾明军律师、郑洁老师、徐卫教授、孙韬律师、赵宁宁律师、熊燕法官、俞正梁教授、张纬樑老师。感谢在书稿修订过程中为我们提出宝贵意见和建议的李魏律师和李玮律师。

感谢您阅读本书,本书是我们50位律师的共同成果,也是我们送给每一位读者的一份饱含爱的礼物。希望这本书能帮助您找到财富传承的方向,也希望我们还能为您带来更有价值的内容。在我们共同协作的过程中，我们发现，在财富传承的实践中，信托的实际运作在公示制度中仍存在不足，未能充分发挥作用。在本书的结尾处，我们满怀憧憬，希望信托能够在我们的共同期盼下继续完善，期望深圳作为改革开放先行示范区，率先实现信托公示具体实施条例的立法落地。我们深知自己肩负着中国家事律师独有的责任，我们尽力服务个案的客户，不仅是追求个案的公正，推动立法进步，同样期待每个家庭的和睦，更是努力想让这带有温度的法律得到普及，温暖法治中国的每一个人。

编　者